ÉCONOMIE
SOCIALE

Louis Rivière

■ ■ ■ Mendiants et Vagabonds

VICTOR LECOFFRE

Mendiants et Vagabonds

Bibliothèque d'Économie sociale

TYPOGRAPHIE FIRMIN-DIDOT ET Cⁱᵉ. — MESNIL (EURE).

ÉCONOMIE
SOCIALE

Louis Rivière

☒ ☒ ☒ Mendiants et Vagabonds

PARIS

LIBRAIRIE VICTOR LECOFFRE

RUE BONAPARTE, 90

—

1902

INTRODUCTION

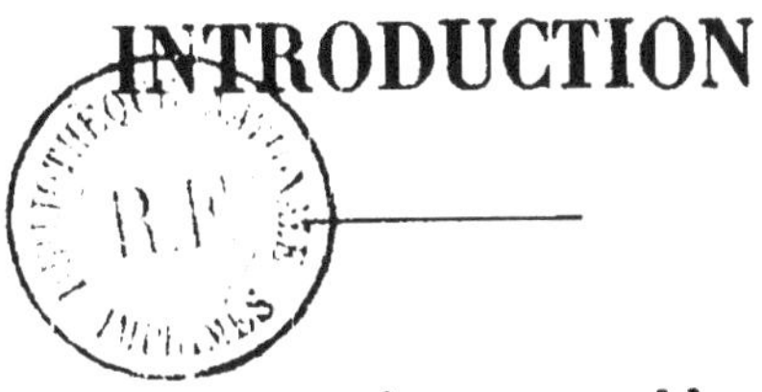

Grâce aux progrès si remarquables qu'a accompli l'hygiène au cours du dernier siècle, nous avons appris à construire des maisons plus salubres, à en expulser les parasites et les microbes qui y entretiennent les germes morbides. La lèpre, la peste, le choléra même n'ont plus la gravité d'autrefois, les grandes épidémies ne sont plus guère en Europe qu'un souvenir historique.

Il semblerait que l'amélioration survenue dans la condition des classes populaires, l'augmentation des salaires, le développement des idées de coopération, d'assurance et d'épargne eussent dû nous débarrasser de ces autres parasites, le mendiant, le vagabond, qu'un conventionnel célèbre appelait un jour « la lèpre de la royauté [1] ».

L'expérience a prouvé que, sous ce rapport, les républiques ne sont pas mieux partagées que les

1. BARÈRE, rapport présenté à la Convention au nom du comité de Salut public. (*Moniteur* du 24 floréal an II.)

monarchies. Il n'est guère de semaine où les journaux ne nous apportent le récit de quelque crime commis par un vagabond; et il suffit de circuler dans les rues de nos villes pour constater que, en dépit des prohibitions officielles, la mendicité y fleurit comme au temps de l'ancien régime.

Mais si l'existence du vagabondage est indépendante de la forme du gouvernement, on peut affirmer que ses modalités sont, par contre, essentiellement dépendantes de l'état social du pays et spécialement des conditions du travail. Depuis cinq siècles, nous trouvons constamment en France des mendiants et des vagabonds; mais combien différents dans leur caractère comme dans les causes qui les ont déracinés!

Le principe social du moyen âge est d'immobiliser l'ouvrier en lui assurant du travail là où il se trouve; cette idée a inspiré l'institution du servage pour les travailleurs de la terre, comme celle des corporations pour les ouvriers de métiers. Le travail, le salaire, l'assistance étaient assurés à celui qui demeurait à sa place dans les cadres rigides tracés par les institutions; mais si un caractère indépendant ou frondeur cherchait à leur échapper, il devenait un révolté, un *wargus,* un *outlaw,* un *sans-aveu,* un être présumé dangereux parce qu'il s'est mis en dehors de la société [1].

1. Cette évolution du vagabondage a été analysée avec beaucoup de soin par MM. FLORIAN et CAVAGLIERI dans l'ouvrage très documenté

De cette présomption que tout mendiant est un vagabond, et tout vagabond un individu suspect, provient ce bizarre enchevêtrement de mesures d'assistance et de police que présente dans notre ancien droit la législation des pauvres, véritable type de la matière mixte. On en trouve le complet développement au seizième siècle dans l'institution du Grand-Bureau des pauvres, qui est à la fois un organe administratif charitable et un instrument de police [1]; cette juridiction passe en 1656 à l'Hôpital Général, qui obtint ainsi une véritable mainmise sur les pauvres, soustraits à la justice ordinaire, et auxquels on infligeait des peines « sans forme ne figure de procez [2] ». Dans les provinces, la police des vagabonds et malfaiteurs était confiée aussi à une juridiction d'exception, les tribunaux de maréchaussée [3].

qu'ils ont publié sous le titre : *I vagabondi*, 2 vol. in-8°, Torino, 1897 et 1900. Voir notamment tome Ier, p. 1-124.

1. Le Grand-Bureau avait la charge de rechercher et de poursuivre les délits de mendicité, et il avait à cet effet sous ses ordres un bailli des pauvres et des sergents, chargés de rechercher les mendiants dans les rues de Paris et de les amener au bailli. (Cf. PARTURIER, *l'Assistance à Paris sous l'Ancien Régime et la Révolution*, Paris, 1897, p. 73 et 112.) — Des conflits fréquents s'élevaient entre les sergents et la population qui prenait parti pour les mendiants arrêtés.

2. Arrêt du Parlement du 24 octobre 1696.

3. Ces tribunaux étaient au nombre de 180 au moment de la Révolution. Leur juridiction avait été instituée par l'ordonnance du 6 juillet 1495. Elle portait primitivement le nom de Connétablie et connaissait de tout ce qui touchait aux gens d'armes, à la guerre et à la noblesse. Elle reçut aussi mission spéciale d'arrêter les

La Révolution française a proclamé la liberté
personnelle, la liberté du travail, la liberté de circulation et d'établissement. Mais, en démolissant
les vieilles barrières, elle enleva du même coup à
l'ouvrier les appuis séculaires qui soutenaient sa
faiblesse ou son isolement. En outre, cette réforme capitale a été bientôt suivie par l'invention
des machines, qui amena un excès momentané
de population ouvrière parce que le développement corrélatif de la consommation ne se produisit
pas immédiatement. De là provinrent des crises
périodiques de chômage et de misère, la nécessité
pour le travailleur d'aller chercher ailleurs l'occupation qui lui manquait sur place, la constitution enfin
d'une catégorie d'ouvriers secondaires, moins habiles, moins laborieux, moins assidus, qui ne travaillent que quand la besogne presse et sont les
premiers congédiés dès que les commandes se ra-
lentissent. C'est cette sorte d'armée de réserve de
l'industrie qui fournit les éléments d'un vagabondage fonctionnel spécial d'ouvriers en quête de
travail, venant compliquer l'ancienne notion du
vagabond qui ne travaille pas parce que la bonne
volonté lui fait défaut.

Souvent ce sans-travail cherche de bonne foi

« calmands et caimandes ». Après la suppression de la charge de
connétable, elle passa aux maréchaux qui ne faisaient ordinairement
suppléer par des prevôts et des officiers.

Les condamnations supérieures à cent livres étaient susceptibles
d'appel au Parlement.

une occupation quand il se met en route; puis, chemin faisant, les refus le découragent. Dans les cabarets qui bordent nos chemins, il rencontre des professionnels du « trimard » qui rient de sa naïveté et lui disent qu'il est bien niais de chercher de l'ouvrage quand il est si facile de vivre sur le commun, de gains louches et d'expédients. La lassitude. le besoin aidant, voilà une nouvelle recrue enrôlée dans le vagabondage professionnel.

On comprend donc la difficulté extrême que présente la question dont nous entreprenons l'examen; elle touche aux droits primordiaux de la liberté humaine. Il ne s'agit pas là d'une de ces actions délictueuses qu'il est facile de ne pas commettre, comme le vol ou l'outrage public à la pudeur. Le délit de vagabondage est, à proprement parler, un procès de tendance, fondé sur la crainte qu'un homme sans ressources et sans travail n'arrive à commettre des actes plus graves [1]. Mais cette présomption n'est pas une assurance; et c'est pour ce motif que certaines législations modernes, d'accord avec notre ancien droit, répriment le fait de vagabondage par des mesures de police et non par des dispositions pénales.

1. « C'est que le vagabondage est moins un fait criminel en lui-même qu'un genre de vie que la loi a voulu réprimer. Ce qu'elle a voulu atteindre, c'est une position, des penchants vicieux... Le vagabondage, aux yeux de la loi, est donc un acte préparatoire plutôt encore qu'un délit accompli. » (CHAUVEAU et FAUSTIN HÉLIE, *Théorie du code pénal*, 6° éd., 1887, t. III, n° 1094.)

Nous aurons donc à examiner les distinctions qui s'imposent pour soustraire à la répression tous les individus qui ne sont que malheureux. Si la société a le droit d'exiger le travail de ses membres et de punir l'oisif volontaire, elle doit ou assister l'infortune imméritée, ou lui laisser au moins la faculté de faire appel à celui qui est plus favorisé. « Pauvreté n'est pas vice », dit un de nos vieux proverbes.

Aussi nos anciennes lois avaient-elles eu soin de distinguer le mendiant du vagabond, et leurs dispositions rigoureuses étaient surtout dirigées contre les mendiants que la misère force à s'éloigner de leur domicile. La déclaration de 1764 n'assujettissait à la répression que les mendiants qui se sont écartés de plus de deux lieues de leur domicile ordinaire, et nous retrouvons cette disposition dans les lois de la période révolutionnaire. Le fait de mendier de la part d'un individu domicilié, sans ressources et sans moyens de travail, n'a été considéré comme délictueux que le jour où la création des hôpitaux généraux a prétendu offrir un refuge à toutes les misères imméritées. C'est parce que l'institution n'a pas correspondu aux vues des fondateurs qu'on n'a pu réussir à interdire la mendicité.

L'individu suspect et présumé dangereux est donc bien toujours le vagabond, cet être instable et insaisissable, qui a ses mœurs particulières, ses ressources, son genre de vie, souvent fort opposés aux conditions générales de notre état social.

Parmi ces déclassés, il y a de nombreuses distinctions à établir. La première qui se présente à l'esprit tient à la manière dont ils arrivent à subsister. Cet homme qui, par définition, ne possède rien et n'exerce aucun métier, devra nécessairement vivre du bien d'autrui : si ce bien, sollicité par lui, lui est volontairement livré, c'est un mendiant; s'il s'en empare par violence, c'est un voleur. De ces deux catégories, le vagabond-mendiant forme la plus nombreuse et, heureusement, aussi la moins redoutable. Les vagabonds qui ne demandent rien, devront être surveillés avec un soin tout particulier, c'est parmi eux qu'on rencontre les malfaiteurs de profession, toujours à l'affût d'un mauvais coup à tenter[1].

Une seconde distinction nous est indiquée par un des hommes qui connaissaient le mieux ces questions, pour s'en être occupé avec sagacité et avec cœur, au cours d'une longue carrière administrative. M. Lecour considérait comme choses essentiellement différentes le vagabondage de province et le vagabondage parisien[2]. Le premier se recrute principalement, comme nous venons de le voir.

---

1. M. Henri JOLY a défini et étudié avec beaucoup de finesse les diverses catégories de mendiants et vagabonds dans : *Le combat contre le crime*, 1 vol. in-18, Paris, s. d., ch. XI, p. 340-350.

2. *Revue pénitentiaire*, 1891, p. 576.

parmi « les déserteurs de l'atelier auquel ils préfèrent *la balade*. Ils s'en vont deux à deux, frappant à toutes les portes, effrayant les gens de campagne, les femmes surtout, dans les champs déserts ou dans les maisons isolées, exigeant l'aumône et, le soir, un gîte; refusant de travailler et se vengeant parfois d'un refus d'assistance par l'incendie d'une meule de blé et l'empoisonnement d'un chien de garde ».

Le vagabondage parisien, au contraire, se compose d'épaves sociales de toute sorte, « d'indigents infirmes et malades, cherchant à Paris l'assistance qui leur fait défaut dans leurs lieux d'origine et dont ceux-ci se débarrassent; de la masse des déclassés, des dévoyés, malfaiteurs d'hier et de demain, en quête d'aubaines suspectes; de paresseux, d'incapables, d'alcooliques, d'imprévoyants; de bohèmes usés, ayant fini de rire, de lutteurs obstinés, vaincus par la vie et poursuivant toujours et n'importe comment une revanche; et enfin de pauvres gens dont la misère et l'adversité ont détruit l'énergie et les forces ».

Cette « pègre », haute ou basse, habite généralement des auberges spéciales où on couche à la nuit pour quelques sous, et dont les plus connues se trouvent aux alentours des Halles ou de la place Maubert [1]. Quand la journée n'a pas

1. Cf. Georges BERRY, *Rapport au Conseil municipal*, 1891. Ce

fourni ces quelques sous, on recourt aux asiles de nuit, municipaux ou privés, dont les gérants reconnaissent bien vite ces visages affalés de professionnels. S'agit-il de familles, elles s'installent volontiers dans quelqu'un de ces repaires qui semblent continuer en notre temps la tradition des cours des miracles, la cité Jeanne-d'Arc (XII° arr'), le passage Bouchardy (XII° arr'), les impasses des Malmaisons (XIII° arr'), le quartier des chiffonniers de Levallois. Ces ruelles ne sont pas seulement des foyers de pestilence où des odeurs spéciales décèlent le manque absolu d'hygiène, ce sont en même temps des centres effroyables de corruption morale. L'enfant qui y grandit est perverti inconsciemment par ce qu'il voit tous les jours, par les propos qu'il entend, par une sorte d'ambiance qui le saisit au berceau et le porte naturellement au délit [1]. Sur 228 enfants d'âge scolaire habitant la cité Jeanne-d'Arc en 1896, 189 n'avaient jamais été inscrits à l'école et les 39 inscrits étaient prodigieusement inexacts [2]. Par contre, c'est là où la mendicité professionnelle, la prostitution clandestine, les métiers interlopes

document résume une intéressante enquête sur les bas-fonds parisiens. Voir aussi le livre si documenté de M. Louis PAULIAN, *Paris qui mendie*, Paris, 1893.

1. G. BERRY, rapport précité.

2. *Revue pénitentiaire*, 1896, p. 577. Cette enquête a été faite avec le concours de la préfecture de police.

de toute nature recrutent des auxiliaires ou des victimes.

En province, cette mendicité familiale est représentée par les roulottiers ou camps-volants, qui vont de village en village, cheminant dans une maison roulante que traîne quelque maigre haridelle. Le chef de la famille prétend toujours exercer quelque profession, tantôt celles de vannier, de rétameur, de raccommodeur de vaisselle, d'autres fois celles de saltimbanque ou de bateleur; en réalité, tout ce monde vit de petits vols et de déprédations, et se met bien vite en rapports avec les pires éléments des communes où il séjourne, braconniers ou contrebandiers. Les enfants toujours nombreux que la bande traîne avec elle sont soumis aux traitements les plus pénibles, insuffisamment nourris, souvent estropiés intentionnellement pour les rendre plus intéressants. La moyenne de la vie de ces petits martyrs ne dépasse guère vingt ans, nous affirme M. Georges Berry. Parmi ces roulottiers, on trouve souvent des types bruns, à la peau basanée, au nez aquilin, derniers descendants de ces « zingari » qui vinrent de l'Inde en Europe vers le quatorzième siècle et sont désignés par les auteurs du temps sous les noms d'*égyptiens*, de *gitanos*, ou de *gypsies*[1].

---

1. Le Supplément du *Petit Journal* du 28 juillet 1901 a reproduit l'arrivée à Arnouville près Gonesse (Seine-et-Oise) de 65 romanichels des deux sexes voyageant dans 17 voitures. Le maire dut requérir la

D'autres, moins fortunés, voyagent à pied, traînant avec eux les enfants qu'ils exploitent. Presque toujours, ils sont porteurs d'un livret de musicien ambulant, délivré par un maire désireux de débarrasser sa commune d'un mauvais sujet, en l'envoyant commettre ses délits ailleurs. En réalité, ce sont souvent des contrebandiers. C'est, par exemple, grâce à leur intermédiaire que circule en fraude, jusque dans les départements du centre, le phosphore introduit de Belgique qui sert à la fabrication clandestine des allumettes chimiques.

D'autres exécutent des tournées régulières dans lesquelles ils savent allier au souci de l'existence l'agrément que présente tel ou tel pays. On visite l'été les stations balnéaires, l'hiver les villes de plaisir. Au cours d'une enquête sur l'hospitalité de nuit [1], j'ai pu contater des migrations de chemineaux qui passent l'hiver sur la côte méditerranéenne, remontent l'été vers Aix-les-Bains et les eaux de Savoie, se rendent à l'automne dans les vignobles du Gard et de l'Hérault pour revenir à Marseille en novembre. Dans l'ouest, un courant analogue s'établit entre les plages de Bretagne et les eaux des Pyrénées. A Rouen, on constate un passage périodique de certains corps d'état : en septembre, les tailleurs d'habit; en octobre (foire

gendarmerie des brigades voisines pour leur faire abandonner la place.

1. *Revue philanthropique*, août, octobre et novembre 1898.

de Saint-Romain), les acrobates; en hiver, les vagabonds urbains dits « les soleils ». Chaque année, on reçoit un millier de Parisiens désabusés se rendant au Havre pour s'expatrier. Beaucoup reviennent peu après. De Montpellier, on nous signale, en août et septembre, un passage de chemineaux venant faire les vendanges dans le Gard, après avoir fait les moissons dans le Sud-Ouest. Au même moment a lieu le retour des ouvriers dits *salins*, qui ont travaillé aux marais salants de la côte. Il y a là des déplacements réguliers dont il est possible d'établir l'étendue et la durée par une statistique bien faite des asiles de nuit et abris ruraux.

Il ne faudrait pas croire qu'il s'agit là d'une question de simple curiosité. Dans un article justement remarqué, un magistrat constatait naguère que les départements où l'on condamne le plus d'individus sans domicile sont justement ceux que traversent les deux grandes voies que nous venons d'indiquer [1]. Il en est de même des crimes commis par inconnus et classés sans suite, dont le nombre croît dans des proportions inquiétantes. Leur chiffre total a sextuplé de 1831 à 1895 [2].

---

1. E. Fourquet, *les Vagabonds criminels* (*Revue des Deux Mondes*, 15 mars 1899). L'auteur de l'article a été chargé, comme magistrat, de l'instruction de l'affaire Vacher.

2. Le ministre de la justice constatait, dans son compte rendu pour l'année 1890, que 78 p. 100 des prévenus récidivistes avaient encouru une ou plusieurs condamnations pour vagabondage (p. xxv et xxvi).

Gardons-nous cependant de tirer de ces constatations la conclusion que tous les vagabonds sont des criminels. On en trouve qui ont à leur casier trente, quarante condamnations, sans avoir jamais commis un délit contre les personnes ou contre les biens. On peut même dire que, d'une manière générale, le vagabond est un faible et un rêveur. Enfant, il a fui la classe primaire à laquelle il préférait l'école buissonnière; devenu homme, il fuit l'atelier. Il a horreur de la vie régulière, de la journée de travail toujours la même, fastidieuse dans son uniformité. Il veut des émotions, des aventures, dût-il avoir à supporter des privations et des fatigues bien plus pénibles que le travail régulier.

Ce côté aventureux et poétique du vagabondage a séduit les poètes du siècle dernier. Dès 1831, Béranger chantait « le Bon Vagabond ».

> J'aurais pu voler, moi, pauvre homme ;
> Mais non : mieux vaut tendre la main.
> Au plus, j'ai dérobé la pomme
> Qui mûrit au bord du chemin.
> Vingt fois pourtant on me verrouille
> Dans les cachots, de par le roi.
> De mon seul bien on me dépouille :
> Vieux vagabond, le soleil est à moi.

Plus tard, Victor Hugo plaçait dans ses *Misérables* le type inoubliable de Jean Valjean, et il y a quelques années à peine, un autre poète célébrait à son tour *le Chemineau*[1].

1. Jean RICHEPIN, *le Chemineau*, pièce représentée sur le théâtre de l'Odéon en février 1897.

> Dis-leur donc que le gueux, mendiant une croûte,
> A contempler les champs, qui bordent la grand'route,
> En fait son patrimoine en s'en réjouissant ;
> Dis-leur que des pays, ce gueux, il en a cent ;
> Et dis-leur que ce gueux est riche, le vrai riche,
> Possédant ce qui n'est à personne : la friche
> Déserte, les étangs endormis, les halliers
> Où lui parlent tout bas des esprits familiers.
> La lande au sol de miel, la ravine sauvage,
> Et les chansons du vent dans les joncs du rivage,
> Et le soleil, et l'ombre et les fleurs et les eaux,
> Et toutes les forêts avec tous leurs oiseaux.

Il faut cependant prendre garde. Ce doux fantaisiste est un faible, et un faible éminemment suggestible. Quand le besoin ou la passion parlent, il est à la merci du criminel qu'il rencontrera et qui saura acheter son concours par un repas ou un verre de vin [1]. Depuis quelques années, des crimes retentissants ont été commis, sur divers points du pays, par des chemineaux ou des roulottiers. Tout le monde connaît les exploits de Vacher, ce sinistre sadique, qui semblait doué du don d'ubiquité, tant ses déplacements étaient rapides ; le sextuple assassinat de Nassandres, celui du curé de Saint-Patrice, celui de la petite Louise Martin à Choisy-le-Roi, sont le fait de vagabonds. En 1899, de hardis coquins renouvelaient aux portes d'Aubagne, dans la banlieue de Marseille, les exploits des « chauffeurs »

---

1. Gamahut, l'assassin de la veuve Ballerich, était un vagabond enrôlé la veille par les fauteurs du crime ; il n'avait encore encouru que des condamnations pour vagabondage ou mendicité. Son premier crime l'a conduit à l'échafaud.

d'il y a cent ans. Tout récemment, le monstrueux assassin de Corancez prétendait rejeter son crime sur des vagabonds inconnus, et personne ne s'étonnait de cette hypothèse.

De tels faits justifient l'inquiétude de nos campagnes et les réclamations de leurs représentants. Les sociétés nationales et locales d'agriculture, les conseils généraux se sont émus; leurs plaintes sont arrivées plusieurs fois à la tribune de la Chambre des députés. Les sociétés d'étude ont préparé des projets de réforme, ceux de leurs membres qui font partie du Parlement se les sont appropriés en leur donnant la forme de propositions de loi. A chaque session, la Chambre promet d'examiner la question toujours maintenue à son ordre du jour.

Ce petit livre a pour but d'exposer le mouvement qui s'est ainsi produit dans notre pays, d'en faire comprendre les causes et l'origine, de suggérer la solution à lui donner. Pour trouver la cause, nous avons dû remonter dans le passé et préciser le point où s'est produit l'accident qui, comme un caillou engagé dans un engrenage, a amené la rupture d'un organe essentiel et arrête le fonctionnement de toute la machine. Pour indiquer la réparation à faire, nous sommes allé à l'étranger demander conseil aux spécialistes qui ont su le mieux régler l'appareil destiné à obvier à un fléau qui est de tous les pays et de tous les temps. Nos contemporains, toujours pressés, n'ont guère le temps de lire de gros livres ni de recourir aux documents originaux; nous nous sommes efforcé d'en faire pour eux le dépouillement en condensant sous un petit volume beaucoup de faits et de textes. Notre but sera rempli si nous avons pu faire comprendre l'intérêt de la question au public qui s'en préoccupe, aux législateurs appelés à la résoudre. Elle dépasse de beaucoup le but immédiat qui frappe tout d'abord, la nécessité de garantir les populations rurales contre une gêne ou une dépense. Nous espérons montrer que la répression du vagabondage a des rapports directs avec la criminalité générale. Celle-ci commencera certainement à décroître le jour où on sera parvenu à mettre un terme à des agissements qui favorisent la paresse et amènent le déclassement de milliers d'existences, au grand préjudice de la patrie française et de l'ordre public.

MENDIANTS ET VAGABONDS

CHAPITRE PREMIER

LES MENDIANTS SOUS L'ANCIEN RÉGIME.

I. — Ce n'était point un spectacle banal que celui que présentaient les routes de France au début du quatorzième siècle. En dépit du mauvais état de ces chemins « royaux, publics ou de traverse [1] », auxquels il arrivait fréquemment de se trouver « moult empiriez, dommagés ou affondrez [2] », en dépit des nombreux péages, marqués par une billette ou barillet que les tenanciers avaient soin de reculer aussi loin que possible [3], on y rencontrait incessamment une foule grouillante et bigarrée, circulant du nord au midi, de l'est à l'ouest. Le monde entier semblait atteint de cette « currendi libido », dont parle un ancien chroniqueur.

---

1. Dans les *Coutumes de Beauvoisis*, Philippe de Beaumanoir distingue diverses sortes de voies publiques : le sentier de 4 pieds, la carrière de 8 pieds, le chemin de 32 pieds, le chemin de Jules César de 64 pieds.

2. Charles VI, ordonnance du 1er mars 1388, dans ISAMBERT, *Anciennes lois françaises*, t. VI, p. 665.

3. Georges Picot, *Histoire des États généraux*, Paris, 1872, t. I, p. 210. Les États généraux de 1358 stipulent des garanties contre les exactions des agents financiers qui arrêtaient les marchands sur les routes sous prétexte de visiter les ballots et de faire payer les droits, en réalité pour rançonner les voyageurs.

Ce n'était, il est vrai, que de loin en loin qu'on apercevait de hauts et puissants seigneurs, barons ou évêques, voyageant à cheval ou en litière, accompagnés d'une escorte de gens armés, toujours libéralement accueillis dans les châteaux ou les abbayes. Mais, chaque jour, des hôtes nouveaux arrivaient dans les auberges, désignées de loin par un bouquet de houx suspendu à l'extrémité d'une longue perche, comme celui qui attirait jadis l'attention des pèlerins de Canterbury [1]. C'étaient des marchands, souvent italiens ou flamands, qui conduisaient leurs denrées aux foires de Champagne, de Lyon ou de Beaucaire; c'étaient des pèlerins se rendant aux sanctuaires fameux de Saint-Jacques de Compostelle ou de Rocamadour, soit pour leur propre compte, soit pour celui d'un mort qui avait pourvu par son testament aux frais du voyage. On y trouvait aussi des moines mendiants, fils de saint François ou de saint Dominique, constamment en quête d'âmes à sauver, d'hérétiques à convertir; des clercs et des étudiants, se rendant d'une Université à une autre, débitant des poésies originales, tantôt épiques, tantôt plaisantes et humoristiques [2].

Puis c'étaient des personnages d'une catégorie inférieure, des ménestrels, joueurs de luth et de harpe, charlatans, dansant, chantant, avalant du feu, conduisant des bêtes apprivoisées ou montrant des marionnettes; des barbiers, herbiers, guérisseurs ambulants, vendant leurs remèdes pour tous les maux.

1. J.-J. JUSSERAND, *La vie nomade et les routes en Angleterre au XIVe siècle*, Paris, 1884, p. 90.

2. Les plus connues de ces œuvres poétiques sont les *Carmina Burana*, tirés d'un manuscrit du onzième siècle découvert dans l'abbaye de Benediktbeuren (Haute-Bavière). On y trouve un mélange de sensualité païenne et de mysticisme chrétien, de bon sens et de facéties qui en font une perle de la poésie lyrique primitive. Scheffel s'en est largement inspiré dans son recueil de chansons de table intitulé : « Gaudeamus ».

On y trouvait enfin des gens fort peu recommandables, des criminels échappés à la potence, serfs en rupture de ban, ouvriers fuyant leur corporation, frères lais chassés de leur couvent dont ils conservaient l'habit, le discréditant par leurs vices, faux pèlerins, faux pardonneurs, faux ermites...

Tout ce monde colportait les nouvelles, dénonçait les abus et les violences, répandait les idées de réforme et de changement. Comme le dit un de leurs historiens les plus récents, « ils propageaient certaines notions d'étendue et de vie active que les immobiles n'auraient pas eues sans cela » [1].

Dans ce personnel mêlé, on peut bien supposer que les pauvres n'étaient pas rares, les mendiants encore moins. Ils n'excitaient toutefois ni étonnement, ni répulsion. L'Église prêchait l'aumône aux riches et admettait comme conséquence que les pauvres ont le droit de la solliciter; les moines mendiants invoquaient l'Évangile quand ils prêchaient que les richesses et le bien-être sont plus dangereux pour l'âme que la pauvreté et la mendicité. Les jeunes clercs sans ressources jouissaient, dans les écoles secondaires comme dans les Universités, de ces secours gratuits que le concile de Vienne qualifie de « privilège de bon vouloir ». Un étudiant pauvre cherchait à gagner sa vie en se mettant au service d'autrui; les savants en engageaient fréquemment. L'écolier ne se trouvait pas plus humilié de remplir auprès de son maître l'office de serviteur que le page ne croyait s'abaisser en servant son seigneur [2].

1. J.-J. JUSSERAND, op. cit., p. 5.
2. FR. PAULSEN, *Gründung, Organisation und Lebensordnungen der deutschen Universitäten im Mittelalter.* — Cité par J. JANSSEN, *l'Allemagne à la fin du moyen âge*, traduction Paris, Paris, 1887, t. Ier, p. 73.

Cette situation se modifia profondément quand sévit d'une manière permanente la guerre, bientôt suivie par la famine et la peste, ses fidèles compagnes. Au bout de quelques années, les terres demeurent sans culture, les famines sont de plus en plus fréquentes, les villages deviennent déserts. Les paysans ruinés se réfugient dans les forêts, où ils vivent en brigands, à moins qu'ils ne préfèrent gagner les villes, où les mendiants sont dès lors innombrables. D'autres émigrent vers des pays plus paisibles, comme les Flandres. Pétrarque, traversant la France sur la fin du règne du roi Jean, ne reconnaît plus ce pays si prospère jadis [1].

Si la paix survenait, c'était un autre fléau. Les soldats licenciés ne se soucient pas de se remettre au travail. Ils forment ces bandes de brabançons, écorcheurs, routiers, malandrins, dont les historiens nous énumèrent à chaque page les méfaits et qu'on tenta vainement, à plusieurs reprises, de détourner sur l'étranger.

Aussi les rois et leurs conseillers se préoccupaient-ils, aussitôt la paix rétablie, d'assurer l'ordre par une série de mesures coercitives. Déjà Charlemagne et saint Louis, en recommandant d'exercer l'hospitalité envers les passants, prescrivent de prendre des précautions contre les mendiants [2]. Nombreux sont les conciles qui ont fulminé contre les moines en rupture de ban, ces « gyrovagues », dont saint Augustin dénonçait jadis l'hypocrisie et les excès [3]. En pleine guerre de Cent Ans, le 27 février 1350, Jean-le-Bon avait rendu une ordonnance souvent citée comme le point de départ

1. *Senilium*, lib. X, ep. 2. Cité par LEVASSEUR, *Histoire des classes ouvrières en France*, 1859, t. I⁰ʳ, p. 423.
2. Voir notamment dans BALUZE, *Capitularia Regum Francorum*, 1780, in-fol., t. I⁰ʳ, cap. a, un capitulaire de 794, § 32, col. 262, et un autre de 806, § 10, col. 464. — Voir aussi *Établissements de saint Louis*, ch. 34, dans ISAMBERT, *Anciennes lois françaises*, t. I⁰ʳ.
3. S. AUGUSTIN, *De opere monachorum*, cap. xxviii.

de la législation contre les vagabonds [1]. Elie concerne
la police des pauvres mendiants dans la ville, prévosté
et vicomté de Paris, et prescrit « qu'aucunes personnes,
hommes et femmes, sains de leurs corps et membres,
soient et demeurent oiseux en tavernes et autre part,
ou que ils vident la ville dedans trois jours. Faute
par eux d'obtempérer à cet ordre, ils seront mis en prison au pain et à l'eau; puis, en cas de récidive, mis au
pilori, et, à la tierce fois, signés au front d'un fer chaud,
puis bannis ».

II. — Toutefois, ce n'est guère qu'à partir de François Ier que nous voyons nos rois entreprendre contre
les mendiants et vagabonds une lutte systématique et
raisonnée qui se poursuivra, sous des formes diverses,
jusqu'à la fin de l'ancienne monarchie.

Les villes attirèrent tout d'abord l'attention du pouvoir. Les pauvres y affluaient, par suite de l'extrême
misère des campagnes; ne trouvant aucune occupation,
ils étaient réduits à mendier pour vivre. L'ordonnance
de Lyon, du 25 septembre 1523, trace un tableau effrayant de l'état du royaume.

Une ordonnance du Parlement du 22 avril 1532 s'efforça d'y remédier, en ce qui touche la capitale. Cet
acte prescrit que « toutes personnes qui peuvent besongner, tant hommes que femmes, et qui vivent oysive-
ment ou mandient et cayemandent par ceste dite ville,
seront employez pour curer et nettoyer les fosses, ruës
et esgouts, et besongner aux rampars et autres œuvres
publiques nécessaires à faire pour le bien, profit et utilité de ladite ville ».

En même temps, on prenait des mesures pour arra-
cher au vice les enfants errant par les rues qui assu-

<hr>

1. ISAMBERT, *op. cit.*, IV, p. 576.

raient le recrutement de cette tourbe. Une ordonnance de la Chambre des vacations du 5 février 1535 prescrit de les mettre en apprentissage chez les artisans de la ville de Paris et leur nomme un curateur pour les représenter dans les contrats passés en leurs noms avec les maîtres des métiers [1].

Enfin l'édit de 1536 stipule que les « pauvres impuissans », vieillards, malades et infirmes, seront secourus par l'Aumône générale qui leur distribuera « l'aumosne raisonnable ».

Le premier effet de ces mesures fut d'attirer dans les villes de nouvelles troupes de misérables. Aussi la déclaration de Saint-Germain-en-Laye (16 janvier 1545) recommande-t-elle de nouveau aux Prévôt des marchands et échevins de Paris d'employer les mendiants valides aux ouvrages publics, en stipulant que ceux qui continueront à mendier une fois les travaux ouverts seront punis de la prison et du fouet. Le travail ainsi offert aux mendiants était donc obligatoire ; une sanction rigoureuse lui donnait le caractère d'une peine autant et plus que celui d'un secours. C'était déjà le travail d'épreuve, la « pierre de touche » qu'on préconisera plus tard pour distinguer le paresseux de l'homme digne d'intérêt.

Henri II complète et coordonne ce système par l'édit de Saint-Germain-en-Laye du 9 juillet 1547. L'entretien des pauvres invalides sera désormais à la charge de chaque paroisse [2]. Les infirmes sans domicile seront

1. Code de l'Hôpital Général, p. 472, cité par PARTURIER, *Assistance publique à Paris sous l'Ancien Régime et la Révolution*, Paris, 1897, p. 70.

2. C'est la confirmation du principe posé en 560 par le concile de Tours, 5e canon du ch. IV : « Et unaquæque civitas pauperes et egenos incolas alimentis congruentibus pascat, secundum vires, ut tam vicini presbyteri quam cives omnes suum pauperem pascant, quo fiet ut ipsi pauperes per alienas civitates non fatigentur. »

Par un capitulaire de 806, Charlemagne avait également disposé que toute ville aurait soin de ses pauvres et que la charge serait partagée entre le clergé et les habitants (*supra*, p. 4, note 2).

recueillis dans les hôpitaux. Pour les valides, on maintient le même système de travaux publics, mais les pénalités prévues contre les réfractaires sont aggravées : les femmes et les enfants recevront le fouet et seront ensuite bannis, les hommes seront envoyés aux galères « pour y tirer par force à la rame ». En même temps, défense était faite aux habitants de distribuer l'aumône aux portes [1]. Enfin, la déclaration du 13 février 1551 portant règlement pour la nourriture des pauvres de la ville de Paris établit une taxe des pauvres levée sur tous les habitants de la ville, dans le but d'assurer le paiement des dépenses.

Ces principes, posés spécialement pour Paris, furent étendus à tout le royaume par l'ordonnance de Moulins (février 1566). L'article 73 ordonne que chaque ville ou village nourrira ses pauvres « sans qu'ils puissent vaguer et demander l'aumosne ailleurs [2] ». C'est le plus ancien texte relatif à l'assistance publique dans les campagnes, il a été jusqu'à la Révolution la règle de la jurisprudence des Parlements.

Toutes ces dispositions ne tardèrent pas à devenir inefficaces. Dès que la guerre civile commença, la police se relâcha, les mendiants reprirent leurs anciennes habitudes. Bien plus, ils s'organisent, élisent un roi auquel ils obéissent, constituent au cœur de Paris une ville à eux où la police ne peut pénétrer [3].

1. L'article 5 de l'arrêt du Parlement du 21 avril 1657 alla jusqu'à frapper d'une amende de quatre livres parisis le fait de « donner l'aumosne manuellement aux pauvres mendiants ».

2. L'ordonnance oublia toutefois de préciser le délai nécessaire pour acquérir le droit à ce secours, en dehors du fait de la naissance. Les autorités locales exigèrent de un an à cinq ans, suivant les lieux, les temps et les circonstances. A Paris, par exemple, on était plus rigoureux dans les temps de calamités publiques.

3. Cf. SAUVAL, *Histoire et recherche des antiquités de la ville de Paris*, 1724, 3 vol. in-fol., t. Ier, p. 510 et suiv.

III. — On imagina alors de recourir à des mesures plus énergiques en privant de la liberté ces mendiants irréductibles. Les infirmes et les vieillards devraient être nourris gratuitement, mais tous les valides seraient astreints à un travail utile dont le produit était présumé pouvoir suffire à couvrir la plus grande partie des frais.

Tel était le système que mit en vigueur le mandement royal du 27 août 1612, en créant à Paris l' « Hôpital des pauvres infirmes ».

Cet établissement était divisé en trois sections : hommes valides ; femmes, filles et garçons de moins de huit ans ; incurables et vieillards des deux sexes. Le travail était obligatoire pour les deux premières sections. On ne devait admettre dans les hôpitaux que les pauvres qui justifieraient être natifs de la ville, ou y avoir séjourné si longtemps qu'ils auront vraisemblablement perdu l'espoir de toute autre retraite. Quant aux forains ou étrangers à la ville, ils seront punis des galères pour les hommes, du bannissement pour les femmes.

C'est alors que furent créés l'hôpital de la Pitié, près Saint-Victor, le Bon Secours pour les filles débauchées, la Savonnerie près Chaillot... Mais l'essai ne dura guère que cinq ou six ans.

A l'époque de la Fronde, le mal était redevenu plus grand que jamais ; 45.000 pauvres vaguaient par les rues de Paris. La cour des miracles s'était reconstituée ; quand La Reynie fut nommé lieutenant de police avec mission d'assainir Paris, il dut faire un siège en règle avant d'y pénétrer.

On peut dire que la générosité privée, stimulée et dirigée par l'initiative de saint Vincent de Paul, accomplit alors des merveilles pour apporter un remède à tant de misères. En quelques années, on voit surgir les œuvres les plus diverses, avec des dotations appropriées aux besoins reconnus. Les enfants trouvés sont installés dans un hôpital spécial au faubourg Saint-Antoine, avec un revenu assuré de 40.000 livres. Pour les filles tombées, toujours nombreuses après les guerres, par suite du dévergondage et de la misère, on ouvre des refuges : pénitentes du séminaire de la Providence, fondé par Mlle Pollalion ; la Madeleine, par Mme de Meignelais ; la Pitié et Sainte-Pélagie, dues à la générosité de Mme de Miramion. Des soupes sont distribuées quotidiennement à cinq mille pauvres, et la formule de ces « potages économiques » est rédigée de la main même de Monsieur Vincent. On ouvre partout de petites écoles et Mlle Marie Saucier forme d'innombrables maîtresses gratuites, sous la direction d'Abelly, le futur évêque de Rodez. Un asile est offert aux vieux ménages sans ressources à l'Hôpital du Saint Nom de Jésus, ouvert en 1653 au faubourg Saint-Laurent. Les hôpitaux se multiplient en province et dans un grand nombre de diocèses on crée des ordres de sœurs sans vœux perpétuels ni clôture, vouées à toutes les œuvres de miséricorde, sur le modèle des Filles de la Charité, dirigées depuis 1634 par Mlle Le Gras sous l'inspiration supérieure de saint Vincent de Paul.

Ces saintes filles et les prêtres de la Mission sont les auxiliaires naturels de leur père spirituel quand il s'agit de porter des secours aux provinces de l'est et du nord-est désolées par la guerre ; un des missionnaires, M. François Hébert, devenu depuis évêque d'Agen, a calculé que la Champagne, la Lorraine, la Bourgogne et la Picardie avaient ainsi reçu, à la fin de la guerre, douze millions de livres, somme qu'il convient de quadrupler pour avoir la valeur en monnaie

1.

actuelle [1]. Jamais l'initiative privée n'avait encore produit pareil effort en vue de soulager la misère.

Cependant l'idée du renfermement des pauvres n'était pas abandonnée. Quand l'ordre fut rétabli et un pouvoir fort constitué, on se flatta de réussir à la mener à bien. Des personnes pieuses et des magistrats avaient organisé après la Fronde des « magazins charitables » pour assister les pauvres de Paris. « On en revestit tant de pauvres, on en nourrit tant de misérables, qu'alors on crut qu'il n'était pas impossible de trouver la subsistance nécessaire pour renfermer et contenir dans le devoir une nation libertine et fainéante qui n'avait jamais receu de règle [2]. »

Un projet complet d'Hôpital-Général fut rédigé par Pomponne de Bellièvre, premier président du Parlement de Paris, et en même temps des rentes et des dons furent offerts par nombre de personnes de condition. Le roi agréa le plan proposé. Un édit du 27 avril 1656 constitua l'Hôpital-Général des Enfermez, dont la direction fut confiée à deux conseils : l'un, le Grand-Bureau, était composé de membres de droit, « chefs nez » à raison de leurs charges; l'autre comprenait vingt-six directeurs et perpétuels administrateurs nommés par l'édit, et qui constituaient une administration autonome, complètement indépendante du Grand-Bureau des pauvres comme de la municipalité parisienne.

Sept maisons étaient affectées à l'institution nouvelle :

1° Notre-Dame de la Pitié, pour les filles;

---

1. Mgr BOUGAUD, *Histoire de saint Vincent de Paul*, 3e éd., Paris, 1898, 2 vol. in-18, t. II, p. 19.

2. *L'Hospital général de Paris*. A Paris, chez François Muguet, rue de la Harpe, MDCLXXVI.

2° La petite Pitié, pour les garçons de douze à treize ans ;

3° La maison de Saint-Denys, dite de la Salpêtrière, avec cinq quartiers : petits enfants jusqu'à quatre ans, enfants mâles de quatre à douze ans aux écoles, femmes infirmes et incurables, vieux ménages[1], femmes et filles grosses ou nourrices avec enfants ;

4° La maison de Saint-Jean-Baptiste, dite Bissêtre, pour hommes et garçons valides et invalides ;

5° La maison de Saint-Nicolas, dite de la Savonnerie, pour les garçons occupés aux tapis ;

6° Le refuge établi au faubourg Saint-Victor pour les filles publiques ;

7° La maison de Sainte-Marthe, dite Scipion, où étaient installées la boulangerie et la boucherie pour toutes les maisons.

On rattacha ultérieurement à cette organisation l'Hôpital des Enfants Trouvés (1670) et l'Hôpital du Saint-Esprit où étaient recueillis les orphelins (1680).

L'obligation du travail constituait la condition rigoureuse du secours pour tous les valides. Les jeunes enfants devaient apprendre un métier, les filles être préparées au placement en condition ou mariées à des ouvriers honnêtes. On se flattait de trouver ainsi des bras pour développer les industries étrangères que le pouvoir royal cherchait à acclimater en France : tapisseries, tapis, fabrication de dentelles.

---

1. L'édit de 1656 avait prévu pour les vieux ménages l'assistance à domicile par des allocations hebdomadaires. En 1664, trois mille ménages étaient secourus dans ces conditions, la dépense était de 200.000 livres, et les demandes continuaient à se produire. On se décida alors à étendre à cette catégorie l'obligation de l'internement, et 200 chambres de ménage furent aménagées à la Salpêtrière. Après la Révolution, cette catégorie fut transportée à l'ancien hôpital Saint-Germain, rue de Sèvres, qui prit le nom d'hospice des Petits-Ménages. On la retrouve aujourd'hui à Issy.

La mise en vigueur de l'édit fut fixée au 1er mai 1656. Ses prescriptions furent annoncées au prône des paroisses et publiées à son de trompe dans tous les carrefours.

L'effet en parut immédiat; quatre ou cinq mille pauvres vinrent d'eux-mêmes, en l'espace de huit jours, se constituer dans ces divers établissements: les autres quittèrent Paris ou cessèrent de mendier. La police des pauvres, enlevée au Grand-Bureau, est exercée par les archers de l'Hôpital-Général qui font bonne garde dans Paris et arrêtent tous mendiants. L'organisation semble tellement satisfaisante qu'un nouvel édit du 14 juin 1662 l'étend à toute la France et décide que chaque ville ou gros bourg du royaume sera tenu d'avoir un Hôpital-Général. Des ressources sont créées à ces établissements par l'attribution de certaines quêtes et amendes, du produit des aumônes pour la dispense du carême, des revenus des maladreries et aumôneries devenues sans objet.

La lecture des documents contemporains, et même le simple examen des actes de l'autorité royale, démentent toutefois cet optimisme officiel. Nous savons que des séditions éclataient souvent dans les rues de Paris quand les archers arrêtaient des mendiants, que le peuple prenait volontiers parti pour ceux-ci, surtout quand il s'agissait de soldats estropiés. Un édit d'août 1661 punit de cinq ans de galères les mendiants valides qui auront été trois fois pris et conduits à l'Hôpital-Général; un arrêt du Parlement du 8 février 1663 fait défense à tous messagers, rouliers, conducteurs de coche d'amener à Paris des enfants de l'un ou de l'autre sexe pour les exposer dans les églises ou places publiques. Un arrêt du 13 juin 1665 laisse percer un ton de découragement. On y voit les causes de l'insuccès : les manufactures n'ont pas donné tout le produit espéré, les rébellions se perpétuent, les mendiants d'habitude se multiplient. En 1670, l'ordonnance de Saint-Germain prescrit au lieutenant de police de faire faire des rondes pour saisir les mendiants et les remettre aux mains des archers de l'Hôpital ; on devra distinguer « les fieffés » pour les réunir dans une maison séparée.

On s'efforçait pourtant avec le zèle le plus louable de combattre le paupérisme en assurant du travail à tous ceux qui en réclamaient. A partir de l'édit de 1662, des lettres patentes octroient le privilège de faire fabriquer et vendre à leur profit toutes sortes de manufactures aux anciens hôpitaux transformés, aussi bien qu'à ceux nouvellement créés. Colbert, grand partisan de l'assistance par le travail, recommande aux intendants de presser les abbayes de remplacer leurs aumônes en argent par des distributions de laine destinée à être tissée ou tricotée [1]. Les hôpitaux offraient un refuge aux pauvres sans travail et leurs manufactures étaient souvent placées sous la direction de représentants du commerce qui avaient charge de recteurs des hôpitaux [2]. Dans les campagnes de Picardie, Normandie, Franche-Comté, Auvergne, etc., on procurait aux agriculteurs des travaux sédentaires pendant l'hiver.

La charité privée elle-même entrait dans la même voie pour le soulagement de la misère. Les « confréries de charité » organisées dans les diverses paroisses de Paris, notamment dans celle de Saint-Sulpice, créaient des manufactures et petits métiers pour per-

---

1. Pierre CLÉMENT, *Histoire de Colbert et de son administration*, 1874, t. Ier, p. 320.

2. Germain MARTIN, *La grande industrie sous le règne de Louis XIV*, 1899, p. 85.

mettre aux indigents de gagner leur vie [1]. En même temps, les « bureaux de charité » se multiplient dans les provinces sur le modèle de ceux qu'avait organisés saint Vincent de Paul dès 1617 dans la paroisse de Châtillon-les-Dombes. Des confréries d'hommes visitent les pauvres à domicile et leur assurent des secours, tandis que les confréries de dames s'occupent plus spécialement des malades. A la fin du siècle, une décision royale donne à ces institutions un caractère en quelque sorte officiel. La déclaration du 12 décembre 1698, après avoir pourvu à l'administration des établissements hospitaliers, stipule que la distribution des secours à domicile sera confiée à un « bureau des pauvres » composé du curé, du seigneur, du juge et du procureur fiscal, s'ils demeurent dans la ville, des marguilliers en charge, enfin de notables habitants.

Et, malgré tant d'efforts, la misère se développe toujours, les mendiants reparaissent sans cesse. En 1693, année de mauvaise récolte et de famine, ils affluent tellement à Paris qu'une ordonnance rendue par le Parlement, en vertu de son pouvoir réglementaire, prescrit que, pour empêcher les mendiants expulsés de rentrer dans la capitale, « ils seront tondus et rasez ». Avec l'hiver calamiteux de 1709, la misère atteint son apogée. Un dixième de la population est réduit à mendier.

Tandis que le roi envoie sa vaisselle d'argent à la Monnaie, la noblesse, le clergé, la bourgeoisie rivalisent de charité pour soulager tant de souffrances. L'évêque d'Auxerre nourrit cent cinquante malheureux et doit aussi engager sa vaisselle pour subvenir à

1. Voir dans Mgr BOUGAUD, *op. cit.*, t. II, p. 345-350, le « réglement d'une confrérie de charité avec essai d'un établissement de manufacture pour les pauvres ».

cette charge ; l'évêque de Chartres fait acheter des laines et les distribue aux pauvres maistres qui, par ce secours, trouveront moyen de subsister. Les intendants d'Orléans et d'Amiens font ouvrir trois ateliers pour accueillir les malheureux inoccupés [1]. Dans presque toutes les provinces, on établit des filatures ou des chantiers publics. Il ne pouvait plus être question de renfermer tous les pauvres ; malgré les créations d'hôpitaux généraux qui s'étaient multipliés sur tous les points de la France, le système avait prouvé son inefficacité [2].

IV. — Avec le nouveau règne, on chercha autre chose. La pensée vint d'envoyer aux colonies, pour les mettre en valeur, les vagabonds et gens sans aveu qui, ne s'étant pas soumis au bannissement, avaient encouru la peine des galères. Déjà, sous l'influence de Colbert, on avait dirigé sur le Canada où elles s'étaient mariées un certain nombre dè filles élevées à l'Hôpital-Général. La déclaration du 8 janvier 1709 décida donc que « dans tous les cas où les lois prononcent la peine des galères contre les vagabonds, les juges pourront ordonner que les hommes seront transportés aux colonies [3] ».

Cette mesure se heurta à l'opposition du Parlement.

1. DE BOILISLE, *Correspondance des contrôleurs généraux*, t. III, n°ˢ 360 et 462.

2. On ne peut qu'être attristé en rapprochant de ce lamentable échec le passage des Instructions au Dauphin dans lequel Louis XIV annonçait sa ferme volonté de détruire la mendicité dans son royaume.

« Si Dieu me fait la grâce d'exécuter tout ce que j'ai dans l'esprit, je tâcherai de faire en sorte, non pas à la vérité qu'il n'y ait plus dans tout le royaume ni pauvre, ni riche (car la fortune, l'industrie et l'esprit laisseront éternellement cette distinction entre les hommes), mais au moins qu'on n'y voie plus ni indigence, ni mendicité, je veux dire une personne, quelque misérable qu'elle puisse être, qui ne soit assurée de sa subsistance, ou par son travail, ou par un secours ordinaire ou réglé. »

3. ISAMBERT, *op. cit.*, XXI, p. 469.

On reconnut de plus qu'il y avait impossibilité à faire vivre côte à côte les transportés et les colons volontaires déjà établis outre-mer, ces derniers paraissant « plus propres à entretenir un bon commerce avec les naturels du pays que des gens qui y portaient avec eux la fainéantise et leurs mauvaises mœurs ». La déclaration de Versailles, du 5 juillet 1722, abrogea donc cette mesure et rétablit la peine des galères, prévue par les déclarations précédentes de 1682, 1687, 1700 et 1701. Deux ans plus tard, la déclaration de Chantilly, du 18 juillet 1724 [1], établissait contre les mendiants un ensemble de dispositions qui est peut-être le mieux coordonné de tous ceux que nous a laissés la monarchie.

Le préambule pose le principe de la distinction essentielle à établir entre les invalides et les valides et, parmi ceux-ci, entre ceux qui veulent travailler et les incorrigibles. Il faut l'assurer « en proposant un travail assuré et une subsistance à ceux des mendiants valides qui n'en avaient pu trouver » de manière à « leur ôter toute excuse de désobéir à la loi et être par là en état d'établir des peines plus sévères ». En conséquence, stipule l'article 1er, dans la quinzaine de la publication de la déclaration :

1° Les vieillards, enfants, nourrices et femmes grosses devront se présenter aux hôpitaux les plus voisins de leur demeure pour y être reçus gratuitement et employés au profit desdits hôpitaux à des ouvrages proportionnés à leur âge et à leurs forces;

2° Les mendiants valides et capables de gagner leur vie devront prendre un emploi pour subsister;

3° Ceux qui prétendront n'avoir pu trouver d'ou-

---

1. ISAMBERT, *op. cit.*, XXI, p. 271.

vrage dans le délai de quinzaine, ajoute l'art. 2, « auront la faculté de s'engager aux hôpitaux qui seront tenus de leur fournir la subsistance et l'entretien. Ces engagés seront distribués en compagnies de vingt hommes, chacune sous le commandement d'un sergent, qui les conduira tous les jours à l'ouvrage, et sans la permission duquel ils ne pourront s'absenter. Ils seront employés aux ouvrages des ponts et chaussées, ou autres travaux publics et autres sortes d'ouvrages qui seront jugés convenables ; leurs journées seront payées entre les mains du sergent au profit de l'hôpital, sur le pied qui aura été convenu avec les directeurs, qui leur donneront toutes les semaines une gratification sur le montant de leurs journées qui sera au moins du sixième du produit et même un peu plus forte, s'ils se sont bien acquittés de leur travail.

« Si quelqu'un des dits engagés trouve dans la suite un emploi pour subsister, les directeurs pourront, en connaissance de cause, lui accorder son congé. Ils l'accorderont pareillement à ceux qui voudront entrer dans nos troupes. »

L'art. 3 règle les pénalités. Les mendiants qui, après l'expiration du délai imparti, seront rencontrés dans les diverses villes et lieux du royaume seront arrêtés et conduits à l'Hôpital-Général le plus voisin. Les enfants, nourrices, femmes grosses y seront nourris jusqu'à ce qu'ils soient en état de gagner leur vie par le travail, les incurables toute leur vie. Les valides seront enfermés et nourris au pain et à l'eau pendant un temps fixé par les directeurs et qui ne pourra être moindre de deux mois. En cas de récidive, la durée de cette détention sera de trois mois au moins et, avant leur élargissement, on les marquera au bras d'une lettre M. Au cas de seconde récidive, les femmes valides seront enfermées pour cinq années au moins et pourront l'être à perpétuité. Les hommes seront envoyés pour cinq ans aux galères. La même peine sera appliquée aux engagés qui quitteraient le service des hôpitaux sans congé pour reprendre leur premier état de fainéantise ou de mendicité.

Des peines plus sévères encore sont prévues pour les individus qui demandent l'aumône avec insolence, qui sont porteurs d'armes ou mendient en troupe, qui présentent de faux passe ports, ou sont flétris d'une marque infamante, V ou fleur de lis (art. 6).

L'art. 5 contient une innovation remarquable : une correspondance devra être établie entre tous les hôpitaux du royaume dans le but de se transmettre mutuellement des renseignements sur les mendiants arrêtés, et de connaître ceux qui sont en récidive. Des fiches individuelles seront envoyées chaque semaine à Paris « pour former un registre général de tous individus arrêtés dans le royaume » [1].

Enfin un impôt spécial de trois deniers par livre de taille était établi dans tous les pays d'élection pour subvenir aux frais d'entretien des hôpitaux.

Nous avons tenu à faire connaître en détail les dispositions de la déclaration de Chantilly, en raison des innovations caractéristiques qu'elle introduit et dont on retrouve la trace jusque dans nos lois actuelles. Cependant la plus importante de ces dispositions, celle qui instituait les ateliers de travaux publics, ne resta que peu de temps en vigueur. Sur divers points, les sergents préposés à la direction des travaux ne surent pas maintenir une discipline suffisante; il y eut des

---

1. On trouve, dans cette disposition, la première idée du casier central du vagabondage créé par la loi belge du 27 novembre 1891. (*Infra*, ch. iv, p. 87.)

déprédations commises, des voyageurs arrêtés et spoliés. Les plaintes auxquelles donnèrent lieu ces faits amenèrent la fermeture des ateliers. L'idée devait être reprise avec succès cinquante ans plus tard.

On essaya auparavant de l'internement des incorrigibles dans des établissements d'un caractère nettement répressif. Le principe posé dans la déclaration de Compiègne du 3 août 1764 fut développé par l'arrêt du conseil du 2 octobre 1767 qui prescrivit la création d'un dépôt de mendicité par généralité[1].

Les dépôts devaient être établis dans des lieux bien fermés, et dans des villes où se trouveraient un Hôtel-Dieu, susceptible de recevoir les malades, et une résidence d'un siège de maréchaussée, juridiction spécialement chargée du procès des voleurs, vagabonds et malfaiteurs[2]. Ces établissements étaient placés sous l'autorité supérieure de l'intendant, qui rend compte au ministre de leur fonctionnement, et sous l'autorité immédiate du subdélégué, chargé de statuer sur tous les détails du service.

Chaque dépôt doit comprendre essentiellement :

1° Deux salles pour valides de l'un et l'autre sexe, avec des lits garnis de paille où les renfermés couchent deux à deux ;

2° Deux autres salles pour les malades qu'on pourra soigner sans les transporter à l'Hôtel-Dieu ;

3° Une salle décente transformée en chapelle où la messe sera célébrée par un aumônier fourni par le curé ou par un couvent voisin ;

4° Un cachot avec fers pour les mutins ;

5° Un logement pour le concierge.

Ce concierge, chargé d'assurer le maintien de l'or-

1. ISAMBERT, *op. cit.*, XXII, p. 404 et 400.
2. *Supra*, INTRODUCTION, p. VIII.

dre, devra être un ancien soldat, marié. Il tiendra deux registres, cotés et paraphés par le subdélégué, et sur lesquels il inscrira les renfermés, selon qu'ils seront détenus par jugement ou par correction.

La nourriture consistera en une livre et demie de pain bis pour les hommes et les femmes, une livre pour les enfants, avec des légumes cuits à l'eau et au sel. Les détenus conserveront leurs vêtements; on leur en fournira, en cas de nécessité, de l'étoffe la plus grossière. Tous auront la tête rasée, « pour éviter la malpropreté et les mieux reconnaître, s'ils s'enfuient ».

La mission d'arrêter les vagabonds est confiée à la maréchaussée. Tous devront être interrogés dans les vingt-quatre heures par le procureur du roi de la maréchaussée; celui-ci s'appliquera principalement à déterminer s'ils sont des vagabonds ou gens sans aveu, des mendiants éloignés de leur domicile, des mendiants domiciliés à moins de deux lieues.

Dans le premier cas, le procureur du roi devra déposer sa plainte et faire juger s'il y a lieu de renvoyer l'inculpé aux galères pour trois ans, ou de l'enfermer pour le même temps dans un hôpital ou maison de force. On recommande aux officiers de la maréchaussée d'être très réservés sur la peine des galères.

Les mendiants éloignés de leur domicile seront conduits au dépôt sur une ordonnance, pour y être retenus pendant le temps que fixera l'intendant. Ce temps varie de trois semaines à un mois pour une première correction, de deux à trois mois en cas de récidive.

Quant aux mendiants domiciliés, ils seront renvoyés sans autre forme de procédure, en se contentant de dresser procès-verbal des circonstances.

Les vagabonds et gens sans aveu condamnés en dehors du lieu de dépôt seront conduits de brigade en brigade par les soins du procureur du Roi. Copie des jugements sera transmise à M. le procureur général de la maréchaussée, qui rendra compte à M. le vice-chancelier.

Malgré la précision de ces instructions, il est certain que l'application de ces mesures par la maréchaussée fut fort différente, suivant les provinces, et donna souvent lieu à de graves abus. On arrêta souvent comme vagabonds ou personnes suspectes les gens les plus honorables, sur une simple dénonciation. « J'ai vu dans le dépôt de Rennes, écrivait un intendant, plusieurs maris arrêtés sur la simple dénonciation de leurs femmes et autant de femmes sur celles de leurs maris ; plusieurs enfants du premier lit à la sollicitation de leur belle-mère ; beaucoup de servantes grosses du maître qu'elles servaient, enfermées sur sa dénonciation, et des filles dans le même cas, sur la dénonciation de leur séducteur ; tous sans la moindre preuve de vagabondage et de mendicité [1]. »

Les circonstances au milieu desquelles se termina le règne de Louis XV ne permirent pas, du reste, de mettre en pleine activité l'organisation prévue par ces divers textes. A la mort du roi, dix-huit dépôts seulement étaient organisés dans les trente-trois généralités du royaume.

Aussi le vagabondage avait-il recommencé à sévir dans les provinces. On trouve la preuve des préoccu-

---

1. Cité par Taine, *l'Ancien Régime*, livre V, chap. III (23ᵉ édition, tome II, p. 290). — Ce chapitre contient un tableau saisissant de l'état du vagabondage à la fin de la monarchie, de l'étendue du mal et des conséquences que produit une répression mal organisée. « Les prisons sont ordinairement malsaines ; souvent la plupart des détenus en sortent malades ; plusieurs, au contact des scélérats, en sortent scélérats. Contagion morale et contagion physique : l'ulcère grandit ainsi par le remède et les centres de répression deviennent des foyers de corruption. »

pations que cette calamité cause à l'opinion publique jusque dans les délibérations des Académies. En 1777, l'Académie des sciences, arts et belles-lettres de Châlons-sur-Marne met au concours la question suivante : *Des moyens de détruire la mendicité en France en rendant les mendiants utiles à l'État sans les rendre malheureux* [1].

De son côté, Linguet exilé avait mis au concours dans ses *Annales politiques* du 15 février 1778 le sujet suivant : « Quels sont les causes de la mendicité et les moyens de les supprimer? » Le délai fixé pour le concours était de quatre mois; cinquante louis étaient déposés chez un notaire pour être remis à l'auteur dont le traité aurait paru le meilleur aux curés de Paris.

Le roi lui-même se préoccupait de la question. Dans une lettre adressée au ministre Amelot et datée de Versailles, le 8 juin 1777 [2], le jeune souverain précise très nettement les principes qui doivent guider l'autorité publique dans la solution de cette délicate question : « Ce point est très important, n'y ayant rien qui fait plus d'honneur à une administration que l'extirpation de la mendicité. Aux valides le travail, aux invalides les hôpitaux, et les maisons de force à tous ceux qui résistent aux bienfaits de la loi. Tenez la main à l'exécution des règlements qui existent et recommandez à Lenoir la sévérité. »

Deux sortes de mesures furent la conséquence de ce mouvement d'opinion : la création d'ateliers de charité dans tout le royaume, le règlement de Versailles du 27 juillet 1777 qui reprend et complète les dispo-

---

1. Léon LALLEMAND, *La Révolution de 1789 et les pauvres*, Paris, 1898, p. 37.
2. Cette lettre a été reproduite par M. Amédée RENÉE, d'après l'autographe appartenant à M. DENTU, dans son ouvrage : *Louis XVI et sa cour*, Paris, 1858, p. 255.

sitions antérieures concernant les mendiants, leur répartition entre les hôpitaux, les ateliers de charité et les dépôts de mendicité.

Turgot, nommé en 1761 intendant à Limoges, avait fait dans cette généralité de larges réformes administratives. Reprenant l'idée des ateliers de charité, il avait su les organiser avec une exacte discipline et une stricte économie; pendant plusieurs hivers, en pleine disette, il avait occupé tous les sans-travail qui se présentaient et doté le pays d'un réseau de routes en bon état, sans que la dépense fût excessive [1]. Une fois devenu contrôleur général, il voulut tenter dans l'État les réformes essayées en Limousin. Une instruction du 2 mai 1775 prescrit aux intendants d'ouvrir des ateliers de charité, et leur transmet des instructions minutieuses relatives à l'organisation et à la direction de ces ateliers [2]. Ces instructions ne restèrent point sans effets; un état dressé en 1775 par Rouillé d'Orfeuil, intendant de Champagne, propose l'ouverture de quarante-trois ateliers pour cette seule province [3].

En même temps, on développait le nombre des dépôts de mendicité avec ateliers de travail. Au moment de la Révolution, on comptait trente dépôts contenant sept mille mendiants. La grosse difficulté était toujours l'organisation de travail; une instruction de 1787 relative à la tenue des dépôts [4] demande aux inten-

---

1. Le déficit n'excéda pas 90.000 livres sur une dépense totale de plus de 1.240.000 livres. Il fut en grande partie couvert par des dons volontaires. (Rapport de Turgot à l'abbé Terray, cité par Marcel LECOQ, *l'Assistance par le travail en France*, 1900, p. 95.)

2. M. HUBERT-VALLEROUX a donné, d'après les œuvres de Turgot, une analyse très complète des dispositions prises pour l'organisation des ateliers de travail. (*La Charité avant et après 1789*, Paris, 1890.)

3. Léon LALLEMAND, *Quinze ans de réformes hospitalières*, Paris, 1898.

4. Reproduite par M. C. GRANIER dans l'introduction de son *Essai de bibliographie charitable*, Paris, 1891.

dants de communiquer au ministre leurs vues spéciales à ce sujet.

Au même moment l'Hôpital-Général de Paris nourrissait douze mille personnes dans ses huit maisons, dont 6.720 dans le seul hôpital de la Salpêtrière [1].

Et pourtant, au moment où étaient convoqués les États généraux, les plaintes causées par les vagabonds devaient être vives encore, puisque cent quarante-deux cahiers des sénéchaussées et bailliages formulent des vœux tendant à la répression de la mendicité. La plupart réclament l'ouverture d'ateliers de travail et de maisons d'assistance, ou encore une répression énergique à l'endroit des faux pauvres et des mendiants incorrigibles [2]. Quelques-uns suggèrent l'expulsion des étrangers, l'interdiction de donner l'aumône ; seul le tiers état de Paris demande l'abolition des dépôts de mendicité et l'ouverture de travaux publics sous l'inspection des assemblées municipales et provinciales [3].

En résumé, au cours des trois derniers siècles, la monarchie avait successivement essayé de quatre systèmes pour la répression du vagabondage et de la mendicité, considérée surtout comme sa manifestation la plus habituelle.

On se contente d'abord d'enjoindre aux valides de travailler, en les frappant de peines sévères, s'ils continuent à mendier.

Au seizième siècle, on organise des travaux publics pour occuper ceux qui ne trouvent pas d'emploi.

Avec le dix-septième siècle s'ouvre une troisième

----

1. TENON, *Mémoire sur les hôpitaux de Paris*, imprimé par ordre du roi. — Paris, Ph. D. Pierres, 1888, p. 84.
2. Léon LALLEMAND, *la Révolution de 1789 et les pauvres*, p. 32.
3. L. PARTURIER, *op. cit.*, p. 197.

période, caractérisée par l' « enfermement des pauvres ».

De guerre lasse, le dix-huitième siècle recourt à la répression sévère. en essayant successivement de la transportation et des dépôts de mendicité.

Aucun de ces systèmes n'avait réussi. Au moment de la convocation des États généraux, la question était aussi pressante que jamais et la répression de la mendicité par une meilleure organisation des secours va être un des premiers soucis de l'Assemblée nationale.

CHAPITRE II

I. — Au moment où se réunissaient les États généraux, la misère était grande à Paris. A la suite de la mauvaise récolte de 1788, l'hiver avait été dur à passer et le bureau de la Ville de Paris avait organisé des ateliers de terrassement sur divers points de la capitale, pour occuper les ouvriers sans travail. La misère croissante décida l'assemblée nouvelle à s'occuper sans retard de l'organisation des secours publics ; elle nomma un comité de mendicité de quatre membres, bientôt porté à douze, en lui confiant la mission d'étudier cette grave question et de lui proposer une solution.

Ce comité, présidé par le duc de La Rochefoucauld-Liancourt, soumit bientôt à l'assemblée son « Plan de travail », puis il se livra à une vaste enquête sur les institutions charitables de Paris et du royaume; ses conclusions furent rédigées en une série de quatorze rapports successivement présentés au cours des années 1790 et 1791.

« Tout homme a droit à sa subsistance. Le travail est le moyen de subsistance qui doit être donné au pauvre en état de travailler. Les invalides seuls ont droit au secours gratuit. » Tel est le résumé de la doctrine formulée dans le Plan de travail. En ce qui touche les valides, le rapporteur préconisait donc l'organisation d'ouvrages sédentaires pour les agriculteurs pendant la morte-saison, il mettait en même temps en garde contre la pensée qu'un grand État peut donner du travail à tous ceux qui en manquent et « débarrasser la classe indigente de l'inquiétude et de l'activité nécessaires pour assurer sa subsistance » (1er rapport). Frappé de la part énorme prise par les frais d'administration sur les revenus des biens des pauvres, le comité en proposait l'aliénation, les secours publics devant désormais être payés par l'impôt, comme les autres parties de l'administration publique (3e rapport).

Sans attendre les conclusions théoriques, l'assemblée avait dû prendre des mesures pour réglementer la distribution des secours dans la capitale [1]. Le 30 mai 1790, un « décret concernant les mendiants de Paris et des environs » ordonne le renvoi dans leurs pays d'origine de tous les pauvres étrangers et l'ouverture de nouveaux ateliers de secours consistant en terrassements pour les hommes et en filatures de chanvre pour les femmes et les enfants [2]. Le nombre des assistés, qui était déjà de 11.800 au moment où était rendu le décret du 30 mai, s'élève à 19.000 en octobre pour atteindre 31.000 en décembre [3]. Le travail deve-

1. Cf. J. Gaufrès, *l'Assistance par le travail pendant la Révolution.* (*Revue d'Assistance*, 1893, p. 173.)

2. Ces travaux de filatures avaient été inaugurés par de Sartine, lieutenant de police, et perfectionnés par son successeur Lenoir qui créa en 1777 le bureau de filature. Les résultats en furent remarquables, grâce à une gestion attentive; on secourait constamment 2.000 pauvres avec un subside de 3.000 livres par mois. (Tuetey, *l'Assistance à Paris pendant la Révolution*, 1895, t. II, p. 550.)

3. Le plus important des ateliers, ouvert à Montmartre, avait été organisé en vue de recevoir 2.000 travailleurs et en contenait 17.000 en août.

nait nul dans ces agglomérations dirigées par des surveillants incapables et dont le nombre était, du reste,
notoirement insuffisant. Les paresseux accouraient
de toutes parts pour y gagner de l'argent sans rien
faire, les habiles travaillaient ailleurs dans la semaine
et venaient le samedi toucher six livres dont ils lais-
saient une au surveillant [1]. Aux règlements municipaux
succédaient les décrets de l'Assemblée. Celui du 31
août 1790 prescrit l'organisation de deux sortes d'a-
teliers : les uns pour les valides, avec travail à la
tâche, les autres pour les ouvriers d'une capacité inférieure, rétribués à la journée. Dans les deux cas, le
salaire devait être maintenu au-dessous du taux normal.
On chercha à envoyer des ouvriers en province, pour
creuser un canal à Dieppe, pour achever le canal de
Bourgogne vers Brienon ; aussitôt arrivèrent des plaintes des municipalités réclamant des troupes pour les
protéger contre ces « travailleurs ». Des déprédations
sont commises dans les campagnes, à Paris des désor-
dres éclatent, des maisons sont pillées par les ouvriers
des ateliers, le maire de Paris requiert la garde nationale pour protéger la propriété.

La situation parut assez grave à l'Assemblée pour
motiver une réunion de cinq comités. La Rochefoucauld-
Liancourt fut chargé du rapport ; il proposa de préparer la fermeture des ateliers, en répartissant les ouvriers sur divers points du territoire. Un crédit de
15 millions serait distribué entre les départements pour
l'organisation de travaux, sous la direction des direc-
toires et des municipalités. Ces mesures furent sanctionnées par le décret du 16 décembre 1790.

---

1. Discours de l'abbé Gouttes, séance du 11 septembre 1790. — Voir
TUETEY, *op. cit.*, t. II.

Les ouvriers ne mirent aucun empressement à se rendre en province et la population ne diminua pas sur les chantiers de Paris. Les plaintes du public devenant de plus en plus vives, l'Assemblée rendit le décret du 16 juin 1791, qui prescrivit la fermeture des ateliers nationaux pour le 1ᵉʳ juillet suivant. Une nouvelle répartition de crédits était faite entre les départements, et celui de la Seine recevait un million pour sa part. Les ouvriers originaires de province devaient recevoir un passeport avec un secours de trois sous par lieue pour se rendre à leur domicile.

Les intéressés protestèrent vivement; des pétitions adressées à l'Assemblée réclament « du pain à l'instant même ». C'est dans les rangs de ces désœuvrés que se recrutèrent les bandes prêtes à toutes les violences qui ensanglantèrent les années suivantes.

L'insuccès des ateliers nationaux avait refroidi l'Assemblée pour les réformes préconisées par le président du comité de mendicité. Le 27 septembre 1791 arriva en discussion le projet en 38 articles qui créait l'organisation nouvelle. On se contenta d'en voter le principe en laissant à la législature suivante « l'honorable soin d'organiser un établissement général des secours publics ».

L'Assemblée nationale n'avait pas perdu de vue les gens sans aveu qui ne voulaient même pas recourir aux ateliers de travail.

Un décret du 22 septembre 1789 avait confié aux municipalités la police des vagabonds; un second décret des 10-22 juillet 1791 organise une police municipale et correctionnelle contre les mendiants et vagabonds. Le titre II établit la compétence du juge de paix (art. 22) et prononce des peines graduées, allant jusqu'à deux ans d'emprisonnement en cas de circonstances aggravantes (art. 23-24).

L'Assemblée législative ne s'occupa pas de l'organisation des secours publics ; elle se contenta de voter, le 17 janvier 1792, une somme de 2.600.000 livres pour allouer des secours dans les départements.

La Convention eut, au contraire, la prétention de réaliser les réformes préparées par le comité de mendicité. La constitution du 24 juin 1793 reconnaît le principe du droit au secours, et quatre lois fondamentales réorganisent l'assistance. Deux seulement intéressent notre sujet.

Le décret des 19-24 mars 1793 sur les secours publics, prescrit que des secours publics seront organisés pour les valides dans les temps d'arrêt du travail ou de calamité (art. 8). Des maisons de travail seront créées dans les départements et la mendicité sera sévèrement réprimée (art. 15). Il est interdit de faire l'aumône, qui sera remplacée par une souscription publique annuelle (art. 16).

Ces dispositions sont reprises et complétées par le décret du 24 vendémiaire an II. Le titre I réglemente les secours pour les valides qui doivent être organisés par canton et sous la double forme d'ateliers et de travaux sédentaires. L'art. 16 punit l'aumône du prix de deux journées de travail et de quatre en cas de récidive. Le titre II dispose que les mendiants domiciliés [1] seront renvoyés à leur domicile, après avoir entendu la lecture de la loi sur la mendicité, et recevront un secours de route de trois sous par lieue. Enfin le titre III organise des maisons de répression, destinées à remplacer les dépôts de mendicité, et dans lesquelles seront renvoyés : 1° les mendiants sans domicile (nos vagabonds) ; 2° ceux qui, bien que domici-

---

1. La question du domicile est réglée par le titre V, encore en vigueur.

liés, mendient avec circonstances aggravantes ; 3° ceux qui, renvoyés à leur domicile, se remettent à mendier. Des travaux seront établis, au dedans et au dehors, pour employer utilement les bras des détenus. Chacun d'eux sera employé à un travail en rapport avec son âge, son sexe et ses forces. Les deux tiers du prix de journée serviront à couvrir partie des frais de nourriture, le dernier tiers sera remis au détenu, moitié à chaque décade, moitié à sa mise en liberté. La durée de la détention ne devait jamais excéder deux ans.

En cas de seconde récidive pour les mendiants domiciliés, et d'une première seulement pour les autres, le titre IV ordonne de prononcer la transportation pour huit ans au moins. Cette peine n'était toutefois applicable ni avant dix-huit ans, ni après soixante. Une loi du 11 brumaire an II désigne le Fort-la-Loi, ancien Fort-Dauphin, à la partie S.-S.-E. de Madagascar pour recevoir les transportés, qui attendront leur embarquement dans un dépôt spécial créé à Lorient.

On sait que le système doctrinal réalisé par les lois de la Convention ne fut jamais mis en pratique ; on ne vit fonctionner ni la transportation, ni les maisons de travail, ni les maisons de répression. Les anciens dépôts subsistaient seuls, dans un état honteux de dénuement et d'abandon.

Le Directoire s'efforça à son tour d'organiser les secours publics en prenant le contrepied de la Convention. On comprend alors que le temps des discussions théoriques et des constructions symétriques est passé ; il faut réparer au plus vite un édifice qui croule chaque jour. On revient aux idées du passé, encore vivaces au bout de huit ans, et auxquelles l'insuccès des nouvelles organisations refaisait une sorte de popularité.

La loi du 7 frimaire an V, qui organise les bureaux

de bienfaisance, maintient bien encore le nom d'ateliers de secours, mais elle ne prend aucune disposition en vue de leur fonctionnement [1]. Les mendiants valides et vagabonds seront frappés d'un emprisonnement de trois mois ; le mendiant domicilié sera ramené dans sa commune par les soins de la gendarmerie.

La loi du 28 germinal an VI, sur l'organisation de ce corps d'élite, charge formellement les gendarmes de la surveillance des vagabonds (art. 225, n° 23 et art. 163).

II. — Nous arrivons au moment où notre législation sur le vagabondage et la mendicité reçoit la forme qu'elle a conservée pendant tout le dix-neuvième siècle. Aujourd'hui encore elle repose essentiellement sur deux textes : le décret du 5 juillet 1808 « sur l'extirpation de la mendicité » ; la loi des 16-26 février 1810 qui a pris place dans le code pénal, sous les art. 269 à 282.

Aucune partie de ce code ne porte d'une façon plus évidente l'empreinte de Napoléon ; pourtant, c'est surtout dans le décret que nous trouvons sa pensée, car il est son œuvre personnelle [2].

Tout le système répressif repose sur une distinction essentielle entre le mendiant et le vagabond.

Le mendiant est traité avec une douceur relative, à la condition d'être domicilié et connu. S'il est incapable de gagner sa vie, il devra être hospitalisé dans un établissement public et, tant que cet établissement fera défaut, il pourra continuer à solliciter la charité

---

1. Delaporte, rapporteur du comité des secours publics au Conseil des Cinq-Cents, avait proposé d'employer en travaux de secours la moitié du montant des fonds affectés par les communes à la charité. Mais ni le Conseil des Cinq-Cents, ni celui des Anciens, n'admirent cette disposition dans la loi. (J. GAUFRÈS, *art. cit.*, p. 163.)

2. Ce décret est daté de Bayonne ; Napoléon l'aurait dicté lui-même au duc de Bassano pour remplacer le texte proposé par le ministre Crétet, qui ne rendait pas suffisamment la pensée de l'Empereur.

publique, sans être inquiété. S'il est valide, il sera interné dans un dépôt répressif, et il y restera un temps suffisant « pour y apprendre à gagner sa vie par le travail [1] » et qui devra être au moins d'un an [2]. Mais si sa commune le réclame, si une personne honorable se porte garante pour lui, on pourra lui rendre immédiatement la liberté.

Le vagabond, au contraire, est traité durement [3]. Il sera envoyé de suite dans les maisons de détention [4], — en prison, par conséquent. A l'expiration de sa peine, il sera mis à la disposition du Gouvernement « pendant le temps que celui-ci déterminera, eu égard à sa conduite ».

On voit donc de suite les deux caractères essentiels de cette législation :

Le mendiant est considéré comme excusable, s'il est invalide, comme susceptible d'amendement, s'il est valide; le vagabond est, au contraire, traité comme un être dangereux;

Les mesures prises contre les uns et les autres sont essentiellement des mesures de police, confiées à l'administration et non à la justice [5].

Il n'est point besoin de longs détails pour faire com-

1. Note à M. Crétet du 2 septembre 1807.

2. Règlement du 27 octobre 1808.

3. On peut se demander à quel moment le mendiant simple se transforme en mendiant-vagabond, suivant l'expression employée en 1808. Il semble que c'est à l'instant où il sort des limites de son canton, sans passeport ni moyens de justifier son identité. C'est le système inauguré par le décret du 10 vendémiaire an IV, sur la police des communes (titre III, art. 6 et 7). Nous retrouvons son influence dans la disposition établie par le second paragraphe de l'article 275 du code pénal, considérant comme une circonstance aggravante le fait de mendier hors du canton.

4. Art. 5 du décret du 5 juillet 1808.

5. Ce n'est qu'en 1810, lors de la discussion du code pénal, que des légistes, et particulièrement Regnault de Saint-Jean-d'Angely, firent remarquer que les mesures de ce genre ne devaient être prises que comme conséquence d'une peine principale d'emprisonnement.

prendre les causes de la sévérité avec laquelle les vagabonds étaient frappés : on était au lendemain des excès commis dans certaines provinces par les chauffeurs, dont les exploits étaient dans la mémoire de tous [1] ; en second lieu, un pouvoir despotique redoutait d'instinct ces inconnus, parmi lesquels pouvaient circuler des conspirateurs, émissaires de sociétés secrètes.

Pour l'exécution des mesures prévues par le décret, trois sortes d'établissements eussent été nécessaires :

1° Hospices pour les vieillards et infirmes ;

2° Dépôts de mendicité pour les mendiants valides ;

3° Maisons de détention pour les mendiants vagabonds.

Par une raison d'économie, on préféra utiliser et généraliser les dépôts de mendicité qui existaient encore dans un certain nombre de départements [2].

Aux termes du décret de 1808, chaque département dut avoir son dépôt de mendicité, créé et organisé par un décret particulier. Les dépenses seraient couvertes concurremment par le Trésor public, les départements et les villes. Les sexes devaient être séparés, le travail organisé, la discipline fermement maintenue. « On ne dira pas, disait l'Empereur dans une de ses notes à

1. Une loi du 18 pluviôse an IX établit des tribunaux spéciaux pour certains crimes et notamment ceux commis sur les routes par des bandes armées. La connaissance des faits de vagabondage est attribuée à ce tribunal spécial.

M. Rocquain (*État de la France au 18 brumaire*, Paris, 1874) a publié les rapports présentés en l'an IX au Premier Consul ; ils montrent le pays parcouru de toutes parts par des bandes de vagabonds, de mendiants qui infestent les routes, rançonnent les habitations isolées. Cette situation, bien qu'améliorée par le retour progressif de l'ordre, subsistait encore dans une certaine mesure en 1808. On trouve dans l'exposé des motifs présenté par M. Berlier au corps législatif, le 6 février 1810, l'expression discrète des préoccupations du Gouvernement à ce sujet.

2. Le Directoire avait mis leur entretien à la charge des départements.

Crétet, que tous les mendiants de France accourront dans ces maisons, puisqu'elles n'ont pas d'attrait pour eux et que les vagabonds en sont exclus. »

Ces mesures furent accueillies avec une faveur générale. Nous en trouvons l'écho, quelque peu dithyrambique, dans l'exposé des motifs de la loi, fait au Corps législatif le 6 février 1810, par M. Berlier [1], et dans le rapport présenté au nom du comité de législation par M. Noailles, du Gard [2]. Le ministre de l'intérieur s'exprimait en ces termes dans l'exposé de la situation de l'Empire, lu à l'ouverture de la session de 1808-1809 : « Chaque département aura dans son sein un dépôt où les indigents trouveront un asile, la subsistance et de l'ouvrage, établissement paternel où la bienfaisance tempérera la contrainte par la douceur..., et ramènera au travail en réveillant le sentiment d'une honte salutaire. Ces institutions recevront leur exécution dans un court délai. »

En quatre ans, cinquante-neuf dépôts furent créés par une série de décrets et leur population calculée pour recevoir 22.500 mendiants. Chaque décret répartissait les dépenses entre le département, les communes et l'État. Un règlement d'administration publique en 181 articles détermina le régime moral, industriel et économique des dépôts. Napoléon avait prescrit que le ministre de l'intérieur lui rendît compte chaque mois de

1. « Les mesures bienfaisantes du décret du 5 juillet 1808 reçoivent journellement leur exécution; le chef de l'empire s'est prescrit le devoir de s'occuper de cet objet, préférablement à tout autre, en ordonnant à son ministre de lui présenter, dans le premier travail de chaque mois, tout ce qui est relatif à l'établissement des dépôts de mendicité... »

2. « La bienfaisante activité du gouvernement réalise le vœu philanthropique de tant d'écrivains distingués, et ouvre, sous le nom de dépôts de mendicité, des asiles où les pauvres infirmes seront nourris aux frais de l'État, qui ne leur demandera, d'ailleurs, que le travail dont ils seront capables. Quand de tels établissements existeront partout, il ne restera plus de prétexte, ni d'excuse à la mendicité. »

l'organisation en voie de création [1], et sa correspondance prouve avec quelle sollicitude il suivait le développement des dépôts, au milieu des préoccupations les plus graves.

Malgré tout, trente-sept dépôts seulement fonctionnaient en 1814. Les dépenses de construction varièrent de 200.000 à 300.000 francs par département. Le montant moyen des frais d'entretien annuels atteignit 90.000 francs, outre le produit du travail, et la dépense par reclus était de 220 francs [2].

Le résultat obtenu dépendit de la valeur des fonctionnaires chargés de la création des établissements.

« Plusieurs de ces dépôts, organisés avec sagesse et discernement, avaient réalisé les espérances que leur création avait fait concevoir. La mendicité avait complètement disparu dans la contrée où ils étaient placés, sans occasionner aucun frais aux départements et aux communes. Le travail des mendiants avait donné des produits suffisants pour indemniser les dépenses d'entretien [3]. » L'auteur cite notamment les dépôts de Marseille, Agen et Montauban, pour leur excellente tenue.

Par contre, le plus grand nombre de ces établissements ne donna pas les résultats attendus. L'édifice napoléonien était bien conçu, il prévoyait les divisions nécessaires pour chaque catégorie; c'était uniquement par mesure d'économie, qu'il les groupait dans un seul établissement. Mais il manqua à cette construction un mur intérieur, formant cloison étanche entre ces

---

1. Art. 9 du décret du 5 juillet 1808.
2. Vicomte DE VILLENEUVE-BARGEMONT, *Économie politique chrétienne*, Paris, 1834, t. II, p. 483. — L'auteur a appartenu à l'administration impériale de 1811 à 1814, et la Restauration lui a confié plusieurs préfectures importantes. Son livre donne des détails circonstanciés sur le fonctionnement des dépôts de mendicité depuis leur création jusqu'en 1830.
3. DE VILLENEUVE-BARGEMONT, *op. cit.*

diverses sections. Faute de ce mur, les invalides et les vieillards débordèrent sur la partie réservée aux valides, on accueillit dans les dépôts des aliénés, des gâteux, des épileptiques, des filles publiques malades, toutes les catégories pour lesquelles aucun édifice public n'était alors prévu. Ces établissements furent détournés de leur destination première, on cessa d'y travailler; l'encombrement par les incurables enleva bientôt toute disponibilité de places nouvelles. Les mendiants reparurent sur les chemins, sûrs de n'être pas conduits dans les dépôts. Y eussent-ils été conduits, ils savaient bien qu'ils y seraient entretenus sans travailler.

Une circulaire ministérielle du 6 mai 1815 [1] fait parfaitement ressortir la confusion fâcheuse créée par l'organisation des dépôts. « L'administration a perdu de vue le but principal. Elle a favorisé la reclusion d'individus hors d'état de travailler, et elle a retenu trop longtemps dans ces établissements des individus hors d'état de pourvoir à leurs besoins. »

III. — Il eût été relativement facile de remédier à ces inconvénients; mais le gouvernement qui reprenait, en 1815, la direction des affaires, se souciait peu d'améliorer une institution fondée par « l'usurpateur «. En outre, l'invasion étrangère et la défaite avaient imposé au pays des charges fort lourdes, rendant difficiles des créations nouvelles. A la suite d'une enquête faite par les soins du ministre de l'intérieur, une circulaire du 17 mars 1817 autorisa les préfets à faire aux conseils généraux des propositions en vue de supprimer les dépôts [2]. Aussi un grand nombre de ces établisse-

---

1. On voit que, même pendant les Cent-Jours, Napoléon se préoccupait de la question des dépôts de mendicité.
2. « Il ne s'agit plus d'examiner si la mendicité peut être supprimée au moyen des dépôts, mais de pourvoir à la dépense de celui qui existe ,

ments sont fermés, les uns après les autres. En 1818, il n'en subsistait que 22, avec une population réduite à 5.443 mendiants, en raison de la modicité des ressources.

Le gouvernement n'avait pas compris que, en supprimant les dépôts, il abrogeait implicitement les dispositions du code pénal qui subordonnent la répression à l'existence d'un établissement de ce genre. Immédiatement, la fermeté se relâche, le fléau augmente. Sur certains points, on tente d'y remédier en réglementant la mendicité : des médailles et des permis de mendier sont remis aux vieillards et aux infirmes non hospitalisés. Des essais pour procurer du travail aux mendiants furent tentés par les préfets dans diverses grandes villes, à Bordeaux par le baron d'Haussez, à Nantes par le vicomte de Villeneuve-Bargemont et le baron de Vaussay, à Lyon par le comte de Brosses, à Paris par M. de Belleyme [1]. Ces essais avaient obtenu de prompts et rapides succès; ils furent interrompus par la Révolution de 1830.

Jusqu'ici, les textes législatifs étaient restés intacts. La revision du code pénal, en 1832, y introduisit une modification importante. La mise à la disposition du gouvernement avait soulevé des réclamations nombreuses : on l'avait dénoncée, à la fois, comme attentatoire à la liberté individuelle, comme arbitraire et pouvant donner lieu à des abus. La loi nouvelle la remplaça par le renvoi sous la surveillance de la haute police pour le même délai, sans réfléchir que cette nouvelle mesure

si la conservation en est jugée nécessaire, ou de bien motiver toute proposition dont l'objet serait de lui faire subir des modifications, ou même d'en proposer la suppression. » La circulaire est signée par M. Lainé, ministre de l'intérieur.

1. M. de Belleyme et M. Cochin fondèrent, en 1829, à Paris, la Maison de refuge de la rue de Lourcine qui dut fermer, faute de fonds, en 1832. (Baron DE GÉRANDO, *De la Bienfaisance publique*, Paris, 1839, t. III, p. 545.)

avait une grande partie des inconvénients reprochés à l'ancienne, tout en étant complètement dépourvue de valeur éducatrice. Bien plus, le contrôle exercé sur le libéré d'une façon maladroite et bureaucratique constituait souvent un obstacle sérieux à son placement et le rejetait forcément dans le délit.

En 1830, il n'existait plus que sept dépôts de mendicité en France [1] ; ce nombre tomba même à quatre, lorsque la loi du 10 mai 1838 eut rendu leur entretien facultatif pour les départements. L'augmentation du nombre des mendiants amena encore une fois le gouvernement à rechercher les causes de ce phénomène, en vue d'en assurer la répression. Tel fut l'objet de la circulaire adressée aux préfets par le comte Duchâtel, ministre de l'intérieur, le 24 février 1840. En même temps, une enquête était poursuivie à l'étranger sur les institutions créées dans les divers pays afin d'obvier à la mendicité. Le résultat de ces études fut un retour de faveur des idées qui avaient prévalu en 1808; une série d'ordonnances royales, rendues de 1844 à 1848, autorisèrent l'ouverture de dépôts nouveaux [2]. Une seconde série d'ordonnances affectait des dépôts existant au service de départements voisins, en vue de permettre l'application de l'art. 274 du code pénal [3].

La République de 1848 se trouva dès son début aux prises avec les mêmes difficultés que sa devancière. La crise économique de 1847 avait puissamment

1. Ceux de Saint-Denis, Villers-Cotterets, Laon, Saint-Lizier (Ariège), Limoges, Dôle et La Rochelle.

2. Indre (11 juin-22 juillet 1844), Loiret (11 avril 1846), Nièvre (17 octobre 1849).

3. Ces ordonnances furent la conséquence d'un arrêt de la Cour de cassation du 11 avril 1846, décidant qu'on ne peut appliquer l'art. 274 lorsque des traités de ce genre n'étaient approuvés que par un arrêté du préfet et même du ministre de l'intérieur. Une ordonnance royale est nécessaire.

aidé à faire la Révolution, présentée aux ouvriers comme le seul moyen d'améliorer leur condition; le nouveau gouvernement dut tenir, sans tarder, les engagements pris. Dès le 26 février 1848 paraissait un décret portant : « Le gouvernement provisoire s'engage à garantir l'existence de l'ouvrier par le travail; il s'engage à garantir du travail à tous les citoyens. » Le lendemain, un second décret annonçait l'ouverture d'ateliers nationaux [1], qui furent organisés sous la haute direction du ministre des travaux publics par M. Émile Thomas, ingénieur civil. Des chantiers furent successivement ouverts place de l'Europe, à Courbevoie, quai de la Gare, au Champ de Mars. En même temps, des ateliers de confection furent organisés pour les femmes dans les mairies des douze arrondissements. On créa dans chacune de ces mairies des bureaux gratuits de renseignements et un bureau central fonctionnait rue de Bondy. Les demandes y affluèrent; 17.000 furent inscrites en quelques jours. L'organisation prévue par M. Thomas était débordée; les chantiers furent envahis par des ouvriers inhabiles au travail de la terre ou même des paresseux qui ne voulaient pas travailler; les provinciaux inoccupés affluaient à Paris dans l'espoir d'y trouver un salaire. Le nombre des surveillants était insuffisant, leur nomination à l'élection leur enlevait d'ailleurs toute autorité sur leurs hommes; on vit renaître tous les abus de 1790. Ém. Thomas multipliait les efforts pour organiser une comptabilité sérieuse; il chercha à établir un recensement des professions pour occuper les ouvriers d'état

---

1. Cf. Marcel LECOQ, *L'assistance par le travail en France*, Paris, 1900, p. 155-292. — Maurice VANLAER, *Le chômage de l'ouvrier (le Correspondant*, sept.-nov. 1892). — P. DE LA GORCE, *Histoire de la seconde République*, 2 vol., Paris, 1887. — GARNIER-PAGÈS, *Histoire de la Révolution de 1848*, 8 vol., Paris, 1860-1862.

suivant leur aptitude; des ateliers de cordonniers et de tailleurs furent ouverts et donnèrent de bons résultats partiels. Mais la grande masse se portait toujours vers les grands chantiers où, faute d'ouvrage, on jouait au bouchon. Bientôt on n'y travaille plus que deux jours sur sept, et les absents reçoivent une indemnité de 1 fr. 50 par jour, tandis que les travailleurs sont payés 2 francs; d'où chacun déduit la conséquence qu'il suffit de faire pour 0 fr. 50 d'ouvrage. En fait, on en faisait pour 0 fr. 10.

M. Marie ayant été remplacé au ministère des travaux publics par M. Trélat, celui-ci nomma une commission chargée de procéder à une enquête sur le fonctionnement des ateliers. Les conclusions du rapport amenèrent la destitution de M. Thomas et son remplacement par un ingénieur des ponts et chaussées, M. Léon Lalanne (23 mai 1848). Le nouveau directeur fit tous ses efforts pour réformer la direction et établir un contrôle administratif.

Les idées du gouvernement s'étaient modifiées à la suite d'une expérience de quatre mois. On ne songeait plus tant à organiser le travail qu'à développer la reprise des constructions et des grandes entreprises de manière à reclasser chaque ouvrier dans sa profession et à supprimer progressivement les ateliers nationaux. Mais ici on se heurtait à une résistance sourde des travailleurs; ceux qui avaient laissé volontairement leurs ateliers, en espérant une transformation des conditions sociales, ne se souciaient pas d'y rentrer pour retrouver des salaires réduits. Ils comptaient sur le temps et pratiquaient « la guerre des bras croisés ». Les ateliers nationaux dégénéraient en une subvention officielle à la grève.

Il fallait en finir. Le 4 juin, à la suite d'une interpellation de M. le comte de Falloux, paraît un décret préparant la dissolution des ateliers, sans la prescrire expressément. Les ouvriers répondent en faisant passer tous les candidats socialistes à une élection partielle, le lendemain. Le 15 juin, s'ouvre à la Chambre la discussion sur les mesures à prendre pour arriver à supprimer les ateliers sans perturbation grave; divers députés proposent le rachat des chemins de fer, la colonisation de l'Algérie, le développement des travaux publics. Le 21 juin, un arrêté du ministre des travaux publics prescrit à tous les travailleurs de dix-sept à vingt-cinq ans de s'engager dans l'armée ou de se tenir prêts à partir pour la Sologne, où de grands travaux de dessèchement allaient être entrepris. Le 23, éclate l'insurrection qui ensanglanta Paris pendant trois jours et terrifia la France entière.

Les ateliers nationaux ne lui survécurent pas. Le 3 juillet, un décret prononçait leur dissolution, un crédit de 3 millions était ouvert au ministre de l'intérieur pour les liquider.

Les ouvriers sans travail restaient encore nombreux à Paris. Pour en débarrasser la capitale, l'Assemblée nationale reprit, en septembre, un des projets précédemment mis en avant et décida l'envoi en Algérie de 12.000 colons auxquels on fournirait une habitation, des outils, des semences, des terres et des vivres pendant les premiers mois. Les demandes furent nombreuses et les premiers envois partirent au milieu d'un véritable enthousiasme. Les désillusions ne tardèrent pas à se produire. Aucune disposition n'avait été prise sur les lieux pour recevoir les colons qui durent camper sur la terre; beaucoup furent pris de la fièvre et les soins leur manquèrent. On n'avait pas eu soin de sélectionner les candidats, et des ouvriers d'art ou des employés se trouvaient inaptes au dur défrichement d'un sol rempli de racines séculaires. Un certain nombre de familles revinrent à leurs frais, des individus reconnus impropres à la colonisation furent renvoyés. L'Assemblée nationale envoya une commission faire une enquête sur place [1] et les convois postérieurs furent mieux organisés. On arriva à constituer 32 villages avec 4.502 familles composées de 13.628 personnes. Il y eut donc un résultat appréciable dans cet essai de colonisation, bien qu'il soit resté fort au-dessous des espérances émises au début et peu en rapport avec les dépenses effectuées [2].

En résumé, les ateliers ouverts en vue de faire fonctionner le droit au travail n'organisèrent, en fait, que le droit à l'assistance.

On créa des ateliers de charité distribuant une aumône déguisée; on réussit ainsi à donner du pain à la portion la plus malheureuse de la population et à retarder la crise redoutée. On ne l'évita pas. Les causes de l'échec final sont les mêmes qu'en 1790 : disproportion entre le travail à exécuter et le nombre des travailleurs, exagération des effectifs, manque de surveillance, incapacité professionnelle des ouvriers et des chefs. On eût certainement pu mieux faire si on eût su profiter de la double expérience tentée à la fin du siècle précédent par Turgot et par l'Assemblée nationale. Était-il possible d'organiser le travail pour tous en dehors du patronat? La preuve en reste encore à faire.

Il était naturel que le second Empire revînt à la tra-

1. Le rapport présenté au nom de la commission par M. Louis REYBAUD constitue un document important pour l'histoire de la colonisation algérienne. (Paris, Imprimerie nationale, 1849.)

2. Les dépenses s'élevèrent à 23.508.194 fr. 38; la dépense moyenne par tête fut donc de 1.731 fr. 96. (Marcel LECOQ, *op. cit.*, p. 276.)

dition de Napoléon Ier et favorisât la création de nouveaux dépôts [1]. En 1853, leur nombre était remonté à 23 ; il s'élevait à 35 en 1867, et à 40 en 1870. En même temps, quelques préfets prenaient des initiatives très heureuses pour organiser des mesures préventives d'assistance destinées à rendre possible et efficace l'action répressive du dépôt. On a souvent cité les souscriptions charitables organisées par M. de Magnitot dans le Tarn, la Nièvre et l'Orne, qui assurèrent à ces départements une disparition presque complète de la mendicité [2].

IV. — La loi sur les récidivistes, du 27 mai 1885, a apporté plusieurs modifications sérieuses au régime antérieur de répression, en ce qui touche les deux délits qui nous occupent.

Par son article 19, cette loi a supprimé la surveillance de la haute police, en y substituant « la défense faite au condamné de paraître dans les lieux dont l'interdiction lui sera signifiée par le gouvernement avant sa libération ».

Nous avons dit plus haut les graves inconvénients que nous trouvons à la surveillance ; cependant nous la préférons encore à la mesure qui l'a remplacée. Dans les villes, où la police est organisée, on peut contrôler les agissements d'individus suspects ; ceux qui exercent des professions industrielles (et c'est le plus grand nombre) ont quelque chance d'y trouver un emploi, s'ils en ont le désir. La loi nouvelle a repoussé

---

1. Une loi des 9-12 juillet 1852 avait donné aux préfets le pouvoir d'interdire, pour deux ans au plus, le séjour du département de la Seine et de l'agglomération lyonnaise aux individus condamnés pour rébellion, mendicité ou vagabondage, qui n'y sont pas domiciliés.

2. Voir les deux ouvrages publiés par M. DE MAGNITOT sous les titres : *De l'assistance et de l'extinction de la mendicité*, 1 vol. in-8°, Paris, 1856. — *De l'assistance en province, cinq années de pratique*, 1861.

ces individus vers les campagnes, qu'ils parcourent incessamment, sans occupation, sans moyens d'existence; elle a contribué à amener cet état aigu de la crise du vagabondage, dont nous souffrons présentement.

En même temps, la loi du 27 mai 1885 faisait une place notable aux vagabonds dans les catégories prévues par son art. 4 en vue de l'internement perpétuel dans les colonies, organisé sous le nom de relégation.

, La loi, ayant eu en vue de débarrasser le sol national des criminels dangereux, n'a pas frappé le vagabondage simple, quel que soit le nombre des condamnations. Mais ces condamnations comptent néanmoins pour le nombre total exigé par le § 4, toutes les fois qu'elles sont réunies avec quelque délit plus grave. Le vagabondage entraîne même, par lui-même, la peine de la relégation dans les cas de circonstances aggravantes prévus par les articles 277 et 279 du code pénal.

Enfin le dernier paragraphe du même article 4 a élargi le champ d'action de la répression prévue par l'article 271 du même code, en assimilant aux vagabonds, au point de vue de la pénalité, « tous individus qui, soit qu'ils aient ou non un domicile certain, ne tirent habituellement leur subsistance que du fait de pratiquer ou faciliter sur la voie publique l'exercice de jeux illicites ou la prostitution d'autrui ».

Dans ces conditions, on pouvait légitimement espérer atteindre tous les vagabonds vraiment dangereux et amener une diminution dans les condamnations prononcées de ce chef par les tribunaux. Sur les 648 relégués expédiés en 1887, 180, soit 24 p. 100, avaient subi des condamnations pour vagabondage (156) ou infraction à une interdiction de séjour (24). Le nombre des relégués embarqués de l'origine au 31 décembre 1900 ayant été de 9.978 [1], un nombre notable de vagabonds a donc dû laisser la France pour gagner nos possessions lointaines.

Les résultats de la statistique criminelle ne semblent pourtant pas révéler la diminution espérée [2]. Il est vrai que le nombre total des poursuites a sensiblement fléchi au cours des deux dernières années, mais on ne saurait voir là l'indice d'une diminution du nombre des vagabonds ou mendiants. Nous y constaterons plutôt l'effet d'une circulaire du garde des sceaux, en date du 2 mai 1899, recommandant aux magistrats du parquet et de l'instruction de ne renvoyer les prévenus de ces deux catégories devant les tribunaux correctionnels qu'autant qu'ils auront acquis la conviction d'être en

[1]. Le nombre des condamnations à la relégation s'élève à 15.637; mais 1.993 condamnés ont été transférés sur les colonies de transportation, 713 [ont été l'objet de mesures gracieuses ou de sursis , 330 ont obtenu une dispense pour cause de santé, 563 sont décédés en France, le surplus, soit 2.060, est en cours de peine, en France ou en Algérie. (Rapport fait au nom de la commission de classement des récidivistes pour l'année 1900, par M. Demagny, conseiller d'État. — *Journal officiel* du 13 février 1902.)

[2]. Voici les chiffres de la statistique criminelle pour la période de 1887 à 1900 :

Années	Vagabondage (art. 271)		Mendicité (art. 274)	
—	Affaires	Prévenus	Affaires	Prévenus
1887	17.026	18.210	12.462	14.157
1888	17.737	18.414	12.675	14.468
1889	19.116	19.715	13.145	15.155
1890	19.418	19.971	13.449	15.320
1891	17.437	17.887	13.136	14.760
1892	18.846	19.356	13.784	15.776
1893	18.067	18.628	12.434	14.321
1894	19.123	19.723	13.114	14.955
1895	18.846	19.356	13.784	15.776
1896	15.009	15.387	10.995	12.361
1897	13.979	14.293	10.122	11.400
1898	15.845	16.305	11.301	12.832
1899	12.642	12.960	9.517	10.698
1900	11.561	11.804	8.116	9.057

présence d'un incorrigible [1]. La preuve de ce que nous avançons, c'est que, de tous les départements, arrive de plus en plus intense un concert de plaintes déclarant que la répression ne fonctionne pas suffisamment et que les vagabonds pullulent sur nos routes, aussi bien que les mendiants dans les rues des villes.

En 1888, après la création de la direction de l'Assistance publique au ministère de l'intérieur, M. Henri Monod, chargé d'organiser cet important service, a fait procéder à une enquête sur l'état du vaste domaine qui lui était confié. Les dépôts de mendicité furent compris dans cette enquête. Malgré le caractère répressif que leur avait donné le législateur de 1808, ces établissements sont devenus presque partout, en fait, des établissements hospitaliers, destinés à recevoir des vieillards et des incurables [2]. Leur surveillance est confiée aux inspecteurs généraux de l'Assistance publique, dont les rapports font ressortir périodiquement les inconvénients résultant de la situation hybride des dépôts. L'enquête a révélé l'existence de 31 dépôts, en laissant de côté deux établissements situés à Brest et Chambéry, et consacrés uniquement aux incurables de ces deux villes.

Sur ces 31 dépôts, deux sont situés en Algérie [3] et celui de Mirande (Gers) avait déjà cessé de fonctionner en 1887. En outre, 4 dépôts contenaient seulement

---

1. Voir à ce sujet le rapport sur la statistique criminelle en 1899, le dernier qui ait été publié à ce jour.

2. « Les dépôts constituent de véritables asiles qui forment le complément de tout service d'assistance, les asiles communaux ne recevant pas certaines catégories d'infirmes, qu'on ne peut cependant sans inconvénient laisser dans leurs familles ou errer à l'abandon. » J. DE CRISENOY, *Les asiles d'incurables et les dépôts de mendicité*. (*Revue générale d'administration*, 1888.)

3. Ceux de Beni-Messous, pour la province d'Alger, et d'El-Arrouch, pour celle de Constantine.

de 2 à 18 personnes. Il y avait donc en réalité 24 dépôts et 13 seulement avaient organisé le travail [1].

En outre, 25 départements ont conclu un traité avec un département possédant un dépôt, en vue d'assurer l'application de l'article 274. Mais 9 de ces départements n'entretiennent aucun pensionnaire ou en entretiennent un nombre dérisoire (de 1 à 7); en outre, deux ont traité avec le dépôt de Mirande qui ne fonctionne plus. Il reste donc, en réalité, 16 départements de cette catégorie qui, joints aux 24 de la catégorie précédente, constituent un total de 40 départements sur 87 où il est donné aux prescriptions de la loi une satisfaction, purement nominale pour un grand nombre d'entre eux, incomplète pour tous [2].

Rappelons, en terminant, que la loi du 2 juillet 1890 a supprimé l'obligation du livret ouvrier. L'usage du passeport, prescrit par le décret du 10 vendémiaire an IV, est tombé en désuétude par suite de la multiplicité croissante des déplacements; seuls les passeports administratifs avec secours de route sont encore employés. La gendarmerie et les gardes champêtres sont donc privés des moyens de contrôle sur les voyageurs indigents qu'avait organisés la législation antérieure et que rien n'a encore remplacés, malgré les vœux souvent émis par les assemblées délibérantes pour réclamer l'organisation d'une police rurale.

1. Nous empruntons tous ces renseignements à M. DE CRISENOY, qui a analysé avec beaucoup de soin l'enquête du ministère de l'intérieur dans le tome III des *Annales des assemblées départementales*, 1 vol. in-8°, Paris, 1889.

2. La population des dépôts comprenait, au 31 décembre 1886, 5.038 pensionnaires des deux sexes, dont 876 reclus (17 p. 100) et 4.512 hospitalisés; 2.866 pensionnaires seulement participaient à un travail quelconque, agricole ou industriel.

Les dépenses se sont élevées, pour 1886, à 1.307.602 fr. 75, dont 861.847 fr. 06 à la charge du département, et 374.205 fr. 61 supportés par les communes.

CHAPITRE III

Les nations étrangères ont-elles mieux réussi que la France à enrayer le fléau social qui nous occupe ? C'est là un point capital à élucider. S'il est vrai, comme on l'a dit, que la législation comparée est pour les sciences politiques l'équivalent du laboratoire pour les sciences naturelles, la réponse à cette question peut nous être d'un grand secours pour établir les conclusions de cette étude.

Nous ne saurions passer ici en revue toutes les législations des États civilisés ; les limites fixées à ce travail ne comportent pas une pareille étude [1]. Nous nous bornerons à résumer rapidement les lois et institutions des quatre pays qui nous présentent les solutions les plus caractéristiques : l'Angleterre, les Pays-Bas, l'Allemagne et la Belgique.

---

1. Nous l'avons tenté, bien que fort sommairement et incomplètement, à l'occasion du 5ᵉ Congrès pénitentiaire international, réuni à Paris en 1895. (*Actes du Congrès*, 3ᵉ section, t. IV, p. 277-374.)

I. — Angleterre.

La législation anglaise [1] s'est signalée, dès le début, par une très grande sévérité à l'égard du vagabond. Une loi de 1388 (12 Richard II, c. 3) établit la distinction entre les mendiants valides et invalides et stipule que les premiers seront punis du fouet, de la perte de l'oreille droite en cas de récidive, du gibet à la troisième condamnation. Les dispositions adoptées au seizième siècle sont encore sévères ; le vagabond susceptible de travailler devait être fouetté jusqu'au sang sur la place publique (22 Henry VIII, c. 12) ; sous Édouard VI, une loi qui prescrit d'adjuger le vagabond comme serf pour deux ans à celui qui le réclame (1 Éd. VI, c. 3, 1547) souleva des émeutes et dut être rapportée deux ans plus tard. Sous la reine Anne, on fouettait encore les délinquants de cette sorte [2].

En même temps, pour tarir le recrutement des vagabonds, la législation s'appliquait à attacher le travailleur au sol. Le célèbre *statute of labourers* (25 Éd. III, s. 1, 1350) dispose que l'ouvrier rural sans ressources propres devra accepter le travail qui lui est offert sur place, sans aller en chercher au loin. Sous Charles II, le *settlement act* (14 Carl. II, c. 12, 1662) étend ces mesures à l'ouvrier de l'industrie et autorise à renvoyer à son domicile d'origine le travailleur

---

1. Cette législation s'applique à l'Angleterre et au pays de Galles, ainsi que les chiffres que nous aurons l'occasion de citer.

L'Écosse et l'Irlande ont leur législation spéciale ; nous n'en parlons pas ici.

2. « ... be stripped naked from the middle and openly whipped, until his or her body be blody. » (12 Anne, c. 26, 1713.)

étranger à la paroisse, susceptible de tomber à la charge
de celle-ci. C'est le fameux droit de « removal » qui a
persisté jusqu'au milieu du siècle dernier.

La législation actuelle date du *vagrant act* de 1824
(5 Geo. IV, c. 83) qui a abrogé toutes les lois antérieures en divisant les mendiants en trois classes :

1° *Idle and disorderly persons* (gens en état de travailler et qui s'en abstiennent; colporteurs sans licence ;
mendiants ou personnes incitant les enfants à mendier ;
prostituées causant du scandale) punis d'un emprisonnement maximum d'un mois avec travail de rigueur
(*hard labour*).

2° *Rogues and vagabonds* (récidivistes des catégories ci-dessus ; diseurs de bonne aventure ; vendeurs
d'écrits ou gravures obscènes; coupables d'offense publique à la pudeur ; mendiants exposant de fausses plaies ;
gens valides qui laissent leurs femmes et enfants à la
charge des paroisses; porteurs d'armes et fausses
clefs ; personnes suspectes surprises dans un lieu en-
clos, etc.) punis de trois mois de prison avec travail de
rigueur.

3° *Incorrigible rogues* (récidivistes de la catégorie précédente ; gens de cette même catégorie résistant à l'autorité; évadés de prison) pour lesquels la peine pourra
être prolongée jusqu'à un an et aggravée par celle du
fouet.

Ces condamnations sont prononcées par le juge de
paix pour les deux premières catégories, et par les
juges de session trimestrielle pour la dernière. Ces
derniers connaissent également des appels formés
contre les décisions du juge de paix.

Diverses lois postérieures ont rangé dans l'une ou
l'autre de ces catégories certaines classes nouvelles de
délinquants; elles sont codifiées, pour la plupart, par le

Pauper and inmates discharge and regulation act de 1871 (34 and 35 Vict., c. 108) qui ordonne de traiter comme « idle and disorderly persons » : les vagabonds qui refusent de se laisser conduire au *workhouse,* ceux qui refusent le travail, qui s'évadent, donnent de faux renseignements, etc. En cas de récidive, on les considérera comme « rogues and vagabonds ».

Ces définitions sont larges et élastiques ; elles permettraient d'arrêter et de traiter comme vagabond tout individu suspect. Mais les textes sont tempérés par les mœurs, profondément imbues du respect de la liberté individuelle. En fait, on n'arrête que rarement un mendiant si quelque circonstance accessoire n'aggrave pas l'acte principal[1]. Quand la police le traduit devant le magistrat, celui-ci lui inflige sept, dix, quatorze jours de prison. Beaucoup ont pour principe de ne pas condamner le mendiant qui passe en justice pour la première fois et se contentent de sa promesse de s'éloigner[2].

Si l'Angleterre a pu maintenir, au moins en principe, une législation aussi sévère contre les vagabonds, c'est que, dans ce pays, personne ne peut invoquer comme

1. La dernière statistique criminelle pour l'année 1899 indique les chiffres suivants pour les poursuites en vertu des divers « vagrancy acts ».

Vagabondage et mendicité	21.174
Jeu et vagabondage qualifié	30.579
Total	51.753

soit 102,93 pour 100.000 habitants.

2. Enquête de l'association Howard. (*Revue pénitentiaire*, 1883, p. 248.) Il faut reconnaître que le rôle de la police est rendu très difficile par l'habitude du « pedlar's certificate ». Moyennant un paiement annuel de 5 shellings, la police délivre une carte de colporteur permettant de vendre des allumettes, des fleurs, etc. En réalité, c'est une autorisation de mendier à la condition de tenir à la main deux paquets d'allumettes chimiques.

M. C.-S. Loch a défini spirituellement ce commerce en disant : « The pedlar is a kind of legalised vagrant ».

excuse son état de dénûment. Le principe de l'assistance obligatoire a été inscrit, dès le seizième siècle, dans la législation et organisé, en 1601, par la loi célèbre [1] qui devint, pour plus de deux siècles, la charte de l'assistance en Angleterre ; aujourd'hui encore il domine et régit toute l'organisation des secours publics établie par la loi de 1834 [2] et modifiée depuis lors, d'après les données de l'expérience, par un grand nombre de lois postérieures [3]. Sans entrer dans les détails, il est nécessaire de donner une idée du système de mesures préventives qui assurent un secours immédiat et suffisant à tout individu sans ressources [4].

Au point de vue des secours, l'Angleterre et le pays de Galles sont divisés en 648 circonscriptions dites *unions d'assistance (poor law unions)*, placées sous le contrôle supérieur du Conseil du gouvernement local. Chaque union a son autonomie. Ses ressources lui sont fournies par la taxe des pauvres, payée par toute propriété foncière proportionnellement à son revenu fixé chaque année ; cette taxe est établie par les *overseers*. Les secours sont attribués par un conseil de *guardians*, élus par les contribuables spéciaux [5] ; les détails du service sont confiés à des *relieving officers*

1. *An act for the relief of the poor.* (43 Elizabeth, c. 2.)

2. *Act for the amendment and better administration of the law relatives to the poor in England and Wales.* (4 and 5 Will. IV, c. 79.) La loi a 109 sections.

3. Les principales ont été promulguées en 1842, 1844, 1846 (*Peel's act* introduisant le principe de *l'irremovability* après une résidence de cinq ans), 1847 (transformation de l'organisation des *commissioners*), 1864 (l'union devient l'unité charitable à la place de la paroisse), 1864 et 1865 (établissant réformes préconisées à la suite de l'enquête commencée en 1867), 1871 (institution du *local government Board*).

4. Sur la législation anglaise relative aux pauvres, cf. E. CHEVALIER, *La loi des pauvres et la société anglaise*, Paris, 1895. — Dr. ASCHROTT, *Das englische Armenwesen in seiner historischen Entwickelung und in seiner heutigen Gestalt*, Leipzig, 1888.

5. Il suffit aujourd'hui d'être fermier d'une propriété d'un revenu de dix livres sterling pour être porté sur la liste spéciale.

payés qui en assurent le fonctionnement avec une régularité qu'on ne peut exiger de personnes de bonne
volonté. Chaque union doit se conformer aux règlements généraux (*Orders*) édictés par le bureau central
que préside le chef du Conseil du gouvernement local
dans le but d'assurer un fonctionnement uniforme et
une égale répartition des secours dans l'ensemble du
royaume.

Chaque union possède un *workhouse*, maison de secours qui est à la fois un atelier de travail pour les
valides, un hospice pour les vieillards et incurables, un
asile pour les enfants, un hôpital pour les malades.

Les vieillards, malades et enfants reçoivent les secours gratuitement, mais les valides doivent fournir
une somme de travail représentative. C'est pourquoi,
en principe, les secours doivent leur être alloués au
workhouse, sauf les exceptions prévues par les règlements généraux.

La discipline de ces établissements est sévère : séparation complète avec le dehors, régime alimentaire
frugal et uniforme. En admettant le principe de l'assistance obligatoire, le législateur a tenu à donner à cette
assistance une forme assez dure pour qu'elle ne détruisît
pas l'esprit de travail et d'économie, et que le travailleur n'y eût recours qu'en cas de nécessité absolue.

Cet effet répulsif a été atteint pour les valides. Une
enquête, prescrite en 1869 par M. Goschen, l'un des
présidents les plus remarquables qui se sont succédé
au bureau central, a établi que sur 28.600 pensionnaires
des *workhouses* de Londres, 3.000 seulement étaient
exempts d'infirmités et susceptibles de travailler.
« Mais, ajoute le rapporteur, les 4/5 de ces derniers
sont des alcooliques ou des gens sans intelligence, incapables d'un métier vraiment rémunérateur. » Dans

cette proportion, la population du *workhouse* constituerait donc ce déchet irréductible qui se trouve dans toute agglomération humaine considérable.

Depuis 1867, les malades et les enfants d'âge scolaire ont été retirés du *workhouse* pour être placés dans des conditions appropriées à leur situation [1]. On constituait en même temps un fonds commun pour contribuer au paiement d'une partie des dépenses.

Le fonds commun entretient deux asiles d'aliénés et des hôpitaux pour maladies contagieuses ; les infirmeries des unions sont, au moins à Londres, de véritables hôpitaux auxquels sont généralement adjoints des dispensaires [2].

Pour les enfants, ils sont élevés soit dans des écoles de district, entretenues par la caisse commune, soit dans les écoles spéciales dépendant de certains *workhouses*. Un grand nombre est placé à la campagne, souvent même en Écosse ou au Canada. D'une manière générale, on peut dire que l'idée de l'éducation prime désormais celle du secours dans l'assistance de l'enfant.

Il n'a pas été possible de maintenir dans toute sa rigueur le principe du secours donné uniquement au *workhouse* (*in-door relief*). Les règlements ont dû autoriser des exceptions pour les cas où un secours à domicile paraîtrait indispensable. Ces exceptions sont nombreuses puisque, malgré les objurgations du bureau central qui recommande incessamment de le réduire, le nombre des pauvres secourus à domicile (*out-door relief*) est encore presque triple de celui des gens

---

1. En vertu du *Metropolitan poor act*. (30 Vict., c. 6.)
2. On sait que les hôpitaux de Londres sont des œuvres privées entretenues à l'aide de fondations. Les *infirmaries* représentent en réalité nos hôpitaux de l'Assistance publique.

assistés au *workhouse* [1]. Néanmoins, on constate une diminution progressive constante du nombre total des assistés qui, de 62,7 pour 1.000 habitants en 1849, est tombé à 23,3 en 1901 [2].

Tel est l'ensemble de l'organisation qui assure les secours aux indigents domiciliés dans la circonscription

1. Nous devons à l'obligeance de M. C.-S. Loch, secrétaire de la Charity Organisation Society, communication des chiffres relatifs à l'année terminée le 25 mars 1901.

I. Nombre des assistés de toute catégorie.

	ANGLETERRE ET GALLES			LONDRES SEUL		
	IN-DOOR	OUT-DOOR	TOTAL	IN-DOOR	OUT-DOOR	TOTAL
Nombres de pauvres.	213.540	567.844	781.384	65.463	53.836	119.299
Proportion pour 1.000 habitants.	6,7	17,7	24,4	14,3	11,7	2,60

II. Montant des dépenses d'assistance (Poor law).

NATURE DE DÉPENSES	ANGLETERRE ET GALLES	LONDRES SEUL
Frais d'hospitalisation...............	£. 2.548.295	£ 974.383
Secours à domicile.................	« 2.697.684	« 229.089
Entretien des aliénés...............	« 1.820.117	« 420.875
Remboursements et intérêts de fonds.	« 973.118	« 543.792
Personnel........................	« 2.095.436	« 821.312
Autres dépenses de secours.........	« 1.432.999	« 608.400
Totaux........	£. 11.567.649	£. 3.597.844

2. Ces chiffres comprennent les aliénés et les vagabonds assistés au *casual ward*. Pour Londres seul, la diminution est moins sensible, parce que le point de départ était moins défavorable : de 34, 3 en 1862 on descend en 1901 à 26 pour 1.000 habitants. Le chiffre le plus bas est celui de 1892 : 24,6 pour 1.000.

de l'union (*resident poor* ou simplement *pauper*). Le domicile de secours s'acquiert par une résidence de trois ans, sans avoir reçu de secours publics; toutefois, après l'expiration d'une année, le pauvre ne peut plus être forcé de laisser la localité pour retourner à son domicile antérieur. C'est ce qu'on appelle l'*irremovability*.

Quant aux indigents non domiciliés, aux voyageurs sans ressources qui rentrent directement dans notre sujet, on a établi pour leur admission des règles plus rigoureuses encore [1].

Un local spécial (*casual ward*) leur est réservé; il a une entrée séparée, ouverte à partir de six heures du soir en été, de quatre heures en hiver. Tout passant sans ressources, de l'un ou l'autre sexe, peut y être admis, soit sur un ordre du *relieving officer* ou du bureau de police, soit, sur sa demande, directement par le directeur (*superintendent*). Mais il doit accepter le travail qui lui est commandé, suivant ses forces, et se soumettre au régime, plus dur que celui du *workhouse*. Les locaux sont disposés de manière à assurer la séparation individuelle pendant la nuit, partout où cela est possible [2]. Enfin la sortie n'est pas

---

1. Deux lois de 1842 et 1844 autorisèrent les *guardians* à retenir le lendemain et à faire travailler le passant auquel ils accordent des secours. En 1864, on prescrivit d'avoir des locaux spéciaux (*wards*) pour ces individus, et ces dispositions furent étendues aux comtés par une loi de 1871. (*The pauper inmates discharge and regulation act*, 34 and 35 Vict., c. 108.) Les dispositions actuelles sont régies par une loi de 1882 (*The casual poor act*, 45 and 46 Vict., c. 36); une seconde loi de 1892 a apporté à la première quelques modifications de détail.

Londres possède vingt-cinq *casual wards* pouvant recevoir 1.647 personnes.

Dans les comtés, quand il n'y a pas de locaux spéciaux, les passants sont reçus au *workhouse*.

2. Cette condition est rarement réalisée dans les comtés où on trouve souvent encore une salle unique, servant d'atelier et de dortoir pour les deux sexes.

A Londres, tout individu admis prend un bain, et ses vêtements passent à l'étuve à désinfection.

libre; l'individu une fois admis ne pourra partir que le
surlendemain à neuf heures du matin; s'il revient une
seconde fois dans le mois, il sera retenu jusqu'au quatrième jour, à la même heure [1]. Le travail consiste habituellement à briser des cailloux ou à effiler de vieux
cordages pour en faire de l'étoupe. Le pauvre ainsi
hospitalisé ne reçoit aucun salaire et sort aussi dénué
de ressources qu'il est entré. Les infractions à la discipline sont sévèrement punies et les contrevenants
sont traduits devant le tribunal de police comme *idle
and disorderly persons* [2].

Tous les gens sans domicile ne sont pourtant pas
réduits à accepter la dure hospitalité du *casual ward*.
Ceux qui ont pu se procurer, soit par leur travail, soit
plus souvent en tendant la main, les deux à quatre
pence requis, peuvent aller passer la nuit dans un des
nombreux *refuges* ou *common lodging houses* ouverts
dans les grandes villes et fort nombreux à Londres.

Les refuges sont généralement créés par des sociétés privées, le plus souvent avec un caractère confessionnel. Londres en possède neuf, pouvant recevoir
1.249 personnes. Ils sont ouverts de novembre à avril
et ferment pendant l'été. Ces institutions poursuivent
un but de relèvement et cherchent à placer leurs hôtes

---

1. Le directeur a toujours le droit de renvoyer un assisté sans attendre
l'expiration de ces délais, à la condition de rendre compte aux gardiens.

2. Le nombre moyen des vagabonds qui ont couché au *casual ward*
pendant chaque jour de l'année qui s'est terminée au 25 mars 1901, a été
de 5.483.

Ce chiffre ne représente qu'une partie du contingent, puisque le
plus grand nombre échappe à cette dernière ressource en couchant
dans des *common lodging houses* dans les villes, chez les fermiers
ou en plein air à la campagne.

Les estimations du nombre total varient de 10.000 à 165.000 !

Il y a dans ce dernier chiffre une exagération évidente; le colonel
Curtis-Hayward, qui a une grande expérience en ces matières, s'en tient
au chiffre de 10.000. (*Charities Register and Digest*, London, 1901. —
Introduction, § XXII.)

de passage qui y sont reçus gratuitement, le plus souvent.

Les *common lodging houses* sont, au contraire, des auberges de pauvres, tenues par des particuliers. Il y en a de fréquentées par des ouvriers laborieux et rangés, tandis que d'autres, adoptées par les *tramps*, sont de véritables repaires du vice [1]. Toutes les variétés intermédiaires sont représentées dans les 988 établissements relevés dans l'enquête poursuivie en 1891 par la *Charity organisation Society* [2].

Enfin l'Armée du Salut a ouvert un certain nombre d'asiles (*shelter*) où on paie pour la nuit de deux à quatre pence suivant le degré de confortable du logement. Ces asiles sont le premier degré d'une intéressante œuvre de relèvement par la tempérance et le travail, continuée par des ateliers de travail (*elevators*) et couronnée par la colonie agricole de Hadleigh (Essex), à l'embouchure de la Tamise.

La *Church Army* a créé, de son côté, une série d'asiles et d'ateliers analogues, sur le principe d'une union complète avec les doctrines et les pratiques de l'Église établie.

Nous ne pouvons indiquer ici les nombreuses œuvres privées qui s'occupent de réprimer la mendicité à Londres. Nous devons cependant une mention à leur doyenne, la *London mendicity Society*, fondée en 1818; elle entretient des constables assermentés qui poursuivent devant les tribunaux les individus rencontrés mendiant; elle distribue à ses adhérents des bons de deux sortes : les uns, destinés à être re-

1. A Londres, ces auberges sont placées sous le contrôle du Conseil de comté qui a édicté des règlements précis au point de vue de la propreté, de l'hygiène et de la police de ces maisons. Ce Conseil a ouvert en 1893 une auberge municipale modèle avec 324 lits, Parker street, Drury Lane, W. C.

2. *The homeless poor of London.* — Report of a special Comity of the C. O. S. — London, june 1891.

mis aux indigents, assurent un secours immédiat en nature d'une valeur de deux pence dans un des nombreux « Lockhart's Cocoa Room » qui se trouvent dans la capitale ; les autres permettent de réclamer une enquête sur tout individu signalé.

La *Charity organisation Society* a été fondée en 1869 pour combattre l'habitude de l'aumône inconsidérée et lui substituer, après enquête, des secours raisonnés et efficaces. Elle a fondé de nombreux comités locaux, 40 à Londres, 162 dans le reste du Royaume-Uni.

Une enquête sur la mendicité avait été faite dès 1883 par l'*Association Howard,* société d'études qui réunit d'intéressantes informations sur tout ce qui touche à la misère et à la répression.

Malgré tant d'efforts, l'organisation des secours distribués à Londres aux individus sans logement a soulevé depuis longtemps bien des critiques. On reproche aux *casual wards* la dureté de leur régime, l'absence de toute préoccupation de relèvement, leur discipline plus sévère que celle de la prison, tandis qu'aucune surveillance n'est exercée sur les *common lodgments* qui deviennent un sûr abri pour les pires coquins. Quant aux œuvres privées, mieux organisées, leur action est sans proportion avec l'importance du but à atteindre.

Il nous reste à signaler une organisation créée dans divers comtés pour assurer des secours à l'ouvrier en voyage, quand il est digne d'intérêt. Le premier essai a été tenté dans le comté de Dorset dès 1870, mais la pratique a été perfectionnée dans le comté de Berk et le nom de *Berkshire system* est plus généralement adopté.

Les administrateurs des unions de ce comté s'entendirent en 1871 pour traiter d'une manière uniforme les passants sans ressources. Tout individu se présentant dans un des *casual wards* de la circonscription est reçu, logé, nourri, et doit exécuter le lendemain une tâche déterminée. S'il s'en acquitte convenablement, il reçoit à son départ une feuille de route (*way-ticket*) portant son nom, son signalement et l'indication du lieu où il se rend. S'il présente le soir sa feuille à un *workhouse* situé à dix milles plus loin dans la direction indiquée, il est hospitalisé gratuitement et sans travail; de même le lendemain, pourvu qu'il soit arrivé à vingt milles du point de départ. A midi, il peut, en présentant sa feuille à un bureau de police intermédiaire, recevoir une livre de pain. En un mot, il est secouru sur son parcours et reçoit gîte et nourriture, à la condition de prouver constamment par la production de son *way-ticket* que son temps a été employé effectivement à travailler ou à marcher. En cas de fatigue extrême, le directeur d'un *workhouse* a toujours le droit d'accorder un repos momentané.

En même temps, une circulaire était adressée par les administrateurs de l'union au clergé de l'Église officielle et à tous les ministres non-conformistes pour les prier d'expliquer à leurs paroissiens que tout ouvrier pauvre de bonne volonté était dès lors assuré de recevoir gratuitement un secours suffisant; qu'il fallait donc s'abstenir de toute aumône manuelle faite à un inconnu, cette aumône inconsidérée étant la seule ressource des *vagrants* professionnels qu'il s'agissait de pourchasser désormais[1].

Ce système ingénieux, étendu successivement à divers autres comtés, a produit de bons effets. Il ne

1. Cette circulaire, signée de M. T.-B.-L. Baker, est datée du 11 juillet 1882 et s'applique au comté de Glocester où, dit-elle, l'organisation complète a commencé à fonctionner la veille.

faudrait pourtant pas trop s'illusionner sur ses résultats tant qu'il ne sera pas propagé dans toute l'Angleterre. Si les vagabonds deviennent moins nombreux dans les comtés où ils reçoivent des feuilles de route, cela tient pour beaucoup à ce qu'ils évitent ces comtés pour passer par ceux où rien ne gêne leurs pérégrinations.

La conviction que l'abandon des enfants est la cause principale de l'augmentation de la criminalité devint générale, en Angleterre comme en France, vers le milieu du siècle dernier. Un mouvement d'opinion provoqué par la conférence de Birmingham (1851), propagé par miss Mary Carpenter et sir Stafford Northcote, réclame des établissements spéciaux et distincts pour les mineurs condamnés et les enfants abandonnés, mais également dirigés d'après le principe de l'amendement. Le Parlement se décide à voter en 1854 une loi permettant de renvoyer dans une *école de réforme,* au lieu de la prison, tout enfant âgé de moins de quatorze ans qui se rend coupable d'un délit[1].

En 1857, une seconde loi établit en Angleterre l'institution écossaise des *écoles industrielles* destinées à une seconde catégorie, les enfants de sept à quatorze ans non condamnés, mais qui se trouvent en danger moral. Les pensionnaires doivent être séparés suivant leurs sexe, âge et antécédents, et apprendre un métier leur assurant plus tard des moyens d'existence.

Ces deux institutions, créées d'abord à titre provisoire, sont rendues définitives par deux lois de 1866[2]; l'âge d'admission dans les écoles de réforme est fixé de douze à seize ans, et la durée du séjour de deux à cinq ans. Les écoles des deux genres sont également créées

____

1. Cf. *L'éducation correctionnelle en Angleterre. (Revue pénitentiaire,* 1897, p. 686-711.)

2. *Reformatory schools Act, Industrial schools Act.* (29 and 30 Vict., cap. 117 and 118.)

par des sociétés privées, mais l'État accorde une sorte
d'investiture à celles qui acceptent son contrôle par la
délivrance d'un certificat, et il leur alloue en même
temps une subvention fixe par enfant et par semaine [1].
Plusieurs de ces écoles sont installées sur des navires
dans le but de préparer des recrues à la marine du
commerce.

Les enfants mendiants et vagabonds furent répartis
entre les deux sortes d'institutions; tandis que les
moins pervertis, les plus nombreux, étaient adressés
aux écoles industrielles, on envoyait les pires dans les
écoles de réforme, qui reçurent aussi les insubordonnés de la première catégorie. On constate, du reste,
depuis plusieurs années une tendance marquée à diminuer la population des écoles de réforme pour augmenter celle des écoles industrielles.

A la suite des lois de 1870 et 1876 qui ont établi l'obligation de l'enseignement primaire, on a organisé en
Angleterre des mesures énergiques contre les réfractaires de l'école. Les membres des bureaux scolaires
contrôlent avec soin la présence des élèves; des visites
sont faites par eux aux parents dont les enfants manquent les cours sans excuse. Si les absences persistent,
les élèves qui font l'école buissonnière, comme ceux
qui sont insubordonnés, sont envoyés dans des écoles
spéciales, soit comme internes (*truant schools*), soit
comme externes (*day industrial schools*), pendant un
temps déterminé qui ne dépasse pas trois mois, en général; en cas de récidive, ils sont dirigés sur les écoles
industrielles ordinaires. Les parents convaincus d'avoir

---

1. Ces dispositions ont été modifiées et étendues par plusieurs lois
postérieures. La place nous manque pour entrer ici dans l'examen des
établissements d'éducation correctionnelle; ce sujet sera traité avec une
compétence toute spéciale par M. Henri Joly, dans le volume qu'il prépare pour la même collection.

négligé leurs enfants sont frappés d'une amende[1].

Dans le cas où les faits dépasseraient la simple négligence, deux lois de 1891 et 1894 permettent au juge de retirer les enfants aux parents coupables et de les placer sous la surveillance du directeur de l'école où ils sont élevés jusqu'à l'âge de dix-huit ans, même s'ils sont placés au dehors ou envoyés aux colonies.

On peut donc dire que, en Angleterre, tout enfant coupable ou abandonné est assuré de trouver un genre d'éducation approprié à sa condition; on ne lui applique un régime purement répressif que lorsqu'il s'est montré vraiment incorrigible. L'État ne prend pas la responsabilité de l'éducation des enfants enlevés par la justice à leurs familles; il les confie à des établissements privés contrôlés par lui et auxquels il alloue de larges subventions. Aussi ces établissements sont-ils nombreux et variés, de manière à correspondre à tous les besoins[2].

Quelques chiffres feront clairement ressortir les résultats obtenus depuis un demi-siècle par suite de la substitution de l'éducation à l'emprisonnement.

En 1854, 13.981 mineurs de seize ans sont envoyés en prison;

En 1899, 1.358 sont envoyés en prison (25 de moins de 12 ans, 1.333 de 12 à 16 ans), 1.134 dans les écoles de réforme, 3.039 dans les écoles industrielles, 1.893 dans les écoles industrielles externes et 2.323 dans les écoles de vagabonds, soit au total 9.747.

---

1. Cf. Paul NOURRISSON, *L'école buissonnière à Londres.* (*Le Correspondant*, 25 août 1898.)

2. Il existe en Angleterre et Galles à la fin de 1901 :

Écoles de réforme............	48	contenant ensemble	5.611 enfants.
Écoles industrielles..........	142		
Écoles de vagabonds..........	15	—	24.718 —
Écoles industrielles externes....22		—	3.253 —
Total des établissements	227	et de la population	33.582

Le nombre a diminué de plus du tiers, quoiqu'on ait sensiblement élargi les catégories atteintes et que la population du royaume soit passée de 22.712.000 habitants en 1851 à 32.526.075 habitants en 1901.

Si donc, par un enviable privilège, l'Angleterre voit diminuer chez elle la criminalité générale alors qu'elle augmente dans presque tous les autres États, elle le doit en grande partie à l'excellente organisation des mesures prises pour réprimer le vagabondage de l'enfance.

L'initiative privée s'associe généreusement à cette œuvre d'assainissement. Plusieurs sociétés protectrices de l'enfance entretiennent des *boy's beadles*, agents payés qui parcourent incessamment les rues de Londres pour ramasser les enfants abandonnés, souvent affamés, prêts à tomber dans le délit. En dehors des écoles certifiées par le gouvernement, un grand nombre d'établissements recueillent des enfants dans le but de les élever et de leur apprendre un métier. Nous nous bornerons à citer le groupe le plus important, fondé par le docteur Barnardo en 1866 et constamment développé par lui depuis lors. Dans son quartier général de Stepney, on trouve un bureau de réception, une crèche, une infirmerie, des écoles pour tous les âges, des ateliers d'apprentissage pour douze métiers, un refuge pour les jeunes gens de plus de seize ans. L'œuvre a en ce moment sous sa direction 5.000 enfants répartis entre 86 *homes* séparés, sur lesquels veillent 24 *Mission branches*. Sur ces 110 institutions, 35 sont à Londres, 70 dans le reste de l'Angleterre, 1 à Jersey et 4 au Canada. Depuis trente-cinq ans, 38.000 enfants ont été retirés des *slums*, élevés et placés pour la plupart; 10.000 ont été envoyés aux colonies après une préparation suffisante. Le principal centre de placement est le

Canada, où le nombre des insuccès se maintient au-dessous de 2 %.

II. — Pays-Bas.

On constate en Hollande, dès la fin du seizième siècle, l'existence de maisons de travail (*Tuchthuis*) destinées à renfermer des mendiants et ivrognes dans le but de les amender en leur donnant l'habitude du travail. L'occupation la plus habituelle consistait à râper du bois pour les hommes et à filer la laine pour les femmes, d'où les noms fréquemment usités de *Rasp-huis* et *Spinnhuis*.

La première maison de ce genre fut ouverte en 1596 à Amsterdam [1]. Elle était divisée en deux quartiers, l'un pour les mendiants, l'autre pour les mineurs placés en correction par leurs familles. Une seconde maison recevait les femmes mendiantes, ivrognes ou prostituées. Cet établissement d'Amsterdam a joui pendant deux siècles d'une grande notoriété et a servi de modèle aux nombreuses maisons de travail ouvertes en Allemagne (*Zuchthaus, Rasphaus, Spinn-haus*) et aussi en Belgique [2].

L'institution a été modifiée par la suite lorsqu'on a introduit dans ces maisons des criminels condamnés à l'emprisonnement ; le caractère répressif a dominé de

---

1. La maison de correction de Bridewell, à Londres, destinée aussi aux mendiants et ivrognes, a été ouverte dès 1553, mais on n'y trouve pas le caractère éducatif qui caractérise le Tuchthuis d'Amsterdam, et les maisons fondées à son exemple.

Une description humoristique de l'institution d'Amsterdam a été publiée en 1622 à Leyde sous le titre : *Miracula San Raspini redivivi*. M. le professeur von Hippel en a publié le texte comme annexe à l'important article que nous citons, p. 79.

2. Cf. Louis STROOBANT, *le Rasphuys de Gand*, Malines, 1900.

plus en plus celui d'assistance. Sans entrer dans l'examen de ces modifications, nous devions mentionner un fait historique aussi important pour l'histoire de la lutte contre la mendicité.

Les Pays-Bas ont pris de nos jours une seconde initiative non moins intéressante par la création des colonies agricoles ; ils ont ainsi devancé de plus d'un demi-siècle la création de M. le pasteur de Bodelschwingh dont nous parlerons plus loin. Mais, avant de décrire l'organisation particulière des colonies hollandaises, nous devons exposer les mesures prévues par le législateur dans le but de réprimer les faits qui nous occupent.

Le code pénal de 1881 [1] a fait disparaître la législation antérieure, établie d'après les principes de notre code français, et a réglé la répression légale de la mendicité par ses art. 432 à 434. Quant au vagabondage, il a fait l'objet d'une loi spéciale, du 14 avril 1886.

Le *vagabondage* est défini « le fait de mener une vie errante sans posséder de moyens d'existence ». Il constitue une simple contravention punie de douze jours de prison, au plus, en cas de vagabondage simple. Mais s'il y a concours de trois personnes âgées de plus de seize ans, le fait devient délictueux et est puni de trois mois de prison au minimum.

La *mendicité* simple n'est pas un fait punissable. Si

1. *Wetboek van Strafrecht*, promulgué le 3 mars 1881, entré en vigueur le 1er septembre 1886. Le titre II du livre III range la mendicité parmi les contraventions à l'ordre public.

Sur les dispositions du code pénal hollandais et les colonies de l'État, voir une communication de M. Albert Rivière, *Bulletin de la Société de législation comparée*, 1889, p. 300.

On trouvera une excellente description des colonies de la Société de bienfaisance dans l'ouvrage de M. le pasteur Robin : *Hospitalité et travail*, Paris, 1887, p. 129-144.

elle se produit en public, elle devient une contravention ou un délit, suivant qu'elle est isolée ou collective, et est punie des mêmes peines que ci-dessus.

Dans l'un et l'autre cas, les individus valides et susceptibles de travailler peuvent être renvoyés dans un établissement de travail de l'État pour trois mois au moins et trois ans au plus. Cette peine accessoire a pour but de prévenir la récidive en permettant au libéré de contracter des habitudes de travail régulier, d'apprendre un métier et de se former un pécule pour le moment de la sortie. Ce renvoi est facultatif et laissé à l'appréciation du tribunal.

Les établissements destinés à recevoir les libérés renvoyés en travail forcé sont situés sur la frontière des provinces de Gueldre et d'Overyssel. Ils se composaient primitivement de deux colonies acquises en 1859 de la Société de bienfaisance; mais la colonie d'Ommerschans a été abandonnée en 1890. Celle de Veenhuizen, qui continue à fonctionner, a une contenance de 3.000 acres [1] et reçoit environ 3.000 mendiants, vagabonds, ivrognes, qui sont employés à la culture. Ces pensionnaires sont divisés en trois classes, hospitalisées dans trois établissements différents. On accueille à Veenhuizen, outre les condamnés, les prévenus de vagabondage et de mendicité auxquels la loi accorde le droit de se rendre volontairement à la colonie avant jugement et d'éviter ainsi la condamnation à l'emprisonnement. Le nombre de ces volontaires a été de 839 en 1894.

La seconde colonie, Ommerschans, moitié moins étendue, était destinée à recevoir les plus mauvais, ceux qui refusent le travail ou résistent à la discipline.

---

1. L'acre hollandais (*morgen*) contient 51 ares 07; le *bunder*, employé dans beaucoup de documents officiels, correspond à l'hectare.

On l'a remplacée en 1886 par un établissement industriel installé dans l'ancienne maison de correction de Hoorn (Hollande septentrionale). On y concentre les individus condamnés plus d'une fois pour ivresse publique, les vagabonds et mendiants condamnés plus de dix fois, les reclus punis et reconnus incorrigibles à Veenhuizen. On a toutefois restreint cette dernière catégorie depuis qu'on a constaté que beaucoup d'entre eux se faisaient punir dans le but de se faire envoyer à Hoorn, sensiblement plus rapproché d'Amsterdam, où tous aspirent à se rendre à leur libération [1].

Les femmes, primitivement placées dans une section spéciale à Veenhuizen, ont été transférées dans un établissement aménagé pour elles dans l'ancienne prison militaire de Leyde. Elles y sont également réparties en trois catégories.

Voici la population de ces divers établissements au 31 décembre 1900 :

Veenhuizen, établissement n° 1		1.083
— — n° 2		1.155
— — n° 3		1.043
Hoorn......................		387
Leyde......................		103
Total des deux sexes.		3.771

Sur ce total, on comptait 322 ivrognes d'habitude, punis par la loi pénale, et 3.549 mendiants et vagabonds [2].

Dans tous ces établissements, le travail, les repas,

---

1. Communication de M. le professeur van Hamel au Congrès de l'Union internationale du droit pénal à Paris, 1893. (*Bulletin de l'Union*, 4° vol., p. 392.)

2. Ces trois maisons de correction peuvent recevoir en totalité 4.076 hommes et 240 femmes.

le coucher, la vie entière se passe en commun. Cette promiscuité semble avoir eu en Hollande les mêmes résultats qu'ailleurs; les mauvais corrompent les médiocres et l'école d'amendement se transforme en école du crime. Aussi le gouvernement néerlandais tend-il à restreindre l'envoi dans les colonies, en le remplaçant par l'internement avec séparation individuelle. Il est probable que les colonies pénales de Hollande diminueront d'importance dans la pratique et seront même partiellement supprimées.

Si nous avons à enregistrer un échec relatif avec les colonies officielles, cela tient à ce que celles-ci reçoivent le rebut de la population. Hâtons-nous d'ajouter que, dans ce même pays, on est arrivé à des résultats bien autrement satisfaisants quand on a pu choisir des éléments moins réfractaires à l'amendement. Telle a été l'œuvre poursuivie par l'initiative de la *Société néerlandaise de bienfaisance.*

Après les guerres continuelles du début du siècle dernier, la misère était extrême dans les campagnes, en partie incultes; dans certaines villes, on comptait jusqu'au tiers de la population participant aux secours. La Société fondée en 1817 par l'initiative du général Jean van den Bosch se proposa de fournir un emploi à ces milliers de bras inoccupés, tout en améliorant des terrains improductifs. L'idée fut accueillie avec faveur. En moins de deux ans, 21.000 adhérents avaient versé plus de 70.000 florins [1] avec lesquels on acquit un domaine de 600 hectares dans les landes de la Gueldre, « l'Irlande des Pays-Bas », comme on l'a qualifiée. Des maisons d'ouvriers y furent construites, les colons y affluèrent, et leur travail, tout en leur assurant l'exis-

---

1. La valeur du florin hollandais est de 2 fr. 10.

tence, modifia en quelques mois l'aspect de ce pays, jadis désert, au milieu duquel s'élevèrent sept agglomérations prospères.

Malheureusement, la Société ne sut pas maintenir avec assez de fermeté son principe de n'accueillir que des hommes valides. Elle se laissa envoyer par ses adhérents de prétendus travailleurs qui étaient, en réalité, des vieillards incapables de se livrer à la culture. Un arrangement avec l'État compliqua encore la situation en imposant à la Société la charge de recueillir les mendiants condamnés, gens inertes, encore plus impropres que des vieillards à un travail sérieux. « La Société avait créé des colonies de travailleurs, et elle s'était laissé imposer des dépôts de mendicité [1]. »

Après avoir vécu pendant une assez longue période des avances de l'État, la Société dut enrayer. Elle abandonna à son créancier les groupes de Veenhuizen et d'Ommerschans et lui céda, en même temps, les vagabonds et les mendiants, ce poids mort qui l'écrasait. Depuis lors, l'institution est rentrée dans l'esprit de sa fondation en n'admettant que des travailleurs valides, et elle a retrouvé la prospérité de ses débuts.

Voyons comment fonctionne cette organisation.

La Société est administrée par un directeur et cinq commissaires élus par l'assemblée générale des délégués. Une section locale est instituée dans toute commune dont les cotisations atteignent ensemble 52 florins, montant de 20 cotisations au minimum de 2 florins 60. Chaque section est administrée par un comité et nomme un délégué à l'assemblée générale.

Chaque fois qu'une place devient vacante dans une colonie, l'administration nomme le titulaire proposé

____
1. Pasteur ROBIN, *op. cit.*, p. 138.

par la section qui a la plus grosse somme disponible à son actif social. L'admission entraîne un prélèvement de 1.700 florins sur cet actif particulier, somme représentant la valeur d'une maison, de 2 hectares 50 de terres, des semences, instruments de travail et vêtements qui seront remis ultérieurement à la famille.

Mais il faudra d'abord que le nouveau colon, sa femme et ses enfants fassent un stage en qualité de *famille d'ouvriers,* rétribués à la journée suivant leur travail. C'est seulement après avoir donné des preuves de capacité et d'économie qu'ils seront élevés à la dignité de *fermiers libres (vry boeren),* maîtres désormais de semer, ramasser et vendre librement leurs récoltes, sauf obéissance au règlement général et paiement des petites sommes mensuelles représentant le loyer, les soins médicaux et l'abonnement pour les vêtements de la famille.

On accueille aussi des individus isolés pour lesquels le versement fait par la section qui les présente est réduit à 60 florins. Ils ne peuvent travailler que comme ouvriers salariés et vivent dans des familles auxquelles ils paient pension. On leur remet pour leurs menues dépenses un cinquième de leur salaire ; le reste sert d'abord à payer leur entretien, le surplus est porté à leur fonds de réserve.

L'agriculture, nous l'avons dit, est l'occupation principale, complétée par l'élevage, la production du beurre et du fromage. On a pourtant créé quelques ateliers dans lesquels on fabrique les outils et instruments agricoles, les chaussures et vêtements nécessaires à la colonie, des paniers, paillassons, sacs, etc. On a fondé en 1882 une école d'horticulture ; les légumes récoltés sont mis en boîte et vendus comme conserves.

Le directeur des colonies réside à Friedricksoord; il y a deux sous-directeurs dans les colonies de Wilhelmsoord et Wilhelminasoord. Deux églises, une protestante et une catholique, une synagogue israélite sont desservies par des ministres des trois cultes, payés par la colonie. Des écoles publiques reçoivent tous les enfants de six à douze ans, l'instruction étant gratuite et obligatoire en Hollande. Un médecin réside sur les lieux et visite régulièrement tous les groupes d'habitations.

Aujourd'hui, les trois colonies comprennent une population de 1.800 habitants cultivant 2.100 hectares. La Société a assuré à tous ces malheureux la dignité de la vie et un bien-être relatif en même temps qu'elle faisait œuvre de civilisation et enrichissait la communauté en mettant en valeur un pays jadis inculte. Son œuvre est restreinte, comme toutes celles qui réussissent, mais elle a largement rempli le programme tracé par l'homme de bien auquel elle doit sa fondation.

Nous ne pouvons que mentionner un certain nombre de sociétés privées qui ont créé des colonies agricoles d'après des principes analogues à ceux que nous venons d'exposer : *l'Union générale néerlandaise pour l'entretien chrétien des mendiants et vagabonds*, dont les assistés sont logés à la colonie de Hoogeland; *l'Amélioration par le travail*, qui a mis en culture quelques-uns des coins les plus déshérités de la Frise; *la Fédération orangiste de l'Ordre; la Colonie rurale de l'Armée du Salut*, fondée sur les mêmes principes que celle de Londres, etc.

Cet exemple a même été imité par un certain nombre de conseils municipaux, qui ont organisé la culture de terrains communaux au profit des pauvres jusque-là assistés en argent.

Du reste, l'assistance par le travail est depuis longtemps pratiquée en Hollande aussi bien par l'assistance ecclésiastique, protestante ou catholique, que par
les comités spéciaux d'assistance qui représentent l'assistance communale laïque [1].

Les travaux en plein air sont de beaucoup les plus
usités, ce n'est qu'exceptionnellement qu'on a organisé
des ateliers.

Un certain nombre d'institutions offrent du travail à
domicile et assurent la vente des objets fabriqués; les
deux plus importantes sont les sociétés dites « Tes-
selschade » et « Le Travail ennoblit ».

La législation relative aux mineurs de dix-huit ans
admet, comme la nôtre, la distinction relative au discernement (art. 38 et 39 du code pénal).

Les mineurs condamnés comme ayant agi avec discernement sont frappés des mêmes peines que les
majeurs, avec une atténuation; ils sont internés dans
des quartiers spéciaux, les garçons à Bois-le-Duc, les
filles à Amersfort.

Ceux qui sont acquittés comme ayant agi sans discernement sont envoyés dans des maisons de correction, soit publiques, soit privées. Il y a trois colonies
publiques à Alkmaar, Doetinchem et Montfoort; les
deux premières pour les garçons, la dernière pour les
filles. La principale colonie privée est le « Mettray néerlandais », fondé en 1851 à Rysselt, près Zutphen, par
M. Suringar, l'admirateur et l'ami de M. Demetz.

Une loi du 15 janvier 1886 a réglé les conditions du
placement des enfants abandonnés dans des maisons
d'éducation publique. Quant aux moralement abandonnés, c'est la charité privée qui veille à leur édu-

1. Cf. H. Smissaert, *Assistance publique et charité privée dans les Pays-Bas*, 1900.

cation et a créé dans ce but de nombreux orphelinats ou hospices. La *Société pour l'éducation des orphelins en famille* s'occupe spécialement de favoriser le placement des enfants chez des cultivateurs ou ouvriers choisis par elle.

CHAPITRE IV

INSTITUTIONS ÉTRANGÈRES (*suite*). — ALLEMAGNE
ET BELGIQUE.

III. — Allemagne.

Comme l'Angleterre, la Prusse avait posé de bonne
heure dans sa législation le principe de l'assistance
obligatoire en le tempérant par une répression sévère
de la mendicité ; l'internement dans une maison de travail forcé était la peine prévue pour tout individu qui
refuse de travailler et demande sa subsistance de
maison en maison. Les dispositions du code pénal
prussien de 1851 sont passées dans le code pénal de la
Confédération de l'Allemagne du Nord, devenu en
1871 celui de l'Empire allemand. Cette partie de la
législation est donc désormais uniforme pour tout le
territoire [1].

1. Cette question est traitée dans tous les traités généraux de droit
pénal, de von Liszt, Berner, Hälschner, H. Meyer, Merkel ainsi que dans
les Manuels pénitentiaires de Krohne et von Holtzendorf.

M. le professeur von Hippel a publié sur cette question spéciale deux
ouvrages particulièrement documentés : *Die korrektionale Nachhaft,* Freiburg, 1889. — *Die strafrechtliche Bekämpfung von Bettel,
Landstreicherei und Arbeitsscheu,* Berlin, 1895.

Aux termes de l'article 361 du code pénal, sont punis de la peine de l'arrêt ou *Haft* [1] :

« . . . .

« 3° Les vagabonds [2];

« 4° Les mendiants, les gens qui font mendier les enfants ou personnes soumises à leur autorité ou ne les empêchent pas de mendier;

« 5° Ceux qui, par jeu, ivrognerie ou paresse, se rendent incapables de gagner leur vie et celle des personnes dont ils ont la charge;

« . . . .

« 7° Celui qui, recevant un secours sur les fonds des pauvres, se refuse à exécuter un travail modéré et proportionné à ses forces, offert par la police;

« 8° Celui qui, ayant perdu ses moyens d'existence, ne peut justifier avoir fait les démarches nécessaires pour s'en procurer d'autres dans le délai qui lui a été imparti par la police. »

L'article 362 ajoute que les individus compris dans ces diverses catégories pourront être condamnés subsidiairement à être remis, à leur sortie de prison, à l'autorité de police, qui aura le droit de les enfermer dans une *maison de travail forcé* pour une durée de six mois à deux ans, si elle estime que l'individu n'a ni moyens de travail suffisants, ni désir de s'en procurer, et qu'il retombera fatalement dans le même délit. Cette peine accessoire est qualifiée de « Nachhaft », littéralement *arrêt prolongé*, et correspond à notre internement administratif.

---

1. Le *Haft* consiste dans la simple privation de la liberté pendant un temps de un jour à six semaines (code pénal de l'Empire, art. 18).

2. Le vagabondage n'est pas défini par la loi. La jurisprudence considère comme vagabond l'homme qui erre habituellement sans but, sans occupation et sans travail, sans avoir de moyens d'existence et sans chercher à s'en procurer.

Au point de vue de l'application de cette disposition. la loi établit une différence entre le vagabond, qui en est toujours passible, et le mendiant, qui ne peut être interné qu'à la troisième condamnation intervenant dans un délai de trois ans, ou dans le cas de mendicité avec armes ou avec menaces.

En général, la première condamnation pour mendicité n'est punie que de quelques jours d'emprisonnement.

La mendicité et le vagabondage constituent donc une simple contravention dont la répression est confiée au tribunal de bailliage (*Amtsgericht*), présidé par le juge de bailliage, magistrat dont les fonctions équivalent approximativement à celles de nos juges de paix. Si l'inculpé avoue le fait qui lui est reproché, ce magistrat prononce seul; s'il y a, au contraire, contestation, le juge de paix est assisté de deux échevins (*Schoeffen*), sorte de jurés désignés par une commission de neuf membres que préside un fonctionnaire du ministère de la justice. Mais, dans un cas comme dans l'autre, le tribunal a le droit d'appliquer l'article 362 et d'ordonner la mise à la disposition de la police de l'individu convaincu de « Arbeitsscheu » ou horreur du travail.

Ces règles uniformes sont toutefois appliquées d'une manière fort différente, suivant les traditions de chaque pays d'Empire. Tandis que, en Prusse, le nombre des individus mis à la disposition de la police atteint 22 p. 100 des condamnations pour vagabondage, on n'en trouve que 2 à 3 p. 100 dans l'Allemagne du Sud (Bavière, Wurtemberg, Bade). Un auteur qui a fait une étude approfondie du sujet cite des États où il ne peut pas relever un seul interné par application des paragraphes 5, 7 et 8 de l'art. 361 combinés avec l'art. 362.

Les magistrats jugent sommairement les cas de mendicité, ils oublient de prononcer le renvoi, quand il y aurait lieu de le faire; on rencontre des internés qui arrivent pour la première fois à la maison de travail avec un total de trente condamnations [1].

Certains États laissent à la police le soin de prononcer sur la nécessité et la durée de l'internement, tandis que d'autres, la Prusse notamment, confient cette mission à l'autorité administrative. Quand la décision émane du président de régence, fonctionnaire politique important, analogue à nos préfets, elle est généralement prise d'après les conclusions d'un employé inférieur, qui répartit arbitrairement les mois et les trimestres d'internement. Quand c'est la police locale qui prononce, elle cherche surtout à se débarrasser des prisonniers libérés et abuse des interdictions de séjour [2].

Le gouvernement impérial s'est préoccupé d'apporter un remède à cette situation. Dès 1872, le Conseil fédéral s'efforçait d'établir des principes pour régler d'une manière uniforme la compétence des autorités de police. A diverses reprises, et spécialement par une importante décision en date du 26 juin 1889, le même Conseil a également déterminé les règles relatives à l'application de l'internement administratif. Mais ces documents constituent de simples indications données aux divers gouvernements confédérés. Une loi d'Empire pourrait seule établir l'unification et assurer sur tout le territoire allemand une application uniforme des principes adoptés.

---

1. Von Hippel, *Die strafrechtliche Bekämpfung*, p. 43.

2. Ces interdictions de séjour sont prononcées en vertu de l'art. 3 de la loi du 1er novembre 1867 sur la liberté d'établissement. Cet article permet d'interdire la résidence à tout étranger à la commune qui, depuis moins d'un an, a été condamné par un tribunal allemand pour mendicité réitérée.

Nous trouvons les mêmes différences dans l'organisation des Maisons de travail forcé [1]. D'après la statistique la plus récente [2], leur nombre est actuellement de quarante-sept, sans compter dix succursales de peu d'importance ; 24 se trouvent en Prusse, 4 en Saxe, 3 en Bavière, 2 en Wurtemberg, le reste est réparti par unité entres les autres pays. En Prusse, ces établissements sont entretenus par les provinces et placés sous la surveillance du président supérieur ; quatre d'entre eux sont cependant administrés par des villes. Dans le reste de l'Allemagne, ce sont des établissements de l'État.

Il y a une grande variété dans l'importance des maisons ; depuis Brauweiler (province rhénane) qui peut recevoir 1.900 internés, jusqu'à la succursale de Worms qui en héberge 8, on trouve des effectifs de toute importance. Mais la variété des catégories qui les composent est plus grande encore. Dans certaines contrées, on a conservé une tendance à utiliser la Maison de travail pour les besoins de l'assistance, et on rencontre ces vieillards, ces malades chroniques, ces incurables, dont la présence rend impossible une discipline rigoureuse. Ailleurs, c'est du côté de la répression qu'incline la Maison de travail, on la trouve parfois établie dans les mêmes bâtiments que les maisons de force et de correction.

L'organisation du travail ne varie pas moins. Tantôt

---

1. Il ne faut pas confondre les Maisons de travail forcé actuelles avec les Maisons de travail ou de correction fondées sur divers points de l'Allemagne dès la fin du seizième siècle (Nuremberg, 1588) et surtout au dix-septième. M. le professeur von Hippel a montré que l'on doit voir dans ces derniers établissements l'origine des pénitenciers actuels. (*Zeitschrift für die gesamte Strafrechtswissenschaft*, 1898, 18ᵐᵉ vol.), 4ᵉ et 5ᵉ livr.) — Cf. *supra*, p. 66.

2. Von Hippel, *op. cit.*, p. 132. Les chiffres donnés ont été relevés en 1893.

il est agricole, tantôt industriel. On a su heureusement
concilier l'un et l'autre à Rummelsburg, près Berlin,
où les mieux notés des reclus sont employés à la culture des champs d'épandage des eaux d'égout provenant de la capitale. Ce système donne de bons résultats ; les ouvriers préfèrent le travail au grand air à
celui de l'atelier et la crainte d'être réinternés les incite
à travailler suffisamment et suffit à prévenir toute éva-
sion [1].

On voit que, malgré la sévérité des textes législatifs,
la répression du vagabondage n'est point encore par-
faite en Allemagne. Il y a une vingtaine d'années, on
évaluait couramment de deux à trois cent mille le
nombre des individus sans ressources ni occupation
qui parcouraient les diverses parties de l'Empire. Ce
nombre s'était accru considérablement à la suite de la
crise industrielle qui sévit vers 1878. L'initiative privée
entreprit alors de compléter l'œuvre de la législation
pénale par un ensemble de mesures destinées à offrir
un concours et un appui à tout individu de bonne volonté momentanément dénué de ressources. En opérant
la sélection, toujours si difficile, entre l'ouvrier sans
ouvrage et le mendiant professionnel, on assurait d'autant mieux l'efficacité d'une répression qui ne risquait
plus de s'égarer sur des gens uniquement malheureux.

Déjà des efforts avaient été faits pour venir en aide
à l'ouvrier de métier voyageant en quête d'ouvrage.
Les associations ouvrières, fondées en 1847 par l'abbé
Kolping, avaient voulu renouer les traditions hospitalières des anciennes corporations. Elles se syndiquè-
rent en 1864, au Congrès de Wurzbourg, pour former
une vaste union et, à partir de ce moment, les diverses

1. Cf. *Revue pénitentiaire*, 1893, p. 1110-1114.

sociétés locales offrirent l'hospitalité aux compagnons porteurs de livrets émanant de l'une des sociétés associées. Outre le gîte et la nourriture, on s'efforce de leur procurer du travail et, si on n'y peut réussir, on les aide à gagner une ville voisine. Mais cette organisation est exclusivement catholique et limitée aux adhérents de l'union.

Quelques personnes charitables conçurent la pensée de généraliser le système en l'appliquant à tous les ouvriers, sans distinction. Déjà, quelques *auberges hospitalières (Herberge zur Heimat)* avaient été fondées dans de grandes villes; la plus ancienne, celle de Bonn, fut ouverte en 1854 sur l'initiative du professeur Cl.-Th. Perthes. Ce système fut étendu à tout le pays, particulièrement à l'Allemagne du Nord; 480 auberges hospitalières, contenant ensemble 14.000 lits, furent créées en quelques années, leur action fut centralisée et régularisée par un comité central présidé par M. le pasteur de Bodelschwingh. Dans ces auberges, chacun paye ce qu'il consomme, mais il le paye d'après un tarif réduit qui ne dépasse guère le prix de revient. C'est un concours offert à l'ouvrier en voyage pour lui procurer un gîte convenable, des repas à bon marché et le moyen de trouver de l'ouvrage. La direction est évangélique, en relations intimes avec l'œuvre de la Mission intérieure, mais on reçoit des voyageurs de toute confession.

Cette organisation ne s'appliquait encore qu'à une certaine classe d'ouvriers, possédant des ressources suffisantes pour payer leurs dépenses à un prix réduit. Elle n'offrait aucun secours à cette foule de traîneurs dénués de tout, dont la crise industrielle augmentait le nombre, que les associations contre la mendicité repoussaient incessamment des villes vers les campagnes qu'ils parcouraient et terrorisaient en troupes de plus en plus nombreuses, aux environs de 1880.

C'est alors qu'on eut en Wurtemberg la pensée de généraliser des tentatives déjà faites localement à Stuttgart, puis, d'une façon plus étendue, dans le royaume de Saxe, et de créer dans toute l'Allemagne un vaste réseau où des secours (coucher, nourriture) seraient donnés en nature à tout individu sans ressources. Cette organisation, créée pour le Wurtemberg en 1877 et généralisée au congrès de Cannstadt le 24 novembre 1880, s'étendit rapidement à l'Empire tout entier. En 1890, on comptait 1.957 *stations de secours en nature*, et on eût pu dire qu'elles couvraient l'Allemagne s'il n'y eût eu deux vides assez sensibles dans le réseau, l'un au nord, vers le Mecklembourg-Schwerin, Hambourg et l'Oldenbourg, l'autre au sud-ouest, dans l'Alsace-Lorraine et la partie septentrionale du Grand-Duché de Bade.

En 1890, ces 1.957 stations hospitalisèrent 1.936.091 individus pour une nuit; on a constaté la présence de 9.216 personnes dans la nuit du 15 au 16 décembre. La dépense totale a atteint 1.317.072 marcs, tandis que le travail produisait seulement 67.610 marcs[1].

Les stations sont généralement créées par des cercles, quelquefois par des communes ou des associations de communes qui répartissent entre elles les dépenses en proportion de leur revenu matriciel, plus rarement par des sociétés privées. Elles sont habituellement placées sous la direction de trois employés : 1° un préposé municipal, qui accorde l'entrée après examen des ren-

[1]. H. von LOEPER, *Die Naturalverpflegunsstationen* (*Zeitschrift der königlich-preussischen statistischen Bureaus*, 1899).
Ce travail très complet et très étudié résume la matière et peut dispenser de lire les nombreuses études antérieures que nous avons citées en leur temps.

seignements et pièces produits; 2° un intendant, qui
est le représentant de l'association et tient les livres et
la caisse; 3° un directeur, qui est chargé de la nourriture, du travail et de la discipline. Quelquefois les employés se réduisent à deux et même à un. On accueille
tout homme valide, disposé à travailler et ne possédant
pas sur lui une somme de 3 marcs. Il doit travailler le
lendemain jusqu'à midi pour représenter la dépense
causée par sa nourriture et son coucher [1].

L'après-midi doit être employée à continuer la route.
L'homme qui s'est conduit convenablement reçoit une
feuille de route (*Wanderschein*) qu'il peut présenter à
la station suivante, ce qui facilite son admission en évitant l'interrogatoire et l'enquête de l'employé municipal.

Les principes d'après lesquels doivent se créer les
stations avaient été fixés dès 1884, par le comité central
d'une œuvre distincte et voisine dont nous parlerons
tout à l'heure, les colonies ouvrières [2]. On tenta de ré-
gulariser ce que ce mouvement eut d'abord d'un peu

1. En fait, une portion notable des hospitalisés, 1/7 environ, disparaît
avant le repas du matin pour n'avoir pas à effectuer le travail; et ceux
qui s'en acquittent sont loin, pour la plupart, de le faire d'une manière
consciencieuse.

On peut constater, par les chiffres ci-dessus, que le produit du travail représente environ 1/20 de la dépense.

2. Nous pouvons les résumer ainsi :

1° Les stations de secours sont un moyen de lutter contre la mendicité
et non une œuvre de relèvement.

2° Elles sont destinées aux gens valides dénués de ressources et non
aux malades et vieillards, dont le soin incombe à l'assistance publique.

3° Les stations doivent être réparties suivant un plan uniforme, à
une distance moyenne de 18 kilomètres, et soumises au même régime.

4° La nourriture doit être suffisante pour soutenir les forces d'un travailleur, tout superflu étant rigoureusement proscrit. Le travail doit être
imposé en représentation du secours reçu. Une discipline exacte doit
être maintenue et tout insubordonné remis à la police.

5° Il est désirable qu'un bureau de placement auxiliaire fournisse des
indications sur le travail offert dans la localité.

6° La direction doit être morale et chrétienne, le repos dominical rigoureusement observé.

confus et spontané par la création d'unions provinciales
et nationales, couronnées au Congrès de Cassel, le
12 janvier 1893, par un comité central des stations de
secours allemandes, présidé par M. le comte d'Eulen-
burg, président supérieur de Westphalie.

Mais à ce moment déjà, les stations traversaient une
crise grave. Des difficultés financières avaient amené
les cercles à diminuer leurs subventions, d'autre part
l'institution était attaquée avec passion dans divers milieux. En 1896, le nombre des stations était tombé à
1.287 pour l'Empire. La diminution était surtout sensible pour la Prusse, descendue de 951 stations en 1890
à 612 en 1896.

Pour obvier aux inconvénients allégués et assurer
les ressources nécessaires, le comité central réclama
une réglementation légale qui fut à la veille d'aboutir,
en 1895, au moins pour la Prusse, quand le comte d'Eu-
lenburg devint ministre de l'intérieur. Mais le projet
adopté d'abord fut rejeté en troisième lecture, le ministère étant alors passé entré les mains de M. de
Kœller, qui n'avait pas les mêmes raisons de s'inté-
resser au projet.

La question n'est toutefois pas définitivement tranchée; des propositions nouvelles ont été présentées
au Landtag et la crise que traverse depuis un an
l'industrie allemande ramènera sans doute l'attention
des pouvoirs publics sur une organisation qui a rendu
de grands services, et qui n'a donné lieu à des inconvénients sérieux que là où on s'est écarté des règles si
sages posées en 1884.

Nous avons vu tout à l'heure que les stations de secours ne sont pas une œuvre de relèvement; cette portion de l'activité charitable est exercée par les *colonies
ouvrières* créées postérieurement, sur l'initiative de

M. le pasteur de Bodelschwingh, et dont il me reste
maintenant à parler.

Après avoir été un des promoteurs de la fondation
des auberges hospitalières, M. de Bodelschwingh s'é-
tait occupé de l'organisation de plusieurs stations de
secours. Plus d'une fois, il avait été témoin du désespoir de gens qui devaient quitter leur abri temporaire
au bout de deux ou trois jours au plus, sans avoir
trouvé d'ouvrage. « Où allons-nous aller? Pourquoi ne
ne nous occupez-vous pas plus longtemps? » lui disait-
on souvent. La charité inspire de sublimes audaces.
M. de Bodelschwingh forma une société, réunit des
fonds, en emprunta d'autres, et il acquit une propriété
de 166 hectares dans la régence de Minden, dans un
pays assez ingrat, où les terres n'avaient pas grande
valeur. Il y ouvrit, le 22 mars 1882, avec 80 travailleurs,
sa colonie qu'il nomma Wilhelmsdorf, en l'honneur de
son souverain. Le succès couronna son entreprise si
méritoire; les terres de Wilhelmsdorf, rapidement amé-
liorées, donnèrent un revenu suffisant pour faire vivre
les travailleurs et payer les frais généraux. (Les fonds
prêtés avaient été offerts sans intérêt.) Le résultat
moral n'était pas moins satisfaisant : la première année,
sur 966 colons qui passèrent dans la colonie, 830 furent
placés et tirés de la vie errante du « sans-abri ».

D'autres colonies agricoles furent fondées sur le
même plan en Hanovre, Sleswig-Holstein, Brande-
bourg, Poméranie; il y a aujourd'hui trente-deux établissements de ce genre, sur lesquels trente ont un
caractère complètement agricole; un s'occupe à la fois
de travaux agricoles et industriels (Magdebourg), et
un dernier est complètement industriel (Berlin)[1]. Un

---

1. En 1891, la colonie de Berlin s'est adjoint une succursale agricole à

comité central, qui a son siège à Wüstrau, près de
Potsdam, exerce une action régulatrice sur toute l'organisation. Ce comité publie une revue, *der Wanderer*,
qui donne d'intéressants renseignements sur le fonctionnement de l'œuvre, les résultats obtenus ; de plus,
cette publication mentionne les noms des hospitalisés
dont la conduite a donné lieu à des reproches graves
et qui devront désormais être exclus de toutes les colonies syndiquées. C'est ce qu'on appelle le *tableau noir* [1].

Le renvoi avec inscription est la seule punition que
puisse encourir le pensionnaire qui ne se conforme pas
au règlement. L'entrée et la sortie sont absolument libres, ces établissements étant uniquement des œuvres
privées de bienfaisance. Dans la plupart des colonies
on demande à l'arrivant de prendre l'engagement de
ne sortir sous aucun prétexte pendant un mois ; c'est
une *pierre de touche* destinée à éprouver la bonne volonté et une garantie contre les habitudes d'ivrognerie.
Mais cela signifie simplement que celui qui sortira
avant un mois renoncera au patronage de la colonie et
ne pourra plus rentrer. Pour être admis, il faut être
en état de santé, apte au travail, sans infirmité conta-
gieuse ou répugnante, et présenter des papiers à peu
près en règle. Le travail est rémunéré, mais les gains
hebdomadaires ne sont remis qu'en partie au travailleur, le reste constituant un pécule qui est touché seulement à la sortie.

Le point essentiel dans l'organisation d'une colonie,
c'est la personne du directeur. Il faut qu'il joigne à

Tegel ; on y occupe les pensionnaires d'origine rurale reconnus inaptes
au travail de l'atelier.

1. La revue a été fondée en 1884 sous le titre : *Die Arbeiterkolonie*. Elle
paraît à Bethel, près Bielefeld, sous la direction de M. le pasteur Mörchen,
et s'occupe également des Auberges hospitalières, des Stations de secours
en nature et des Colonies ouvrières.

un tempérament d'éducateur des connaissances économiques, qu'il soit à la fois ferme et patient, religieux
et tolérant. Dans plusieurs colonies, on a fait appel au
dévouement des frères de la *Rauhe Haus,* de la maison
de Horn, près Hambourg; quatre sont confiées à des
religieux catholiques. En général, on trouve préférable
de choisir des directeurs qui aient un caractère moins
strictement confessionnel. Dans tous les cas, il faut
que le directeur tienne la main à l'exécution exacte du
règlement, évite les abus, repousse les gens qui ne
cherchent qu'un abri momentané moins dur que la prison, pour réserver ses places à ceux qui montrent un
désir réel de se relever. C'est pour s'être parfois écarté
de ces principes qu'on a vu le nombre des placements
utiles tomber à 25 p. 100, les colonies envahies par les
chevaux de retour, et qu'on a donné prise aux critiques
dont nous parlerons tout à l'heure.

Il restait encore quelque chose à faire pour un genre
spécial de vagabondage, exclusivement propre aux
grandes villes, et qui a pris à notre époque un développement déplorable : nous voulons parler de l'exode
des ouvriers ruraux arrivant avec leurs familles, sans
ressources, ou avec de faibles économies bien vite
épuisées. Pour peu qu'ils ne trouvent pas une occupation immédiate, ils sont bientôt sans domicile. D'autre part, les expulsions de locataires en retard sont
de plus en plus rigoureuses à mesure que les rapports
sociaux tendent à être plus exclusivement dominés par
la question d'argent. A chaque trimestre, des familles
sont jetées sur le pavé, sans asile, avec un reste de
mobilier insaisissable qu'elles ne savent où mettre.
Les uns et les autres n'avaient jadis d'autre ressource
que de s'adresser à la police et de chercher un abri
dans la *Polizeigewahrsam,* le dépôt, pêle-mêle avec

les escarpes, les filous et les prostituées de bas étage.

On s'occupa d'abord des familles. A Stuttgart, à Leipzig, à Hanovre, des maisons spéciales (*Exmittirtenhaus*) furent créées pour fournir un asile provisoire aux expulsés, recevoir leur mobilier, leur procurer le moyen de trouver un nouveau logement. A Berlin, où le régime du dépôt est particulièrement dur [1], un comité privé se fonda en 1868 et ouvrit un asile dans le district de Friedrichwerder. Pour réagir contre les sévérités de la police, les créateurs de cet établissement adoptèrent le principe de l'*anonymité*. Tout arrivant n'a à fournir que des renseignements statistiques sur son âge, sa position de célibataire, ou marié, la date de son dernier passage. Des quartiers distincts sont disposés pour les deux sexes.

L'asile de Hambourg, ouvert en 1882, a adopté les mêmes principes. Il en est de même à Dresde. A Breslau et à Kœnigsberg, au contraire, on s'est spécialement attaché à connaître le passé des gens qui se présentent et à ne recevoir que ceux qu'on peut relever, en renvoyant au bureau de police les incorrigibles, ivrognes et paresseux. Les gens admis reçoivent, par contre, des secours plus efficaces et plus prolongés. L'établissement le plus complet est le magnifique asile municipal de la ville de Berlin, construit en 1887, et qui réunit, en deux sections complètement indépendantes, un asile pour familles et un asile de nuit pour isolés [2].

1. Tout individu qui passe au dépôt, même volontairement, est inscrit sur une feuille individuelle avec indications de son signalement, de ses moyens d'existence, papiers de légitimation. En outre, toutes les femmes sont soumises à une visite médicale très pénible pour des mères de famille dont la misère est le seul crime. (Cf. *Das Asyl für Obdachlose in Berlin*, ein Vortrag von Missionär Spindler, Berlin, 1890.)

2. Nous en avons publié une description dans la *Revue pénitentiaire*

On voit que, en Allemagne, l'État et l'initiative privée se sont mis d'accord sur une sorte de partage d'attributions en vue d'assurer la prévention et la répression, en ce qui touche les infractions qui nous occupent.

L'initiative privée a créé tout un ensemble d'institutions qui offrent des secours variés à l'ouvrier sans travail et permettent à tout individu de bonne volonté d'échapper à l'action de la loi.

L'État a fortement organisé la répression et créé les établissements nécessaires.

Qu'il y ait des points de détail à modifier, des améliorations nécessaires à introduire, nous ne l'avons pas dissimulé. Mais les principes essentiels sont posés et il ne s'agit plus dans ce pays que de les appliquer plus rigoureusement, en se préoccupant uniquement du but à atteindre.

Le code pénal de l'Empire ne contient pas de mesures spéciales aux mineurs vagabonds. Ils sont soumis aux mêmes peines que les adultes [1], sauf les atténuations générales prévues pour les crimes et délits commis pendant la minorité. Le législateur la divise en trois périodes :

1° Jusqu'à douze ans, irresponsabilité complète ;

2° De douze à dix-huit ans, se pose la question du discernement : le mineur coupable ne sera puni que

(1894, p. 57). Sur cette question des asiles, on ne saurait avoir un meilleur guide que M. le baron de Reitzenstein qui a présenté au Congrès d'Assistance et de Bienfaisance de 1893 une remarquable étude intitulée : *Die Fürsorge für Obdachlose.* (Publications de la Société d'A. et de B., n° XVI, Leipzig, Duncker et Humblot, 1892.)

1. On a généralement soin de les séparer des adultes dans les maisons de travail forcé ; cependant M. von Hippel signale dix établissements de ce genre dans lesquels n'existe encore aucune distinction (*op. cit.*, p. 141). La Bavière et la Saxe ont créé deux maisons de travail forcé spéciales aux mineurs.

si le tribunal décide que, au moment où il a commis un acte coupable, l'inculpé possédait le discernement nécessaire pour apprécier qu'il encourait une peine (art 57) et, dans le cas de l'affirmative, la peine prononcée sera atténuée;

3° Au-dessus de dix-huit ans, la responsabilité est complète.

Le tribunal décide si les mineurs acquittés de la seconde catégorie doivent être remis à leurs parents ou confiés à l'administration pénitentiaire pour recevoir l'éducation correctionnelle dans un établissement où l'enfant pourra être retenu jusqu'à sa majorité (art. 56).

Les mineurs de la première catégorie seront, au contraire, traités comme les enfants moralement abandonnés ou vicieux dont le sort est réglé par les art. 1666 et 1838 du nouveau code civil de l'Empire, entré en vigueur le 1er janvier 1900. Sur une décision du juge de bailliage, siégeant comme tribunal de tutelle, l'enfant pourra être retiré à sa famille et placé toutes les fois que par suite de la négligence, de la brutalité ou de la mauvaise conduite de ses parents ou tuteurs, il se trouvera exposé à un danger physique ou moral. Le code laisse à chaque État confédéré le soin d'organiser sa législation particulière.

Les Chambres prussiennes se sont empressées de voter la loi préparée en vue de se conformer à cette injonction; elle a été promulguée le 2 juillet 1900. Au principe de la correction, qui formait la base de la loi antérieure du 13 mai 1878, la loi nouvelle substitue celui de la préservation [1]. L'art. 1er prévoit le défaut

---

1. Cf. *L'éducation correctionnelle en Allemagne* (*Revue Philanthropique*, 1901, tome IX, p. 38). Cet article contient une analyse complète des deux législations. — Voir aussi LELEBOURS-PIGEONNIÈRE : *L'éducation forcée en Prusse.* (*Revue pénitentiaire*, 1900, p. 536.)

de soins moraux ou matériels des parents en même temps que la faute commise par l'enfant âgé de moins de douze ans. Dans l'un et l'autre cas, les enfants seront confiés par le juge de tutelle aux autorités communales qui assureront leur placement soit dans des familles choisies avec soin, soit dans des écoles de préservation créées aux frais de la province et placées sous le contrôle des fonctionnaires qui la représentent.

Le placement dans des familles sera toujours préféré, à moins de raisons spéciales; la famille désignée devra professer la même religion que l'enfant, elle pourra même être sa propre famille, mais alors celle-ci devra accepter le contrôle du *patron* désigné pour veiller spécialement sur les soins donnés à chaque enfant.

Les écoles de préservation ne pourront se trouver dans les mêmes bâtiments que les maisons des pauvres ou maisons de travail forcé. Leur effectif ne devra pas dépasser cent élèves. A défaut d'un établissement spécial, les unions provinciales pourront conclure un arrangement avec des maisons privées ou ecclésiastiques. Les frais relatifs à chaque enfant incombent à l'union communale de son domicile, sauf recours contre les parents solvables; l'État rembourse aux unions les deux tiers des frais qu'elles ont à supporter de ce chef.

L'éducation préservatrice cesse en tout cas avec la majorité; mais il est recommandé aux unions communales d'y mettre fin dès que le but poursuivi sera atteint ou assuré par un autre moyen. Le règlement d'exécution insiste sur ce point que l'éducation organisée par la loi n'est qu'une sorte de pis-aller, auquel on n'aura recours qu'à défaut des œuvres privées, nombreuses en Prusse. Un emploi exagéré de ce mode d'éducation imposerait bien vite à l'État et aux communes des charges écrasantes.

La loi du 2 juillet 1900 a été accueillie en Allemagne par une approbation à peu près unanime ; on a été jusqu'à dire que sa portée sociale dépasse celle des lois relatives aux assurances ouvrières. Tout fait supposer que, après une expérience plus ou moins prolongée, des dispositions inspirées du même esprit seront étendues à tout l'Empire, comme le désir en a été exprimé au cours de récents débats.

IV. — Belgique.

Nous terminerons cette revue de l'étranger par un pays dont les institutions présentent un intérêt tout spécial au point de vue de cette étude. Pendant plus d'un demi-siècle, le code pénal de 1810 a été en vigueur chez nos voisins du nord-est et leurs lois répressives actuelles procèdent de la pensée d'améliorer, en la modifiant, la législation que nous avons conservée. Il peut donc y avoir, dans l'expérience belge, des constatations particulièrement instructives à relever en vue des modifications à introduire dans nos lois françaises relatives au vagabondage et à la mendicité.

Le caractère distinctif de la législation mise en vigueur le 1er janvier 1892 consiste en ce point : au lieu de frapper indistinctement tout fait de vagabondage ou de mendicité, la loi nouvelle s'est appliquée à laisser en dehors de la répression toutes les catégories de mendiants ou de vagabonds pouvant invoquer une excuse légitime : enfants, malades, vieillards, chômeurs involontaires. Trois lois promulguées à la même date du

27 novembre 1891[1] ont assuré un secours efficace à chacune de ces catégories.

D'abord l'enfance; car, comme le disait jadis le ministre qui a pris l'initiative de ces graves mesures, « pour détruire l'armée du mal, il faut, avant tout, tarir son recrutement[2] ». Les enfants martyrs, que nous nommons en France moralement abandonnés, et les enfants coupables de délits, acquittés comme ayant agi sans discernement[3], seront placés, par le magistrat, sous la tutelle du gouvernement jusqu'à l'accomplissement de leur vingt et unième année et envoyés dans des *écoles de bienfaisance*. Ils n'y feront, du reste, qu'un stage plus ou moins long, suivant leur degré de moralité, le but de l'éducation étant le placement dans des familles où ils pourront apprendre un métier et se préparer à la vie.

Aux malades, la loi assure l'assistance médicale gratuite au lieu où se produit la maladie, sauf recours ultérieur, s'il y a lieu, contre la commune du domicile ou l'État.

1. Loi sur l'assistance publique. — Loi sur l'assistance médicale. — Loi sur la répression du vagabondage et de la mendicité.

2. Discours de M. Le Jeune au Congrès de l'Union internationale du droit pénal, Paris, 1893.

3. Aux termes de l'article 72 du code pénal, analogue à notre article 66 du code pénal français.

Sous l'empire de la législation antérieure, les enfants martyrs étaient envoyés dans des écoles agricoles dépendant de la Direction de la Bienfaisance (art. 7 de la loi du 6 mars 1864) et les enfants acquittés de l'article 72 dans des écoles de réforme dépendant de l'Administration pénitentiaire.

L'expérience prouva que cette distinction purement théorique ne correspond pas à la réalité des faits. « Tous ces enfants ont été soumis aux mêmes influences malsaines; établir entre eux le classement avec toutes les divisions et subdivisions nécessitées par des raisons de moralité ou des nécessités de discipline est la difficulté suprême d'une bonne organisation du service. On double la difficulté en séparant des enfants dont la situation légale n'est pas la même pour les remettre à deux administrations différentes. » Rapport au Roi présenté par M. Le Jeune, ministre de la justice, 1890.

Les communes devront également secourir leurs vieillards ou incurables, incapables de travailler. Elles auront la faculté de donner ce secours soit sous forme de pension, soit par le placement chez des particuliers, soit par l'hospitalisation dans un établissement. La loi a, de plus, créé un hospice national dans lequel pourra être renvoyé, aux frais de sa commune, le vieillard vis-à-vis duquel celle-ci n'aura pas rempli son devoir d'assistance.

Enfin, pour les individus valides qui ne peuvent se procurer de travail, malgré leur bonne volonté, on a ouvert deux refuges, l'un pour les hommes, l'autre pour les femmes, où tous pourront trouver un abri temporaire, à la condition de travailler selon leur capacité. Ils y recevront une nourriture saine et suffisante pour refaire des tempéraments fatigués. La durée de leur séjour ne sera pas limitée; dès qu'ils se seront constitué un pécule suffisant pour parer à leurs premiers besoins [1], ils pourront réclamer leur sortie.

Les catégories intéressantes ainsi éliminées, il ne restait plus que le vagabond professionnel, le paresseux irréductible, pour lequel on voulait réserver toutes les sévérités de la loi. Mais comment obtenir cette répression sévère? Les juges belges se refusaient à appliquer à de simples mendiants, à des vagabonds qui n'avaient à leur charge aucune circonstance aggravante, des peines d'emprisonnement plus longues que celles qu'ils infligent à des voleurs; les courtes peines, même subies en cellules, ne produisaient aucun effet d'intimidation. Le nombre des condamnations s'était élevé de 3.461 en 1861 à 16.000 en 1890, et les chemineaux

---

1. Le montant de ce pécule est fixé par arrêté royal. Il est généralement de 15 francs.

étaient de plus en plus nombreux sur les routes du pays flamand.

Le législateur de 1891 prit alors une initiative hardie. Il considéra que le fait de tendre la main, quand on est sans ressources, ou celui de voyager sans argent dans la poche, ne sont pas, en eux-mêmes, des actes délictueux ; ce qui attire l'attention du législateur, c'est la crainte que ces faits ne couvrent, ne dissimulent des délits plus graves. C'est donc plutôt de l'administration que de la justice que relèvent les inculpés de cette catégorie. La conséquence fut le déclassement du délit, qui devint une simple contravention, justiciable du tribunal de police. Plus d'emprisonnement, par suite, mais la mise à la disposition du gouvernement pendant un temps assez prolongé pour faire réfléchir les plus endurcis ; la loi fixa de deux à sept ans les limites extrêmes de l'internement.

Pour l'exécution de cette pénalité, le ministre avait à sa disposition un personnel excellent, il faut le proclamer. Le juge de paix est véritablement le pivot de la loi. Après quelques hésitations au début, tous se sont mis résolument à l'œuvre et c'est à leur initiative intelligente qu'est dû certainement, pour la plus grande part, le succès de la législation nouvelle.

Il faut dire que cette magistrature est recrutée avec des garanties toutes spéciales en Belgique. Pour être nommé juge de paix, il faut être docteur en droit ; ces magistrats sont inamovibles, leur traitement est relativement élevé, et atteint 8.000 francs dans les villes. Depuis la loi de 1849, ils avaient déjà à réprimer tous les faits de vagabondage simple et connaissaient, par suite, le personnel qu'ils allaient avoir à juger. Enfin, on a mis à leur disposition un précieux moyen d'information par la constitution au ministère de la justice du casier central du vagabondage [1].

Tout individu qui s'est constitué volontairement [2] ou a été arrêté pour un des délits prévus par la loi de 1891 a son dossier; son état civil, ses antécédents, les condamnations qu'il a subies, y sont notés avec soin; on y mentionne également les divers séjours qu'il a pu faire dans les établissements de l'État (écoles de bienfaisance, refuge, dépôt), la date de sa sortie, le montant du pécule qu'il a touché, l'indication du lieu où il a déclaré vouloir se rendre. Ce casier est constamment tenu à jour par des employés spéciaux et, sur une simple demande télégraphique, ceux-ci transmettent au juge de paix, par la même voie, tous les renseignements relatifs à l'individu dont ce magistrat indique le nom et l'état civil.

Il nous est maintenant facile de comprendre comment les choses vont se passer, dans la pratique.

Lorsqu'un vagabond ou un mendiant est arrêté, il est immédiatement conduit devant le commissaire de police qui l'interroge. Procès-verbal est dressé de ses réponses, et un télégramme demande à Bruxelles l'extrait du casier central, qui est reçu quelques heures plus tard par la même voie. S'il y a des contradictions entre les déclarations de l'inculpé et les constatations du casier, on met un agent en campagne pour réunir des renseignements complémentaires.

1. Le casier central est postérieur à la loi, il a été constitué par un arrêté royal en janvier 1893.

On s'était contenté, d'abord, de communiquer aux juges de paix des relevés imprimés des condamnations pour mendicité ou vagabondage; l'expérience montra bien vite l'insuffisance de ce système.

2. Les individus sans ressources viennent souvent se constituer d'eux-mêmes, pour éviter l'envoi au dépôt de Merxplas. Ils sont dirigés sur le refuge de Wortel, à moins que le nombre et la nature de leurs condamnations antérieures ne prouvent qu'ils sont des professionnels du vagabondage.

6

Le lendemain matin, en ouvrant son audience, le juge de paix trouve un dossier préparé contenant le procès-verbal de l'agent qui a arrêté, l'interrogatoire, l'extrait du casier, les renseignements recueillis, les conclusions du commissaire de police siégeant comme ministère public. Le juge interroge lui-même l'inculpé, s'éclaire sur les points demeurés douteux. Il a donc tous les éléments pour rendre prompte et bonne justice. Cela est nécessaire, car la loi l'arme d'un pouvoir redoutable : il doit statuer dans les vingt-quatre heures[1], la décision est sans appel[2], et il peut envoyer le mendiant pour sept ans dans un établissement qui, pour n'être pas une prison, n'en a pas moins un caractère nettement répressif.

Cette solution rigoureuse ne sera, du reste, qu'une exception réservée aux véritables incorrigibles. La loi laisse au juge une grande latitude dans l'appréciation des faits et elle met à sa disposition toute une gamme de mesures prévoyant tous les cas possibles.

Il peut, d'abord, renvoyer des fins de la plainte l'individu vraiment intéressant; il pourra même lui donner un léger secours ou le rapatrier dans son village au moyen de fonds mis à sa disposition par les sociétés de patronage; c'est ce qu'on appelle la « caisse du magistrat ». M. Gallet, le regretté juge de paix d'Anvers qui a inauguré ce système, disait un jour à quelques étrangers présents à son audience que, sur dix-sept personnes ayant bénéficié d'une mesure de ce genre l'année précédente, deux seulement avaient été arrêtées de nouveau.

Le juge peut, en second lieu, appliquer les remèdes

---

1. Art. 7 de la Constitution belge.
2. Nous parlerons plus loin du recours administratif dont est susceptible la décision du juge de paix.

énumérés plus haut, envoyer les mineurs dans une école de bienfaisance, les vieillards à l'hospice de Hoogstraeten.

Il peut envoyer au refuge les gens qui manifestent de bons sentiments et prouvent avoir vraiment le désir du travail.

Enfin, pour ceux qui tombent sous le coup de la répression prévue par l'article 13, il a une grande liberté d'appréciation par suite de la latitude que lui a donnée la loi, en fixant la durée de la mise à la disposition depuis deux jusqu'à sept ans [1].

D'ailleurs, l'homme ou la femme, ainsi envoyés dans un dépôt de mendicité, n'ont pas la certitude d'y rester tout le temps prévu par le jugement. Ce n'est pas là ce séjour où on doit, en entrant, abandonner toute espérance. Il est fait une large application de la libération conditionnelle à tous les individus justifiant, par leur conduite, une mesure gracieuse. Ici nous voyons entrer en jeu les comités de patronage des vagabonds, dont nous avons à parler maintenant, car leur action bien-

1. Il est intéressant de reproduire textuellement les articles de la loi du 27 novembre 1891, qui visent l'application des peines. On remarquera que le législateur belge maintient une distinction entre les individus trouvés en état de vagabondage et les simples mendiants :

« Art. 8. — Tout individu trouvé en état de vagabondage sera arrêté et traduit devant le tribunal de police.

Sont assimilés aux vagabonds les souteneurs de filles publiques.

« Art. 9. — Tout individu trouvé mendiant pourra être arrêté et traduit devant le tribunal de police.

« Art. 13. — Ils (les juges de paix) mettent à la disposition du gouvernement, pour être enfermés dans un dépôt de mendicité pendant deux ans au moins et sept ans au plus, les individus valides qui, au lieu de demander au travail leurs moyens de subsistance, exploitent la charité, comme mendiants de profession ; les individus qui, par fainéantise, ivrognerie ou dérèglement de mœurs, vivent en état de vagabondage et les souteneurs de filles publiques.

« Art. 16. — Les juges de paix pourront mettre à la disposition du gouvernement, pour être internés dans une maison de refuge, les individus trouvés en état de vagabondage ou mendiant, sans aucune des circonstances mentionnées en l'article 13. »

faisante forme véritablement la contre-partie de la répression que nous venons d'exposer.

Le patronage des prisonniers libérés est remarquablement organisé en Belgique. Partout où il existe une prison, c'est-à-dire au chef-lieu des vingt-six arrondissements judiciaires du royaume, on trouve un comité dont les membres sont agréés par le gouvernement et qui touche un subside de l'État. Ces comités s'occupent à la fois des libérés adultes et des enfants mis à la disposition du gouvernement et placés au sortir des écoles de bienfaisance.

Mais il existe, en outre, une Société de patronage des mendiants et des vagabonds, fondée, en 1892, par M. van der Veken et présidée, depuis le décès de celui-ci, par M. Cools, sénateur d'Anvers. Cette société s'occupe spécialement des pensionnaires du refuge de Wortel et des internés de Merxplas. Un comité spécial, composé de douze membres, députe chaque semaine un de ceux-ci pour tenir une audience à Hoogstraeten-Wortel ; un autre se rend à Merxplas. Tout individu arrivant dans les divers établissements de bienfaisance en vertu d'une décision judiciaire est averti qu'il peut se pourvoir devant le comité, dans le cas où il croit avoir été puni à tort. En outre, tout interné a le droit d'adresser au comité une demande de libération provisoire, avec cette seule réserve que, en cas de rejet, une nouvelle demande ne pourra être produite avant l'expiration d'un délai de trois mois.

Les demandes sont remises à un secrétaire rétribué, qui demeure à la colonie, et prépare le dossier, en y joignant l'extrait du casier judiciaire de Bruxelles. Le mardi suivant, le visiteur prend connaissance du dossier, interroge le postulant, et transmet ses propositions au ministre de la justice, qui statue sur la demande. Nous devons dire, à l'honneur du patronage, que les propositions des visiteurs sont très généralement confirmées [1].

La partie la plus délicate de l'œuvre de patronage consiste dans le redressement d'erreurs de classification, inévitables avec l'obligation dans laquelle se trouve le juge de statuer dans un délai très limité. Hâtons-nous de reconnaître que le nombre des cas de ce genre diminue à mesure que les juges de paix se familiarisent avec l'application de la loi. Quand un individu envoyé au dépôt eût dû être placé au refuge, le comité le propose pour une mesure gracieuse qui remet les choses en état. La solution est plus délicate quand un individu placé au refuge eût mérité le dépôt; la loi s'oppose à une aggravation arbitraire de la peine prononcée par le juge. On recourt alors généralement à une solution qu'un mathématicien qualifierait d' « élégante » : on propose pour la grâce l'homme dont la présence au refuge est considérée comme fâcheuse. On en débarrasse la maison, car on est sûr qu'il se fera reprendre à bref délai. Une note inscrite au casier central avertira alors le juge d'éviter une seconde méprise.

Une société de patronage analogue, composée de dames et présidée par Mme la baronne van Caloen, fonctionne à Bruges, et s'occupe des femme et filles détenues au refuge et au dépôt de mendicité établis dans cette ville depuis 1891.

L'action des membres visiteurs a pour complément celle des comités de placement qui siègent aux chefs-lieux d'arrondissement et comptent des sous-comités ou, au moins, des correspondants dans toutes les com-

1. La moitié environ des demandes adressées au comité donne lieu à une mesure gracieuse. Le nombre des demandes a été de 2.962 en 1893, 1.482 ont été admises, dont 847 du dépôt et 635 du refuge.

munes de quelque importance [1]. Ces divers organes se chargent de contrôler dans leur rayon les déclarations des patronnés, de faire les démarches indiquées près de la famille, des anciens patrons, des industriels pouvant occuper le libéré; ils sont certainement les agents les plus actifs du reclassement de ces malheureux et on ne saurait trop louer leur action bienfaisante.

En résumé, le système de répression établi par la loi du 27 novembre 1891 consiste à prononcer l'internement des mendiants et vagabonds d'habitude pour une longue durée, qui a un effet d'intimidation considérable, mais en tempérant ce que cette durée pourrait avoir d'excessif par une large application de la libération conditionnelle, toutes les fois que l'internement ne paraîtra plus nécessaire.

Les chiffres fournis par les statistiques officielles montreront mieux que tous les commentaires quelle a été l'efficacité de ce système [2].

En 1890, la population des divers dépôts provinciaux était de 5.000 âmes. Le nombre des condamnations pour vagabondage ou mendicité prononcées dans l'année s'élevait à 16.500, s'appliquant à 8.800 individus. Certains d'entre eux avaient encouru jusqu'à cinq condamnations dans le cours de l'année !

En 1894, date du premier rapport triennal, la population de Wortel-Merxplas s'élève à 6.900 âmes. L'augmentation était inévitable en raison de la longue durée des internements prononcés depuis 1892. Mais le nombre des condamnations tombe à 9.000 et celui des individus condamnés à 7.600.

---

1. *Tous les juges de paix* ont accepté, dès le début, d'être les correspondants de la Société de patronage des mendiants et vagabonds.

2. Aux termes de l'article 40 de la loi du 27 novembre 1891, le ministre de la justice doit présenter tous les trois ans un rapport sur l'exécution de la loi.

En 1897, la population n'est plus que de 5.800, nous sommes presque revenus au chiffre du début. Le nombre des condamnations est de 7.000, s'appliquant à 6.000 individus.

Par conséquent, en cinq ans, le nombre des vagabonds a diminué de 25 p. 100 et la circulation des vagabonds de 60 p. 100.

M. Batardy, chef de division au ministère de la justice, pouvait dire avec une légitime fierté au troisième Congrès international du patronage des libérés réuni à Anvers, en juin 1898 : « Le chemineau a disparu en Belgique. »

Ce résultat remarquable est dû à l'action combinée d'une législation indulgente aux malheureux et sévère aux coupables, d'une magistrature qui se montre à la hauteur de sa tâche, d'un patronage admirablement organisé.

CHAPITRE V

I. — Nous avons vu que, à la veille de la Révolution, une expérience quatre fois séculaire avait conduit à déterminer trois catégories de mendiants; le roi Louis XVI nous les a énumérées dans le curieux document dont nous avons reproduit un extrait.

Cette classification a survécu à l'ancien régime et nous la retrouverons dans les travaux les plus récents [1]; nous l'adopterons à notre tour pour l'étude des diverses institutions françaises à laquelle il nous reste à procéder.

Nous examinerons donc successivement :

1° Les indigents qui ne peuvent pas travailler, soit parce que leurs forces n'ont pas atteint leur plein développement (enfants), soit parce que l'âge ou les infirmités les ont déjà diminuées (vieillards ou incurables);

2° Ceux qui, pouvant et voulant travailler, n'ont pas l'occasion d'utiliser leurs forces, faute d'un emploi (chômeurs involontaires) ;

3° Ceux qui, pouvant travailler, refusent le travail qui leur est offert et préfèrent vivre d'expédients (mendiants professionnels).

1. Elle a été sanctionnée par un vote du 5° Congrès pénitentiaire international réuni à Paris en 1885, qui a traité à fond la question de la répression du vagabondage. (*Actes du Congrès, séances*, tome VI, p. 509.)

On voit de suite que les deux premières catégories se composent de gens intéressants, victimes de leur faiblesse ou de circonstances défavorables, auxquels il convient d'appliquer des mesures de protection destinées à les préserver du dénûment.

La dernière comprend, au contraire, les individus absolument rebelles à l'obligation du travail, qui méritent les sévérités de la loi répressive.

II. — Le siècle dernier a été justement fier du merveilleux essor économique qui a été la conséquence de l'emploi de la houille, de l'application de la vapeur à l'industrie, de l'invention des machines ; cette prospérité a eu malheureusement trop souvent pour conséquence la désorganisation de la famille ouvrière. Le travailleur a dû abandonner le village où il exerçait son métier, logé dans une maison à lui, entouré des siens, pour venir habiter de grandes bâtisses hâtivement élevées à proximité des usines où de puissants moteurs distribuent la force à tous les métiers. Dès le matin, le père d'un côté, la mère de l'autre, gagnent l'atelier, laissant leurs enfants livrés par tout le jour à la promiscuité des paliers ou des cours communes. De là, il est facile de gagner la rue, où tout excite la curiosité de ces innocents, où les devantures débordant sur les trottoirs font surgir à chaque pas des tentations nouvelles. Il suffira parfois du mauvais conseil d'un camarade plus âgé pour vaincre la résistance d'une volonté trop faible ; un premier larcin passant inaperçu, un plus grave sera bientôt tenté, et l'enfant peut se trouver ainsi engagé, presque sans s'en douter, sur la voie qui le mène au délit, à la prison [1].

1. Cf. Adolphe GUILLOT, *Paris qui souffre, les Prisons de Paris et les prisonniers*, 1 vol. in-8°, Paris, 1890. — Henri JOLY, *le Crime, le Combat contre le crime, la France criminelle*, 3 vol. in-12, Paris, s. d. — Jean

Le vagabondage de l'enfant est, on l'a dit, l'école primaire du délit; et c'est parce que les dangers auxquels il expose sont particulièrement graves dans les villes, que l'on compte dans les maisons de correction quatre enfants de provenance urbaine contre un seul élevé à la campagne.

On doit donc considérer comme un immense bienfait pour la classe ouvrière la multiplication des établissements de toute nature destinés à recevoir l'enfant pendant l'absence de ses parents : crèches, écoles maternelles, écoles primaires. La loi du 28 mars 1882, qui a imposé l'obligation de fréquenter l'école à tous les enfants de sept à treize ans, constitue pour ceux-ci une mesure de protection contre l'indifférence ou la négligence de leurs parents.

La mise en vigueur de cette disposition exigeait un grand effort, car il fallait à la fois plus d'écoles et plus de maîtres pour instruire ce contingent nouveau resté jusque-là en dehors de l'école. Le concours de tous y eût été nécessaire. On compliqua malheureusement la question en décidant non pas seulement la création d'école neutres où les enfants pourraient recevoir un enseignement dégagé des idées catholiques, si leurs parents le désiraient, mais la laïcisation obligatoire et complète de toutes les écoles publiques. C'était se priver volontairement du concours de cette foule de congréganistes des deux sexes qui, depuis saint Jean-Baptiste de la Salle et Madeleine l'Huillier, ont créé et développé en France les meilleures méthodes d'enseignement populaire.

Cette mesure eut pour conséquence la construction de nombreuses écoles, et la formation hâtive d'un per-

Hélie, *le Vagabondage des mineurs*, 1 vol. in-8°, Mayenne, 1899. — H. Rollet et Guy Tomel, *les Enfants en prison*, 1 vol. in-18, Paris, 1892.

sonnel nouveau [1]. Les dépenses de construction ont lourdement grevé les budgets des communes et de l'État, et le personnel nouveau, insuffisamment préparé à sa tâche, obéissant parfois à des préoccupations étrangères à l'enseignement, a souvent fait regretter l'ancien.

Malgré tant d'efforts et de dépenses, on n'arriva cependant pas à assurer la complète exécution de la loi. Douze ans après sa promulgation, un juge très compétent constatait qu'à Paris plus de 6.000 enfants ne pouvaient trouver place dans les écoles publiques [2]. Sur 225.000 enfants d'âge scolaire, 20.000 environ ne recevaient pas d'instruction [3], et, pour toute la France, le rapport entre les enfants inscrits et ceux qui sont réellement assidus est d'environ 89 p. 100. Sur

1. Nous devons à l'obligeance de M. Alfred des Cilleuls, dont on connaît la compétence en matière d'enseignement primaire, la communication des intéressants renseignements statistiques suivants.

Les dépenses de constructions scolaires ont été effectuées sous deux régimes successifs :

1° Lois des 1er juin 1878, 3 juillet 1880, 20 mars 1883 et 30 janvier 1884 (caisses spéciales, subventions et avances de l'État, emprunts des communes).

2° Loi du 20 juin 1895 (subventions au tarif, par unité scolaire).

Voici comment les dépenses se sont réparties :

	1re période.	2e période.	Totaux.
État	178.333.333 fr.	84.877.346 fr.	263.210.679 fr.
Départements et communes.	245.557.052 »	128.044.413 »	373.601.465 »
	423.890.385 »	212.921.759 »	636.812.144 »

Voici maintenant les chiffres du budget de l'instruction primaire en 1882 et 1896, relevés dans la statistique officielle :

	1882	1896
État	79.680.772 fr. 74	131.000.859 fr. 42
Départements et communes	34.684.162 » 15	65.923.918 » 84
	114.373.934 » 89	196.924.778 » 26

L'augmentation est de 82.550.843 fr., soit 72 p. 100.

2. M. J. Gaufrès, conseiller municipal de Paris. (*Revue pénitentiaire*, 1894, p. 156.)

3. Séance du conseil municipal de Paris du 14 décembre 1896.

5.545.000 élèves, c'est donc tout près de 600.000 qui échappent au principe de l'obligation [1].

La loi de 1882 avait pourtant organisé une sanction à l'obligation : elle prévoit dans ses art. 12 à 14 toute une échelle de peines contre les parents récalcitrants, admonestation, affichage des noms à la porte de la mairie, condamnation à l'amende et même à la prison par le juge de paix. Mais comment appliquer rigoureusement ces sanctions quand l'école n'est pas en état de recevoir tous les contrevenants? On avait eu, d'ailleurs, le tort de faire prédominer dans la commission scolaire l'élément élu et l'on sait que, dans notre pays et à tous les degrés, la crainte de l'électeur est loin d'être pour les élus le commencement de la sagesse.

Si les passions politiques n'avaient pas pris la haute main dans la solution de questions auxquelles elles n'ont rien à voir, il eût été facile de profiter de l'expérience d'un pays voisin pour éviter ces divers écueils. En 1870, l'Angleterre a établi l'obligation de l'enseignement, elle y a ajouté en 1876 la neutralité confessionnelle dans les écoles publiques; mais elle n'a pas repoussé pour cela le concours des écoles privées fondées par les diverses associations religieuses pour leurs adhérents; elle les a au contraire sollicitées et encouragées en allouant des subventions à toute école libre qui accepte ses programmes et le contrôle de ses inspecteurs.

Quant à la fréquentation de l'école, elle est contrôlée dans ce pays par une commission nommée par le bureau scolaire, en dehors de toute influence politique; les commissaires inspectent fréquemment l'école, se font présenter les listes de présence, vont voir à domicile

---

1. *Revue pénitentiaire*, 1897, p. 710.

les parents des enfants absents. Si leurs observations n'amènent pas de résultat, le juge de paix intervient efficacement et prononce le renvoi de l'enfant pendant un certain temps dans une des écoles de punition dont nous avons parlé plus haut (p. 63). Aujourd'hui, à Londres, il est rare qu'un simple avertissement ne suffise pas pour rappeler à son devoir un ouvrier menant une vie régulière. On ne trouve guère dans les écoles de punition que les enfants d'ivrognes et de déclassés.

Nous n'avons pas d'institution de ce genre en France, et c'est une des causes pour lesquelles le vagabondage de l'enfance se perpétue dans nos grandes villes, en dépit de la loi de 1882. L'écolier assidu n'en est même pas toujours préservé; l'école ferme à quatre heures, laissant généralement trois heures de liberté jusqu'au moment où les parents rentrent de leur travail. De plus, par suite de la volonté bien arrêtée de ne pas permettre à un ministre du culte de pénétrer dans l'école, l'art. 2 de la loi de 1882 a décidé que la journée du jeudi serait laissée libre pour que les enfants puissent suivre les cours religieux, si leurs parents le désirent. Mais le catéchisme dure une heure ou deux; que fera l'enfant le reste du jour? Je ne parle pas du dimanche que l'enfant peut, à la rigueur, passer avec ses parents.

De louables efforts ont été faits sur divers points pour remédier à ces dangers souvent signalés; il suffirait de les généraliser pour apporter au mal une atténuation sérieuse. On a créé dans beaucoup d'écoles des *classes de garde* où les enfants peuvent travailler après la classe sous la surveillance d'un maître. Des *cantines scolaires*, créées et entretenues par les caisses des écoles, leur assurent un repas sain pour un prix dérisoire, quand il n'est pas gratuit. On a même créé des *cours de vacances* pour les enfants sans surveillance pendant les deux mois de repos annuel, et des comités de *colonies scolaires* se sont constitués pour envoyer à la campagne ou au bord de la mer les enfants particulièrement délicats.

En outre, des *patronages* recueillent les jeunes écoliers pendant les jours de congé. Le premier a été fondé à Marseille il y a plus d'un siècle par l'abbé Allemand. D'autres œuvres analogues se sont constituées depuis lors dans toute la France [1]; le matin, on conduit les enfants au catéchisme, on leur organise des jeux ou des promenades pour le reste du jour. Depuis sept ou huit ans, grâce surtout à l'active propagande poursuivie par M. l'inspecteur général Édouard Petit, un grand nombre de patronages laïques se sont également constitués [2]. Des caisses d'épargne, des mutualités scolaires, des associations d'anciens élèves se sont greffées sur ces diverses institutions, congréganistes ou laïques, et habituent l'enfant à la prévoyance et à l'épargne.

1. La Commission centrale des Patronages et des Œuvres de jeunesse a procédé à une vaste enquête à l'occasion de l'Exposition universelle de 1900. Cette enquête a révélé l'existence de 2.351 patronages de garçons et 1.817 patronages de jeunes filles, auxquels s'ajoutent 32.674 catéchismes de persévérance et œuvres diverses.

Il résulte des graphiques exposés que 14 p. 100 des patronages de garçons et 5 p. 100 des patronages de filles possèdent des institutions économiques (caisses d'épargne, secours mutuels). Des cours professionnels ont été institués dans 37 p. 100 des patronages de garçons et 23 p. 100 des patronages de filles.

(Étienne VÉDIE, *L'Église et les œuvres sociales en 1900.* — Paris, Poussielgue, 1901.)

2. Les premiers patronages laïques datent de 1895. Ils sont au nombre de 1.276 en 1900-1901. Il existe, en outre, 5.344 associations d'anciens et d'anciennes élèves.

Dans ces 6.600 groupements fonctionnent 2.017 sociétés de mutualité scolaire comprenant 500.000 enfants qui ont économisé près de trois millions.

(Rapport de M. Édouard PETIT sur *l'Éducation populaire en 1900-1901.* — *Journal officiel* du 19 août 1901.)

Ces œuvres ont été étendues aux jeunes gens qui ont dépassé l'âge scolaire et auxquels elles sont peut-être plus indispensables encore depuis que s'accentue de plus en plus la décadence de l'apprentissage.

Jadis l'ouvrier considérait comme un devoir d'assurer à ses enfants la possession d'un état; il lui semblait rembourser ainsi l'avance qu'il avait lui-même reçue de son père. Chez son patron, l'enfant n'apprenait pas seulement toutes les parties du métier, de manière à passer facilement de l'une à l'autre; il vivait de la vie ouvrière, il s'habituait à aimer la profession choisie, il recevait une formation morale, parfois un peu primitive, suffisante cependant pour le mettre à l'abri des tentations les plus grossières [1].

Mais la transformation économique que nous avons déjà signalée a substitué au petit atelier un atelier plus grand et de plus en plus spécialisé; tel fabricant, au lieu de faire une montre, ne fera plus que les roues, les aiguilles, les ressorts ou le boîtier. Comment former dans ces conditions un ouvrier complet? En outre, le patron se soucie de moins en moins de prendre chez lui un enfant étranger. Il ne veut plus le recevoir qu'à l'atelier, pendant les heures de travail, sans se préoccuper de sa conduite au dehors ou de ses idées.

On a cherché à remédier à cette situation en créant des *Écoles manuelles d'apprentissage* (loi du 11 décembre 1880), puis des *Écoles pratiques du commerce et de l'industrie* (décret du 22 février 1893) rattachées les unes et les autres au ministère du commerce, mieux placé pour organiser l'enseignement technique [2].

1. Le contrat d'apprentissage est réglé par la loi du 4 mars 1851, toujours en vigueur, et dont les dispositions sont excellentes.

2. Un groupe de dames catholiques a constitué, dès 1867, à Paris, des écoles professionnelles de jeunes filles. L'œuvre ainsi fondée, long-

Ces écoles sont gratuites. Les élèves y entrent à treize ans, munis de leur certificat d'études. Ils y reçoivent un enseignement primaire complémentaire en même temps qu'un enseignement à la fois commercial et industriel.

La ville de Paris a fait de grands sacrifices pour le développement de son enseignement technique pour les deux sexes. Malgré les subventions de l'État, ces institutions se sont peu développées en dehors des grandes villes. Par suite de leur organisation, elles ne sont guère accessibles qu'à une élite de la classe ouvrière ; élite qui a conscience de sa supériorité et chez laquelle on constate à l'occasion une certaine suffisance. Il ne faut pas beaucoup de déceptions pour que la disproportion entre les prétentions et les moyens fasse bien vite des déclassés [1].

L'enfant de treize ans reste donc fréquemment bien embarrassé quand il s'agit de choisir un état. Le père, absorbé par le labeur quotidien, le laisse volontiers « se débrouiller » ; souvent aussi la mère rêve d'un gain immédiat qui amènerait un peu d'aisance à la maison. A combien d'entre elles le costume bleu du petit télégraphiste à deux francs par jour n'est-il pas apparu comme la position idéale à chercher pour leur fils, au sortir de l'école ? C'est le rôle du patronage d'intervenir auprès des parents pour leur faire comprendre tous les dangers d'une profession qui constitue

temps présidée par Mme Dufaure, entretient actuellement 22 écoles fréquentées par 1.500 élèves.

Il existe en outre, à Paris, 15 écoles laïques libres, avec un caractère confessionnel plus ou moins accusé, et qui ont 975 élèves.

Les écoles municipales de filles sont au nombre de 6 avec 1.444 élèves. Il existe également sept écoles municipales professionnelles pour les garçons.

1. Voir à ce sujet l'excellent ouvrage de M. l'abbé MILLOT : *Que faut-il faire pour le peuple ?* 1 vol. in-12, 1901, p. 316 et suiv.

une invitation forcée à tous les vices d'une grande ville, à suggérer le métier qui convient aux facultés de l'enfant, à trouver le patron qui se chargera de lui et présente des garanties sérieuses de moralité [1]. Le dimanche, l'apprenti trouvera au patronage un conseiller et un confident de ses déboires, des amis avec lesquels il se sentira en communauté d'idées, des exercices gymnastiques, une bibliothèque, un théâtre sur lequel on organisera des représentations dramatiques. Il n'aura pas ce sentiment amer d'isolement dans la vie auquel les meilleures volontés ne résistent pas.

On comprend que cette œuvre, si précieuse pour les jeunes gens, est plus nécessaire encore pour les jeunes filles. « A quinze ans, la jeune ouvrière parisienne sait qu'elle peut aimer, mais elle n'a pas encore assez d'expérience pour croire que l'on puisse se jouer de son affection. Elle croira aux promesses d'un séducteur si elle n'a personne à qui confier naïvement des projets qui, au début, lui paraissent bien légitimes [2]. »

Celles qui ont été les éducatrices dévouées de ces enfants ne pouvaient les laisser exposées à de tels dangers. Depuis longtemps, toutes les écoles congréganistes de jeunes filles sont doublées par un patronage d'anciennes élèves, organisé par les sœurs ; d'autres ont été fondés spécialement pour les enfants fréquentant les écoles laïques et sont dirigés par des dames patronnesses. L'œuvre des *Patronages des jeunes ouvrières de Paris,* fondée en 1847, et présidée pendant quarante ans par Mme la baronne de Ladoucette, comprend à elle seule 176 patronages groupant cha-

1. M. Jean HÉLIE, qui a personnellement pratiqué le patronage pendant plusieurs années, a écrit des pages charmantes sur le rôle social et éducateur de cette institution. (*Op. cit.,* p. 68-71.)

2. Marc RÉVILLE, *La prostitution des mineures selon la loi pénale.* (*Revue pénitentiaire,* 1896, p. 538.)

que semaine 26.000 jeunes filles de la classe laborieuse.

Depuis 1895, un nombre important d'œuvres laïques a été créé dans un but analogue sous la direction d'institutrices ou de dames du monde. Nous ne pouvons en préciser le nombre, car le rapport de M. Petit réunit en un seul chiffre les patronages de filles avec ceux de garçons. Du reste, dans les œuvres non confessionnelles, le patronage est plutôt réservé à l'enfance, tandis que les jeunes filles se groupent de préférence dans les associations d'anciennes élèves, dites « Petites A ».

Enfin on a voulu assurer une demeure décente à la jeune ouvrière sans famille devant laquelle se ferment souvent les portes des garnis [1]. En 1864, les religieuses de Marie-Auxiliatrice ouvraient à Toulouse une première maison de famille, bientôt suivie de deux autres à Lyon et Paris. Les sœurs Dominicaines de la Présentation de Tours ont également fondé des maisons de famille en province, et les Filles de la Charité de Saint-Vincent de Paul logent leurs anciennes élèves travaillant en ville dans des « Bonnes gardes ». A Paris, un comité de dames a organisé une Maison de famille, rue de l'Université, 129 ; deux autres ont été créées par le *Syndicat de l'aiguille* et, en plein quartier des Archives, rue du Parc-Royal, le *Cercle Amicitia* groupe tout un ensemble d'œuvres à l'intention des jeunes filles : restaurant, maison de famille, cercle, bibliothèque. Au mois d'octobre 1901, l'Armée du Salut a ouvert, rue Fontaine-au-Roi, 10, une Hôtellerie populaire pour femmes, des mieux organi-

---

1. M. Georges Picot a exposé avec son talent et sa chaleur de cœur habituels les résultats d'une enquête sur le logement de l'ouvrière dans une communication à la Société d'Économie sociale. Il a constaté que le plus grand nombre des logeurs en garni refuse de recevoir les jeunes filles annonçant l'intention de vivre seules de leur travail. (*Réforme sociale*, 1901, t. II, p. 57 et 145.)

sées, comprenant 234 lits. En ce moment même, la
Société philanthropique construit à Montmartre un
vaste immeuble réservé spécialement aux jeunes ouvrières, qui sera administré sur le modèle du célèbre
« Poor Man's Hotel », fondé à Londres par lord
Rowton, un philanthrope qui, en créant une bonne
œuvre, a organisé par surcroît une bonne affaire.
Ses maisons rapportent 5 p. 100 et les revenus capi-
talisés servent à en augmenter le nombre. Souhaitons
pour les petites parisiennes que la Société philanthropique ait pareil succès !

Deux enquêteurs particulièrement informés[1] nous
ont dit jadis les souffrances de ces « petites mains »,
obligées de vivre avec des salaires de famine, dimi-
nués encore par de périodiques chômages. A chaque
pas, cette jeune fille qui souffre de la faim et de l'i-
solement voit le vice fêté, adulé, vivant largement, et
son miroir lui dit chaque matin qu'il ne tiendrait qu'à
elle d'avoir aussi des robes de soie, une voiture peut-
être... Viennent alors les conversations de camarades,
les prédications d'amour libre, les occasions perpé-
tuelles que présentent les rencontres des rues ou les
promiscuités des paliers. Quand on songe à tant de
dangers, on n'est plus surpris que beaucoup succom-
bent, on serait plutôt tenté de s'étonner que certaines
aient assez d'héroïsme pour arriver au moment où un
salaire meilleur leur assure l'indépendance, en attendant le jour où le mariage leur donnera un foyer respecté.

III. — Cette dernière catégorie d'institutions nous a
conduits aux confins de l'âge adulte. Si nous considérons
uniquement les œuvres de jeunesse, nous constatons

---

1. Charles Benoist, *Les Ouvrières de l'aiguille à Paris*, 1 vol., Paris,
1895. — Comte d'Haussonville, *Misères et salaires de femmes*, 1 vol., Paris,
1900.

quc, quel que soit le zèle avec lequel on travaille, dans tous les milieux, à les multiplier, ces créations demeureront toujours, en fait, le privilège d'une élite. Ceux qui en profiteront, ce seront surtout les enfants élevés par des parents sérieux, laborieux, ceux qui, par conséquent, ont une famille et un foyer; on verra au contraire échapper à leur action ceux qui en auraient le plus grand besoin, soit parce qu'ils n'ont jamais eu de famille, soit parce que la mort a détruit leur foyer, soit enfin parce que leurs parents sont tels qu'il vaudrait mieux pour eux n'en pas avoir.

On s'occupa tout d'abord des enfants sans famille, dont la misère saute aux yeux, et c'est à leur intention que le principe de l'assistance obligatoire est introduit pour la première fois dans la législation de l'an V [1]. Le décret du 19 janvier 1811 déclare que la charité publique pourvoira à l'éducation de trois catégories d'enfants : 1° les enfants trouvés; 2° les enfants abandonnés; 3° les enfants orphelins. Chaque arrondissement devra avoir un hospice dépositaire muni d'un tour; les enfants mâles en état de servir seront mis à la disposition du ministre de la marine [2]. Les autres enfants seront élevés à la campagne chez des nourriciers jusqu'à l'âge de douze ans, pour être ensuite placés en apprentissage. Aucune admission ne pourra être prononcée au delà de cet âge.

L'abandon matériel complet était donc la condition absolue du secours. La Restauration, toujours éco-

---

1. Cf. Léon LALLEMAND, *Histoire des enfants abandonnés et délaissés*, Paris, 1885. — Henri MONOD, *Les enfants assistés* (Publications du conseil supérieur de l'Assistance publique, n° 48). — *Rapport sur le service des enfants assistés et moralement abandonnés de la Seine pendant l'année 1900*, Montevrain, 1901.

2. Cette disposition ne fut jamais mise en vigueur, par suite de la résistance de l'administration de la Marine.

nome des deniers publics, s'efforça de restreindre le
plus possible les admissions [1] et mit à la charge des
départements les dépenses dites extérieures. En 1819,
des agents sédentaires furent chargés de veiller sur les
enfants placés qu'ils devaient visiter quatre fois par an.
Bientôt les inconvénients constatés par l'expérience
amenèrent l'abandon progressif des tours qui, de 251
en 1833, tombèrent à 64 en 1852 pour disparaître complètement vers 1870. En même temps diminuait le
nombre des abandons qui, de 130.000 en 1833, descend
à 91.000 en 1859.

Aujourd'hui tout enfant abandonné est reçu à bureau
ouvert; la personne qui le dépose peut s'abstenir de répondre aux renseignements qui lui sont demandés dans
l'intérêt de l'enfant. Dans le but de restreindre le nombre des abandons, des secours temporaires sont accor-
dés à la mère qui consent à élever son enfant. Peut-être
même y a-t-il lieu de se préoccuper de la facilité avec
laquelle la population peu aisée des grandes villes réclame ce concours; à Paris, l'administration a reçu, en
1900, 52.703 demandes de secours contre 29.560 en
1895. On tend aussi trop souvent à laisser l'enfant à
la mère naturelle sans se préoccuper suffisamment de
la moralité de celle-ci; la dépense est moindre, mais
l'intérêt de l'enfant est sacrifié. Nous remarquons encore qu'à Paris, où le service est très largement organisé, on a accordé en 1900 [2] 18.318 allocations de secours temporaires tandis que 5.090 enfants seulement
ont été admis dans les services.

Les enfants admis ne séjournent pas dans les hospi-

1. On peut dire que la célèbre circulaire du ministre de l'intérieur,
M. de Corbière, en date du 21 juillet 1827, a dépassé la mesure en sa-
crifiant l'intérêt des enfants à la question budgétaire.

2. Huit consultations de nourrissons avec distribution de lait stérilisé
fonctionnent en outre sur divers points de la capitale.

ces ; ils sont immédiatement pourvus d'une nourrice et dirigés sur l'agence de province qui a fourni la nourrice. Ces agences sont présentement au nombre de 43. Une fois sevrés, les enfants demeurent chez leurs nourriciers auxquels l'administration paie une pension décroissante jusqu'à ce que le pupille atteigne treize ans. A cet âge il est placé de préférence dans les professions agricoles et, à conditions égales, chez son nourricier. Les gages sont ceux des ouvriers et domestiques du même âge dans le pays. Une partie du salaire est remise au pupille, le surplus est placé à la caisse d'épargne par les soins du directeur de l'agence [1].

On ne peut que se féliciter d'une manière de procéder qui a maintenant pour elle une expérience d'un siècle et demi [2]. L'enfant dépaysé dès le berceau ne connaît que le pays et la famille où il a grandi, il en prend les habitudes et les goûts. Telle partie de la Nièvre ou de l'Allier doit une notable portion de sa population aux petits Parisiens, tandis que Lyon et Marseille rendent le même service à l'Ardèche. Il y a là un contre-courant qui compense pour une petite part l'afflux des campagnes vers les villes. Ce genre de placement est le meilleur, parce qu'il met l'enfant dans les conditions

1. Au 31 décembre 1897, 3.242 pupilles possédaient des livrets dont le total était de 4.707.870 fr. 36. En 1871, plusieurs inspecteurs ont pris part, avec les fonds de leurs pupilles et au nom de ceux-ci, à l'emprunt national pour la libération du territoire. (H. MONOD, *op. cit.*, p. LXXI.)

2. C'est en 1761 que le système des placements à la campagne fut inauguré par l'Hôpital-Général, auquel le service des enfants-trouvés avait été rattaché par un édit de 1670.

Le Conseil général de la Seine a toutefois créé un certain nombre d'écoles industrielles qui reçoivent environ 550 enfants.

Elles sont au nombre de quatre pour les garçons : École d'Alembert à Montevrain (S.-et-M.) (ébénisterie et typographie, 100 places); École Le Nôtre à Villepreux (S.-et-O.) (jardinage, 50 places); École maritime de Port-Hallan à Belle-Isle-en-Mer (50 places); École Roudil à Ben-Chicao (Algérie) (agriculture, 14 places).

Une école professionnelle et ménagère pour les filles a été ouverte à Yzeure près Moulins (300 places).

normales de l'existence en famille, bien préférable au milieu factice du pensionnat; il est en même temps infiniment moins coûteux que celui-ci qui a pourtant conservé les préférences de la charité privée [1] par suite d'une tradition séculaire.

Il est cependant une catégorie d'enfants auxquels ce placement ne peut suffire; natures instables, caractères volontaires, ces pupilles se sauvent de la maison où ils sont placés ou s'en font renvoyer pour leur insubordination. A ces victimes de l'atavisme il faut le régime régulier et la discipline de la pension, prolongés pendant plusieurs années; il faut l'école de préservation pour les empêcher de tourner mal.

On a pourvu pendant longtemps à ces besoins par l'entente avec des œuvres privées. Les filles étaient confiées aux Maisons du Bon-Pasteur ou refuges qui existent dans 80 villes de France [2], les garçons aux orphelinats créés par les religieux cisterciens à Cîteaux et à Brignais (Rhône). Mais on sait que depuis vingt-cinq ans un grand nombre de conseils généraux, et notamment celui de la Seine, écartent systématiquement le concours de tout établissement ayant un caractère religieux : la création d'écoles spéciales au service des

1. L'enquête parlementaire entreprise en 1882 sur l'initiative de M. Théophile ROUSSEL, a révélé l'existence de 1.116 établissements environ destinés à recevoir des enfants; 400 étaient des établissements publics, pour la plupart des orphelinats d'hospice à effectif restreint, et 716 des établissements privés, le plus souvent congréganistes. Il convient d'ajouter que les quatre cinquièmes environ de ces orphelinats sont destinés aux filles, dont le placement dans les familles présente des difficultés plus grandes que celui des garçons.

2. La congrégation du Bon-Pasteur d'Angers groupe sous sa direction 220 maisons renfermant une population de 47.385 assistées, dont 19.039 madeleines et repenties, 23.506 préservées, 2.341 prisonnières et enfants en correction, 1.732 pensionnaires payantes. On compte en France 39 de ces maisons. Il y a en outre des œuvres indépendantes à Paris, Besançon, etc., et des refuges qui ne portent pas le nom de Bon-Pasteur. (Henri JOLY, Les maisons du Bon-Pasteur, *Réforme sociale*, 1901, t. II, p. 287.)

enfants assistés s'imposa donc à la suite de ces constatations.

L'organisation de ces écoles est prévue par le projet de loi sur la réorganisation du service des enfants assistés déposé au Sénat le 18 février 1892. Les art. 26 et 27 de ce projet désignent deux catégories d'enfants qui doivent être exclus du placement familial :

1° Les *vicieux*, qui par des actes d'immoralité, d'improbité ou de cruauté, donnent des sujets de mécontentement grave ;

2° Les *difficiles*, qui à raison de leurs défauts de caractère ne sauraient être confiés à une famille.

Ces enfants doivent être placés dans des écoles dites de préservation pour la seconde catégorie, de réforme pour la première ; il est nécessaire de les isoler les uns des autres pour que les vicieux ne gâtent pas les difficiles ; mais une école de chaque sorte peut suffire pour plusieurs départements, si ceux-ci concluent une entente analogue à celles qui sont en vigueur pour certains asiles d'aliénés ou pour les dépôts de mendicité, sur la base d'un prix de journée [1].

Sans attendre le vote de la loi, trois départements ont créé spontanément des établissements de ce genre.

La Seine a pris l'initiative par l'organisation de l'école maritime de Port-Hallan, à Belle-Isle-en-Mer (Morbihan), où sont élevés 50 garçons. Une école de réforme a été installée pour les filles à la Salpêtrière, avec 46 places. A la session de juillet 1901, le conseil général de la Seine a été saisi d'un projet d'affectation de l'ancien établissement de Moisselles à l'usage d'école

---

1. Voir la discussion qui a eu lieu au sujet de ces établissements au Congrès International d'Assistance publique et de Bienfaisance privée, à l'occasion d'un rapport très documenté présenté par M. le sénateur Strauss. (*Actes du Congrès*, 1900, t. II, p. 1-23.)

d'observation pour le service des enfants moralement abandonnés [1]. A la session de décembre 1901, le conseil général a décidé la transformation de l'École Lepelletier de Saint-Fargeau à Montesson (Seine-et-Oise). Cet établissement départemental cessera d'être une colonie pénitentiaire pour devenir une institution de préservation sous le nom d'*École Théophile-Roussel*. On y recevra : 1° les jeunes indisciplinés des écoles primaires ou de l'Assistance publique confiés volontairement à l'école par leurs parents ou tuteurs; 2° les enfants remis par les juges d'instruction ou les tribunaux en vertu de la loi de 1898; 3° les enfants détenus par voie de correction paternelle.

De son côté, la Seine-Inférieure a créé deux écoles de préservation : l'une à Melleville (31 enfants), l'autre à Aumale (170). La première sera prochainement supprimée et les enfants réunis à ceux d'Aumale.

Enfin la Marne a ouvert l'asile de l'Épine, avec 38 pupilles.

Des enfants difficiles sont, en outre, confiés par différents services départementaux aux écoles de réforme privées de Brignais-Sacuny (Rhône) et de Saint-Louis (Gironde) ou à la Maison de famille de Mettray (Indre-et-Loire).

IV. — La nécessité des écoles de réforme et de préservation devient plus évidente encore depuis que la création d'un nouveau service a remis aux mains de l'administration une catégorie d'enfants plus âgés et, par suite, souvent profondément viciés par les promiscuités de la rue dans les grandes villes.

Nous avons signalé les précautions prises par le législateur de 1811 pour limiter l'obligation du secours

1. Trois agences spéciales aux enfants moralement abandonnés fonctionnent à Troyes, Saint-Amand-les-Eaux et Châtillon-sur-Seine.

aux enfants qui demeurent sans aucun parent. Que de misères cependant on pouvait relever parmi ceux qui ont un soutien nominal, un père ou une mère indignes qui les corrompent, les exploitent ou les brutalisent! Des enquêtes conduites avec soin viennent de temps en temps révéler la corruption profonde de certains milieux de nos grandes villes [1], des attentats commis sur de petits êtres innocents soulèvent la conscience publique. On doit dire, à l'honneur de notre temps, qu'il n'en a pas fallu davantage pour provoquer des mesures protectrices qu'il est maintenant nécessaire de faire connaître [2].

Déjà une loi du 7 décembre 1874 avait prononcé des peines sévères d'emprisonnement contre les parents qui livrent leurs enfants de moins de seize ans à des acrobates ou saltimbanques, ou leur font faire métier de mendicité habituelle. A plusieurs reprises, on demanda aux Chambres de rendre plus sévères les dispositions du code pénal qui punissent l'attentat sans violence sur une fille mineure. Pourquoi ne pas préserver celle-ci jusqu'à l'âge auquel elle peut contracter mariage en reportant à seize ans la limite fixée à treize par l'art. 331? Des mesures étaient également réclamées contre les proxénètes, qu'il est difficile d'atteindre en raison de l'obligation de prouver l'habitude imposée par l'art. 334.

La question générale de la protection des mineurs en danger moral fut soumise à la Société générale des

---

1. Citons notamment le rapport présenté en 1895 par M. Georges BERRY au conseil municipal de Paris sur la prostitution clandestine et le livre déjà cité de M. Louis PAULIAN : *Paris qui mendie* (Paris, 1893).

2. On n'a pas oublié que les diverses propositions de loi d'où est sortie la loi du 19 avril 1898 ont eu pour point de départ l'émotion causée dans le public par l'attentat commis sur le petit Grégoire par des parents indignes.

prisons, peu de temps après sa fondation, par un remarquable rapport de M. le pasteur Robin [1]. Après une discussion très nourrie, la Société conclut en faveur de l'organisation d'un régime préventif, privant les parents indignes du droit de garde de l'enfant, tout en respectant la puissance paternelle. Un projet rédigé dans ce sens fut déposé sur la tribune du Sénat le 27 janvier 1881 par MM. Théophile Roussel, Bérenger, Dufaure, etc. (*Sénat*, session 1881, n° 5.)

Stimulé par ces initiatives, le gouvernement s'était préoccupé de la question et avait institué, en décembre 1880, une commission extraparlementaire siégeant au ministère de la justice. Les délibérations de cette commission aboutirent à la rédaction d'une proposition de loi reposant sur la déchéance des parents indignes, par extension des principes posés par l'art. 335 du code pénal. Ce projet fut déposé par le gouvernement le 8 décembre 1881. (*Sénat,* 1881, n° 67.)

Sans attendre le résultat de ces délibérations, qui devaient se prolonger encore pendant huit ans, le conseil général de la Seine avait décidé, en 1880, la création d'un service d'enfants moralement abandonnés, sur la proposition de M. Brueyre, directeur du service des enfants assistés. Quatre catégories d'enfants y furent admises :

1° Les enfants de moins de seize ans dont les parents sont condamnés à la prison pour six mois au moins;

2" Les enfants de moins de seize ans, non vicieux, arrêtés pour vagabondage ou mendicité;

3° Les enfants arrêtés remis par les magistrats;

4° Les enfants moralement abandonnés signalés par les autorités municipales.

1. *Revue pénitentiaire,* 1878, p. 6, 211 et 643.

Ce service était déjà en pleine activité quand le vote de la loi du 24 juillet 1889 posa des règles générales pour l'ensemble du territoire.

En vue d'assurer la protection de l'enfant en danger moral, la loi prévoit, dans deux titres différents, soit des mesures prises d'autorité par la justice, soit des mesures amiables simplement sanctionnées par l'intervention judiciaire.

Les art. 1 et 2 énumèrent les cas dans lesquels le tribunal devra ou pourra prononcer la déchéance paternelle; mais qu'elle soit obligatoire ou facultative, la déchéance sera toujours la condition préalable et nécessaire de la protection accordée à l'enfant.

De là découlent deux conséquences également fâcheuses : 1° pour protéger un enfant en danger, le juge doit enlever au père la puissance paternelle, désorganiser par suite complètement la famille, même si les autres enfants sont bien élevés [1]; 2° le juge est impuissant en ce qui touche les enfants naturels non reconnus, les plus exposés aux mauvaises influences.

Quant à la tutelle, si le tribunal ne prescrit pas la constitution d'une tutelle dans les termes du droit commun, elle passe *ipso facto* à l'Assistance publique. Si donc l'enfant est recueilli par un parent, par un ami, par une personne ou une œuvre charitable, ceux-ci ne sont plus que les délégués de l'Assistance qui peut à chaque instant intervenir pour imposer ses idées ou reprendre l'enfant, si on ne lui obéit pas.

La conséquence de cette disposition a été de dimi-

---

1. Ce cas se présente fréquemment quand le père s'est remarié ou vit en état de concubinage après son veuvage. La belle-mère prend en grippe l'enfant du premier lit qui abandonne le domicile paternel et est arrêté en état de vagabondage. Un grand nombre des jeunes prévenus de la Petite Roquette indiquent ce motif comme l'origine de leurs méfaits.

nuer notablement la bonne volonté montrée par les œuvres privées pour recueillir les mineurs en danger moral. Sous l'empire de l'ancienne législation, elles se plaignaient fréquemment de se trouver désarmées vis-à-vis des parents qui, en violation d'engagements pris, venaient réclamer leurs enfants dès que ceux-ci étaient en âge de leur rapporter quelque profit. Sans prétendre à la tutelle, elles espéraient que la loi nouvelle leur donnerait le droit de garde sur l'enfant qu'elles acceptaient d'élever, sauf à organiser une surveillance par les agents de l'administration. Les dispositions adoptées ont été pour elles une déception.

Le titre II corrige, du moins en partie, ce que les prescriptions que nous venons d'analyser ont d'excessif. Il prévoit également deux cas : 1° les parents pourront déléguer la garde et l'éducation de leur enfant à une personne ou à une œuvre charitable, à la condition de soumettre ce contrat à la sanction du tribunal, qui aura à apprécier si le tiers gardien présente les garanties nécessaires (art. 17) ; 2° si une œuvre recueille un enfant abandonné, sans parents connus, elle pourra obtenir du tribunal tout ou partie des droits de puissance paternelle trois mois après avoir fait à la mairie une déclaration constatant la prise en charge de l'enfant (art. 19).

Les tribunaux répugnent en général à employer le titre I et oublient fréquemment de prononcer la déchéance, même quand elle est obligatoire ; ils font au contraire un large usage du titre II qui leur permet de faire appel aux œuvres privées. Leurs pouvoirs sous ce rapport ont du reste été singulièrement étendus par les articles 4 et 5 de la loi du 19 avril 1898.

On sait comment une loi ayant pour but unique de réprimer les violences contre les enfants produisit des

conséquences bien autrement importantes par suite
de l'adoption d'un très modeste amendement dû à
M. Bérenger [1]. L'honorable sénateur avait demandé de
modifier l'article 4 en remplaçant les mots « dans tous
les cas prévus par la présente loi » par ceux-ci : « dans
tous les cas de crimes ou délits commis par ou sur
des enfants » ; puis d'introduire dans l'article 5 la faculté
pour le juge de désigner pour la garde de l'enfant tel
gardien qu'il lui plairait « dans les mêmes cas ». Or
si l'expression « *sur* les enfants » désigne tous les enfants victimes, celle « *par* les enfants » comprend bien
tous les enfants coupables. C'est donc tout l'ensemble
de la répression relative à l'enfance qui bénéficie des
dispositions de la loi nouvelle [2]. De là, pour le juge
d'instruction, le pouvoir de soustraire le mineur pré-
venu à la promiscuité de la maison d'arrêt avec régime en commun, en confiant l'enfant à une œuvre;
de là pour le tribunal le droit de statuer définitivement
sur la garde de tout enfant, qu'il soit victime ou pré-
venu. Toutes les œuvres ou personnes charitables sont
admises à recevoir l'enfant *en garde,* la tutelle restant
sur la tête des parents. C'est le retour indirect au système préconisé en 1880 par la Société générale des
Prisons [3].

1. On se souvient que l'admirable développement des syndicats
agricoles est sorti de l'adoption par le Sénat d'un amendement de
M. Oudet, introduisant les mots « et agricole » dans le texte voté par la
Chambre, qui est devenu la loi du 21 mars 1884.

2. Les législateurs eux-mêmes ne semblent pas avoir saisi tout d'abord
toutes les conséquences du texte voté. Quand les commentateurs de la
loi, et notamment M. Henri Rollet, insistèrent sur les facilités qu'on y
trouverait pour corriger les défectuosités de la loi de 1889, un des séna-
teurs qui connaissent le mieux les questions relatives à l'enfance,
M. Paul Strauss, crut devoir protester contre l'extension qu'on voulait
ainsi donner au texte adopté. (*Revue philanthropique,* t. III, p. 157-158.)

3. Depuis la promulgation de la loi jusqu'au 31 décembre 1900, le tribunal de la Seine a prononcé 55 jugements s'appliquant à la garde
d'enfants confiés à des particuliers ou associations; dans 53 cas l'exer-

Nous ne pouvons examiner ici en détail les nombreuses œuvres qui offrent ainsi leur concours à la magistrature; nous nous bornerons à indiquer sommairement les principales.

La plus ancienne est l'*Œuvre des orphelins d'Auteuil*. L'abbé Roussel débuta le 19 mars 1866 avec trois orphelins et deux enfants délaissés. Il avait l'ambition de recevoir tous les enfants sans appui; les nécessités financières l'ont obligé par la suite à donner la préférence aux apprentis présentés par un protecteur et l'institution est devenue une vaste école professionnelle où quinze métiers sont enseignés.

C'est aussi avec un personnel restreint, trente enfants, que M. Bonjean commença en 1880 l'œuvre de la *Société générale de protection de l'Enfance abandonnée ou coupable*. Les enfants sont préparés en vue de divers métiers, mais surtout de l'agriculture; les uns sont placés, les autres élevés dans les maisons d'Orgeville, Villepreux, Poissy.

L'*Union française pour le Sauvetage de l'Enfance* fut créée en 1888 sur l'initiative de Mmes de Barrau et Kergomard dans le but spécial de « rechercher, signaler à qui de droit ou recueillir les enfants maltraités ou en danger moral ». Grâce à l'active propagande que fit en sa faveur M. Jules Simon, son premier président, cette société se développa rapidement; au 31 décembre 1900, elle avait sous sa protection 791 pupilles dont 368 sont âgés de moins de 13 ans. Des sections pos-

cice des droits de la puissance paternelle a été délégué à l'Union française pour le Sauvetage de l'Enfance et dans 2 cas à des particuliers. (*Compte moral du Directeur de l'Assistance publique de Paris sur le service des enfants assistés et moralement abandonnés pour l'année 1900*, p. 25.)

Les tribunaux de province sont entrés largement dans la même voie; 35 enfants ont été notamment confiés par eux au Patronage de l'Enfance et de l'Adolescence, dirigé par M. Rollet.

sédant leurs asiles temporaires propres fonctionnent à Marseille, Nîmes et Montpellier. En outre, des Unions fondées sur les mêmes principes se sont constituées à Lyon et à Bordeaux et sont en relations suivies avec celle de Paris. L'*Union lyonnaise pour le Sauvetage de l'Enfance* a créé à Brignais une importante école de préservation qui élève 240 enfants et donne les meilleurs résultats. Deux colonies analogues ont été fondées par l'*Œuvre des enfants abandonnés et délaissés de la Gironde,* l'une à Léognan pour les enfants de moins de treize ans, l'autre à Villenave-d'Ornan pour ceux qui ont dépassé cet âge.

En 1891, M. Rollet a réussi à réaliser son rêve de « la maison à la porte toujours ouverte » en inaugurant le *Patronage de l'Enfance et de l'Adolescence.* Tout enfant vagabond, mendiant ou sans appui est accueilli à la Maison de travail de la rue de l'Ancienne-Comédie, et placé ensuite en province. 4.000 enfants sont passés par là depuis dix ans; combien d'entre eux eussent été coucher au Dépôt et plus tard à la Petite Roquette?

Pour les filles, en dehors des maisons du Bon-Pasteur, dont nous avons déjà parlé, nous trouvons à Paris trois fondations particulièrement intéressantes : l'*Œuvre des petites préservées,* créée sur l'initiative toujours en éveil de M. Adolphe Guillot pour sauver de la prison les enfants de moins de treize ans; l'*Œuvre de préservation et de réhabilitation,* qui reçoit dans son bel asile de Clichy les filles au-dessus de treize ans. La *Société de patronage des détenues et libérées de la Seine* accueille également des jeunes filles en danger moral dans l'établissement modèle qu'elle a inauguré en 1898, rue Michel-Bizot, à Bercy. Des maisons analogues existent dans un grand nombre de villes de province et notamment à Lyon (*Œuvre Saint-Augustin*), Montpellier, Bordeaux, etc.

Au-dessus de toutes ces fondations privées se trouve l'Administration du service des Enfants assistés et moralement abandonnés, qui les dépasse toutes par l'importance de ses moyens d'action et le nombre de ses pupilles. Nous pouvons maintenant embrasser dans son ensemble cette grande institution, qui réunit sous sa tutelle une population de 138.000 enfants [1].

L'organisation du service est départementale par son budget et par le recrutement de ses pupilles; l'unité de vues est assurée par les instructions et circulaires du Directeur de l'Assistance et de l'Hygiène publiques et par le contrôle de l'inspection générale des services administratifs. A la tête de chaque circonscription départementale est placé un inspecteur, souvent aidé par un ou plusieurs sous-inspecteurs. Les détails du service sont réglés par un arrêté préfectoral, les attributions sont partagées parfois entre l'inspecteur et un chef de division de la préfecture, chargé de la partie administrative. La loi du 5 mai 1869 a fait passer la direction des services aux départements sans modifier les conditions de la tutelle, confiée aux commissions administratives des hospices par la loi du 15 pluviôse an XIII. Il y a là une cause fréquente de conflits locaux, quand il s'agit du placement de l'enfant et de la direction à donner à son éducation.

L'importance des services est fort variable; tel grand département comptera de 1.500 à 3.000 pupilles, tandis que, dans des contrées plus pauvres, leur nombre tom-

---

1. Le service comprenait au 31 décembre 1900 :

117.456	enfants	assistés.
20.852	—	moralement abandonnés.
138.308	—	au total.

bera de 150 à 200. Ce sont toujours les grandes villes
qui fournissent les plus gros contingents. Nous les
avons déjà vues débordant sur les contrées agricoles
pour y fournir un appoint notable de population.

Tout n'est pas parfait dans cette vaste organisation;
si, au lieu d'un rapide exposé, nous avions entrepris
ici un examen critique, nous devrions faire plus d'une
réserve sur la façon dont certains inspecteurs entendent la neutralité religieuse, sur les influences politiques qui interviennent jusque dans la désignation des
nourriciers, sur l'incroyable indulgence avec laquelle
quelques-uns sont traités, tandis que d'autres sont sévèrement frappés pour des manquements infiniment
moins graves. Mais, pris dans son ensemble, et surtout au point de vue du bien-être de l'enfant, le service
est en progrès marqué depuis trente ans. Le « pupille
départemental » n'est plus traité comme l'était jadis
« l'enfant d'hospice ». Il tend de plus en plus à être
placé sur le même pied que les enfants au milieu des-
quels il est élevé. Il fréquente la même école, se livre
aux mêmes travaux, reçoit la même éducation; il se
fond dans la vie rurale et l'immense majorité des pupilles reste à la campagne, s'y marie, y fait souche
d'honnêtes gens. Il y a des exceptions, comme partout;
quelques individualités exceptionnellement douées arrivent à des positions meilleures, employés, instituteurs,
officiers, sages-femmes, institutrices, parfois même à la
réputation et à la fortune, comme ce Thomas Moulaud,
chirurgien en chef de l'Hôtel-Dieu de Marseille, dont
M. le docteur Napias racontait jadis l'histoire [1]. D'autres, au contraire, victimes d'un atavisme implacable,
tombent dans l'inconduite, dans la prostitution, dans la

1. *Revue philanthropique* (10 juillet 1897).

criminalité [1]. Le nombre en est restreint et on peut mesurer le service rendu à la société par la comparaison de ce chiffre minime avec celui qu'on peut pressentir, si ces 138.000 enfants étaient demeurés abandonnés, livrés à toutes les mauvaises influences et à l'exploitation du vice.

En raison de leur importance exceptionnelle, nous mentionnerons à part les chiffres relatifs au département de la Seine. Au 31 décembre 1900, le Directeur de l'Assistance à Paris avait sous sa tutelle 48.063 pupilles de 1 jour à 21 ans [2], répartis comme suit :

Enfants trouvés	2. 893
— abandonnés	40. 233
— orphelins	2. 807
— moralement abandonnés	2. 130
Total	48. 063

Sur ce nombre total, 31.353 étaient âgés de moins de treize ans (à la pension) et 16.710 de plus de treize ans (hors pension). Les frais d'entretien de la première catégorie se sont élevés en 1900 à 7.112.860 fr. 48.

On a enregistré en 1900 5.090 admissions ainsi réparties :

Enfants trouvés	351
— abandonnés	4.313
— orphelins	362
— moralement abandonnés	64
Total	5. 090

1. L'enquête de 1882 a établi qu'on ne trouvait, sortant du service des enfants assistés, que 1 prostituée sur 582 et 1 détenu sur 553.

M. Henri Monod, qui a procédé au dépouillement des rapports des 88 inspecteurs du service, constate que la conduite de 85 p. 100 des pupilles est considérée comme bonne. Le nombre des filles-mères n'excède pas celui qu'on constate dans la population normale (*op. cit.*, p. cxlviii).

2. Nous empruntons ces chiffres au *Rapport sur le service des enfants assistés et moralement abandonnés de la Seine pour l'année 1900*; c'est le dernier qui ait été publié au jour où nous écrivons.

Ce qui nous frappe dans ces chiffres, c'est la proportion toujours croissante des abandons; et tous ne sont pas des abandons au sens du décret de 1811, des enfants dont on ne peut connaître les parents, privés par suite de tout appui. Il y a un grand nombre de remises volontaires consenties par des parents qui déclarent ne pas pouvoir élever leurs enfants. Un autre chiffre non moins inquiétant, c'est celui des abandons d'enfants légitimes qui forment plus du quart du chiffre des admissions de l'année, 1.348 sur 5.090 [1]. Il semble que, plus nous allons, moins le père de famille répugne à se décharger sur la collectivité d'une charge qu'il considérait jadis comme le premier de ses devoirs. Aussi nous demandons-nous avec inquiétude si le conseil général, dont nous avons loué souvent le zèle pour la protection de l'enfance, est bien inspiré en entrant dans la voie préconisée de M. Patenne, rapporteur du service, qui tendrait à créer une nouvelle catégorie dite des « momentanément abandonnés » pour les enfants dont les parents sont temporairement exposés à une gêne excessive. La définition est tellement large qu'on se demande comment on limitera les charges d'une pareille assistance [2].

Le nombre des enfants moralement abandonnés, qui nous intéresse spécialement, est en décroissance cons-

1. Pour l'ensemble de la France, la proportion des enfants légitimes est d'environ 15 p. 100.

2. On peut rappeler utilement ici les paroles prononcées à la Chambre le 19 mai 1883, par M. Waldeck-Rousseau, le ministre de l'intérieur qui prenait part au nom du Gouvernement aux premières discussions de la loi sur la protection des enfants moralement abandonnés :

« On doit éviter de présenter l'État comme prêt à recueillir tous les enfants dont les parents ne prendraient pas soin, et comme ouvrant une sorte de tour permanent dans lequel les familles qui ne voudront pas travailler pour faire vivre leurs enfants, qui ne voudront pas leur donner les soins les plus élémentaires, viendront déposer ceux qu'ils considéreront comme une charge, imposant à l'État de se substituer à leurs devoirs. »

tante depuis 1893, où il atteint son maximum avec 3.338 enfants. En 1900, il n'y a eu que 64 admissions nouvelles contre 417 sorties.

V. — Malgré tant d'efforts, tant d'institutions publiques ou privées, il existe encore, est-il besoin de le dire? un grand nombre de mineurs vagabonds. Nous savons maintenant d'où vient le plus grand nombre : réfractaires de l'école, enfants maltraités dans leurs familles, insubordonnés échappés des orphelinats ou des placements à la campagne; il y a aussi des jeunes gens déjà familiers avec le délit, quelquefois avec le crime, prostituées et souteneurs précoces, alcooliques par habitude et par bravade [1]. Chaque matin, le « panier à salade » déverse le produit des rafles de la veille à la porte de cette grande hôtellerie administrative qu'est le Dépôt. Comment faire un tri entre tous ces éléments? Comment distinguer ceux qui ne sont que des égarés à préserver d'avec les vagabonds habituels qu'il y a lieu de réformer, les vicieux qui méritent un châtiment?

Il y a douze ans encore, cet examen nous eût conduits à de tristes constatations. Les choses se sont heureusement modifiées depuis lors, grâce à l'action persévérante du *Comité de défense des enfants traduits en justice* [2].

Fondé en 1891, sur l'initiative de M. Rollet, le comité a dû son rapide développement à l'autorité de son secrétaire général, M. Adolphe Guillot. Grâce à la haute

---

1. Charles Lucas classait les enfants vagabonds en trois catégories :
1° les *accidentels*, qui relèvent du patronage;
2° les *habituels*, qui relèvent de la maison de correction;
3° les *endurcis*, qui devront être punis.
2. Le Comité a publié un résumé complet de ses travaux sous le titre : *Comité de défense des enfants traduits en justice de Paris. Rapports et vœux*, 1 vol. de 672 p. — Paris, 1900.

situation qu'il s'est faite comme juge d'instruction hors de pair, M. Guillot a pu obtenir immédiatement le concours des plus hautes personnalités de la magistrature, de l'administration, du barreau, de la science.

Le premier effort du Comité s'est porté sur la suppression de la procédure du flagrant délit ; il a obtenu que tout mineur inculpé comparût devant un juge d'instruction qui s'entourerait de renseignements précis avant de statuer sur la suite à donner à l'affaire. Pour obvier aux inconvénients que peut présenter la prolongation de détention qu'entraîne l'instruction, le Comité a demandé que des cellules fussent aménagées à la Conciergerie, et que d'autres cellules fussent réservées aux enfants prévenus, à la Petite Roquette pour les garçons, à la prison de Nanterre pour les filles. Grâce au concours du conseil général de la Seine, un *Asile temporaire d'observation* a été créé en 1893 à l'Hospice dépositaire, rue Denfert-Rochereau, pour recevoir les jeunes inculpés qui semblent au juge particulièrement dignes d'intérêt[1]. En outre, de notables améliorations ont été apportées à l'aménagement du Dépôt et des postes de police, au service des transfèrements, au régime des mineurs inculpés ou prévenus.

L'action du Comité de défense s'est propagée en province, grâce à la création de comités analogues dans les principales villes[2]. Partout où ces institutions ont surgi, on a vu les tribunaux adopter les idées qui ve-

---

1. 150 enfants ont été admis en 1901 ; 54 ont été reçus dans les services de l'Assistance, 47 rendus à leur famille, 40 reconnus profondément vicieux ont été remis à la justice, 2 ont été transférés, 5 se sont évadés, 2 ont été confiés au Sauvetage de l'Enfance.

La durée de la période d'observation varie de trois à quatre semaines.

2. Des comités de défense existent actuellement à Marseille, Toulouse, Bordeaux, Besançon, Nancy, Caen, Grenoble, Montpellier, Lille, Le Havre. Nous devons une mention toute spéciale au Comité de Marseille,

naient de triompher à Paris, soumettre les mineurs à l'instruction, renoncer aux courtes peines d'emprisonnement pour leur substituer l'éducation correctionnelle. Les magistrats ne sont nullement rebelles aux idées réformatrices que préconise la science moderne; il faut seulement leur fournir les raisons de modifier leurs habitudes. Souvent une visite faite à un président de province par un membre qualifié du Comité de Paris a suffi pour changer immédiatement la jurisprudence du tribunal en ce qui touche les mineurs [1].

On voit donc diminuer d'année en année le nombre des courtes peines infligées au mineur et on ne peut que s'en féliciter; outre l'inconvénient qu'il y a à familiariser de bonne heure le coupable avec la prison, l'immense majorité de nos maisons d'arrêt et de correction sont encore soumises au régime commun [2], et constituent, par suite, des foyers de dépravation où le mineur ne peut que se corrompre définitivement [3]. Or toutes les peines d'emprisonnement inférieures à six mois sont subies dans les maisons d'arrêt et de correction; ce n'est qu'au-dessus de six mois que les mineurs sont transférés à la colonie correctionnelle d'Eysses [4].

fondé en 1896, dont le dévoué président, M. Vidal-Naquet, a su organiser, pour les enfants prévenus, dans une aile de la prison cellulaire du boulevard Chave, une école de réforme dont on devrait imiter partout l'excellent fonctionnement.

L'étranger a même reproduit notre institution parisienne; des Comités de défense de l'enfance fonctionnent présentement à Bruxelles, la Haye, Budapest.

1. On ne saurait assez remercier M. le conseiller Félix Voisin, vice-président du Comité, de l'utile propagande qu'il a poursuivie à ce sujet depuis bien des années.

2. Voir la note p. 224.

3. On nous permettra de signaler ici le dévouement de certains gardiens chefs qui, pour soustraire à de pareils dangers un mineur condamné qui leur paraît intéressant, n'hésitent pas à le prendre dans leur logement personnel, quand l'aménagement des locaux ne se prête pas à l'isolement.

4. Cet établissement, prévu par l'art. 10 de la loi du 5 juin 1850, n'a

Les mineurs vagabonds n'ont plus, du reste, à subir l'emprisonnement depuis que la loi du 28 avril 1832 a substitué à cette peine la surveillance de la police, remplacée en 1885 par l'interdiction de séjour. On se demande si ce n'est pas par une simple inadvertance que le législateur a imposé au mineur une peine qui l'éloigne le plus souvent du foyer paternel où la loi fixe son domicile, où il doit surtout pouvoir trouver aide et protection.

On s'est même demandé si le mineur peut remplir les conditions légales qui constituent le délit de vagabondage; il a, en effet, toujours un domicile, celui dé ses parents, et des moyens d'existence, puisque ceux-ci sont tenus de pourvoir à ses besoins. En outre, jusqu'à treize ans, le législateur lui interdit d'exercer un métier. Toutefois la jurisprudence a décidé depuis longtemps que le mineur de seize ans peut se trouver juridiquement en état de vagabondage [1].

Par contre, le mineur ne peut pas être condamné pour mendicité. Le délit est commis par ceux qui exploitent l'enfant, considéré par le législateur comme une victime. La loi du 7 décembre 1874 lui assurait déjà une protection efficace, celle du 24 juillet 1889 a fait du petit mendiant un moralement abandonné.

Il reste encore quelque chose à faire en faveur de la jeune fille mineure, que les entraînements du voisinage, les mauvais exemples de la rue, parfois des suggestions criminelles ont fait tomber prématurément dans la faute, puis trop souvent glisser de là dans le vice. La loi l'a protégée contre l'indignité de ses parents; elle la

été ouvert qu'en mai 1895. Il reçoit également les insubordonnés des autres colonies.

1. Arrêt de Cassation du 24 mars 1823. — Le Comité de défense a émis en 1893 un vœu tendant à enlever le caractère délictueux au vagabondage du mineur.

laisse encore exposée aux entreprises des agents de racolage [1], des souteneurs « cette race maudite d'excitateurs auxquels nous sommes redevables du plus grand nombre de nos filles publiques [2] », des cafetiers qui tiennent de véritables maisons de tolérance sous le nom de brasseries, des logeurs complaisants qui offrent à chaque tournant un abri aux rencontres de la rue [3].

La magistrature cherche à remédier de son mieux à cet état de choses en envoyant en correction les mineures arrêtées pour prostitution clandestine dès qu'elle trouve réunis dans l'espèce les éléments constitutifs du vagabondage; mais sur 1.200 arrestations faites annuellement par la police, un cinquième à peine peut donner lieu à l'envoi au petit parquet. Combien arrivent devant le tribunal? Au début de la prostitution, la fille vit souvent chez ses parents, elle a un métier qu'elle exerce de temps en temps; on ne peut l'atteindre quand ce serait le plus nécessaire, dès le début de l'inconduite.

Au cours de l'enquête dont nous avons parlé, M. Théophile Roussel avait constaté l'étendue du mal. Le projet de loi présenté au Sénat en 1882 prévoyait

1. Le proxénétisme a ses agents, ses courtiers, ses maisons de dépôt. Cette savante organisation est percée à jour et dénoncée à la conscience publique, grâce aux investigations du *Comité pour la répression de la Traite des Blanches*, présidé par M. le sénateur Bérenger, et dont le siège est à Paris, 10, rue Pasquier. Le Comité est en relations avec les institutions analogues qui fonctionnent dans d'autres pays et poursuit, d'accord avec elles, la réalisation d'une entente internationale en vue de la répression de ces faits odieux.

2. Exposé des motifs de la proposition Georges Berry, 1894.

3. L'industrie des logeurs est réglementée par l'ordonnance du 6 novembre 1778 qui semblait permettre de considérer les infractions comme des délits et de les punir de peines correctionnelles et d'amende jusqu'à 200 francs. Mais un arrêt de Cassation de 1886 a jugé que les infractions de ce genre ne pourront plus entraîner que la peine de police prévue par l'art. 471 du code pénal, il a par suite singulièrement restreint la portée de la répression.

8.

des mesures de protection pour les mineures de seize ans qui se livrent à la prostitution ; elles devaient être traduites devant le juge de paix qui aurait le droit de les confier, à fin de préservation, soit à une œuvre privée, soit à l'Assistance publique. Cette disposition, adoptée par le Sénat, ne fut pas maintenue par la Chambre des députés dans la loi de 1889.

Le 31 août 1891, M. Fallières, garde des sceaux, déposa à la Chambre un projet de loi concernant les logeurs, débitants et autres individus qui vivent de la prostitution. Une proposition visant le même but est due à M. Georges Berry (23 novembre 1894). Ni l'une ni l'autre ne furent discutées.

Au Sénat, M. Bérenger déposa le 27 avril 1894 une importante proposition divisée en deux titres.

Le titre Ier réglemente la prostitution en réprimant le racolage sur la voie publique, punit les provocateurs, exploiteurs ou complices de la débauche, réclame des mesures de protection pour les mineures de dix-huit ans trouvées en état habituel de prostitution.

Le titre II comble les lacunes constatées dans la loi du 2 août 1882 sur l'outrage public aux mœurs.

Au cours de la discussion en seconde lecture, le titre Ier, mollement soutenu par le gouvernement, fut dépouillé de sa partie la plus essentielle. Le titre II fut au contraire voté en entier. Repris plus tard par M. Darlan, garde des sceaux, il devint, avec quelques retouches, la loi du 16 mars 1898.

Il serait à désirer que l'attention fût rappelée sur le titre Ier par les travaux de la commission extra-parlementaire nommée en décembre 1901 par M. le ministre de l'intérieur pour l'étude des questions relatives à la prophylaxie de la syphilis. La commission analogue qui fonctionna en 1887 sous la présidence du préfet de police avait émis des vœux auxquels la proposition de loi s'est efforcée de donner satisfaction.

Revenons à l'enfant vagabond, et demandons-nous ce que pourra faire le juge du mineur qui se trouve sur une mauvaise pente, mais qui semble encore susceptible d'être ramené au bien, auquel il est donc désirable d'éviter la flétrissure du casier judiciaire[1] ?

Trois partis sont à sa disposition :

Rendre l'enfant à sa famille ;

Le confier à une œuvre privée ;

Déclarer qu'il a agi sans discernement et l'envoyer dans une colonie correctionnelle en vertu de l'art. 66 du code civil.

Rendre l'enfant à sa famille, c'est trop souvent l'exposer à retomber dans le délit auquel il s'est laissé aller une première fois. Les parents qui entraînent leurs enfants au mal sont heureusement une exception ; nombreux sont, par contre, ceux qui, absorbés par le labeur incessant de l'atelier, n'ont le loisir de surveiller ni les allées et venues, ni les fréquentations des leurs.

Pour venir à leur aide, un des juges d'instruction qui, à Paris, sont spécialement chargés des enfants, M. Albanel, a fondé en avril 1900 le *Patronage familial,* dont le but est de se mettre en relations avec les familles auxquelles des enfants ont été ainsi ren-

---

1. On sait les conséquences qu'entraîne pour l'avenir de tout condamné une mesure de ce genre. Il en est une spéciale au mineur, c'est l'obligation de faire son temps de service militaire dans les bataillons d'Afrique toutes les fois que la condamnation à l'emprisonnement dépasse trois mois ou que, quelle que soit sa durée, elle a été prononcée pour vol, escroquerie, outrage aux mœurs ou abus de confiance. (Art. 5 et 50 de la loi du 15 juillet 1889.)

dus par la justice pour leur faire comprendre leur devoir et leur indiquer les ressources qu'elles ont à leur disposition pour les seconder, sans qu'elles les connaissent le plus souvent[1].

Quand ce patronage à domicile ne sera pas suffisant, le tribunal pourra user de la loi de 1898 pour confier l'enfant à une personne charitable ou à une œuvre privée qui consentira à s'en charger, ou enfin à l'Assistance publique. La loi a toutefois négligé de spécifier expressément pour celle-ci l'obligation qui semble bien avoir été dans la pensée du législateur, et l'administration n'a pas à sa disposition les crédits nécessaires pour accueillir tous les enfants qui pourraient lui être adressés.

Reste toujours, comme dernière ressource, l'application de l'art. 66 du code civil qui permet d'assurer à l'enfant acquitté le bénéfice de l'éducation correctionnelle.

Ce mot « bénéfice » semblera peut-être à certains une ironie. L'éducation correctionnelle n'est pas populaire en France, non seulement dans le public plus ou moins ignorant, mais même parmi les magistrats. On y voit volontiers un succédané de la prison, dont on a changé le nom en laissant subsister la réalité de la chose.

C'est une regrettable erreur, mais elle provient pour une bonne part du fait de l'administration elle-même. Le législateur de 1850 n'avait prévu pour elle qu'un rôle subsidiaire, mettant au premier rang la colonie privée agricole, sur le modèle de Mettray, dont la fondation a inspiré toute la loi. Ce n'est qu'à défaut de colonies privées que l'État devait créer des éta-

---

1. Des sections sont également organisées en province. — M. F. Bessière, secrétaire général du Patronage familial, a parfaitement expliqué son but et son développement dans la *Revue pénitentiaire*, 1901, p. 102

blissements, en nombre restreint, d'après les besoins.

L'Administration pénitentiaire n'a pas voulu se contenter de ce rôle modeste. Elle a multiplié ses établissements, surtout depuis 1882, sous l'inspiration des préoccupations que l'on sait, et ses innovations n'ont pas toujours été heureuses [1] ; par mesure d'économie, elle a fréquemment installé ses maisons d'éducation dans d'anciennes maisons centrales désaffectées, ce qui a donné de suite un vernis défavorable à ces institutions. Le personnel a été recruté dans celui que l'Administration avait sous la main, et on a pu constater qu'il ne suffit pas de changer le costume d'un gardien pour en faire un éducateur. Enfin, pour simplifier les frais généraux, on a créé de grands établissements, avec une population nombreuse, une nouvelle édition de la caserne napoléonienne, déjà appliquée aux lycées, mais autrement dangereuse avec des éléments plus mélangés de ferments malsains. En même temps on supprimait les aumôniers, on réduisait à un minimum dérisoire l'éducation religieuse que l'art. 1er de la loi de 1850 empêchait de supprimer complètement.

L'action personnelle de la plupart des directeurs a beaucoup fait pour tirer parti de ces conditions défavorables ; nous pourrions en citer qui sont de véritables directeurs de consciences [2] et ont opéré des cures morales. Mais comment agir individuellement sur une population de 250 à 300 enfants [3] ? On a aussi aug-

---

1. On se rappelle l'échec retentissant des colonies pour filles fondées à Auberive et à la Fouilleuse, les fréquentes révoltes qui ont procuré une notoriété fâcheuse aux colonies d'Aniane et d'Eysses.

2. Voir à ce sujet les remarquables rapports présentés au Comité de défense par M. l'inspecteur général PUIBARAUD : *Les maisons d'éducation préventive et correctionnelle* (3 janvier 1894. *Le Comité de défense...* p. 452-508). — *De la condition des enfants sortant des maisons de correction.* (4 mars 1897. *Le Comité de défense...,* p. 558-616.)

3. Pour les GARÇONS, les établissements publics sont au nombre de

menté le nombre des instituteurs, mais la comptabilité administrative absorbe le meilleur de leur temps, au détriment de leurs élèves [1].

Combien eût-on été mieux inspiré en restant fidèle à la direction donnée par la loi de 1850! C'est ce qu'ont fait l'Angleterre, la Suisse, la Belgique, les Pays-Bas, la Hongrie, le grand-duché de Bade, pays qui tous reconnaissent hautement le rôle d'initiateur qui revient une fois de plus à notre patrie en cette matière. Je n'essaierai pas de refaire ici le tableau charmant que M. Henri Joly traçait naguère de l'école de réforme suisse [2]. Nous avons visité, nous aussi, ces établissements à effectif réduit, où les enfants sont subdivisés en groupes de douze à quinze, placés chacun sous la direction d'un instituteur qui porte le beau nom de « Père de famille ». Et l'homme éminent qui nous en faisait les honneurs [3] nous disait : « Nous nous appliquons à élever l'enfant dans les conditions où il doit vivre ; si nous visons à faire un agriculteur, nous l'instal-

dix avec 2.888 places, plus un établissement départemental avec 364 places, soit au total 3.252 places dont 2.423 étaient occupées au 1er janvier 1901.

Les colonies privées, au nombre de 27 en 1882, sont tombées à 10 avec 2.477 places dont 1.358 seulement étaient occupées à la même date.

Pour les FILLES, deux établissements publics avec 314 places comptaient 176 élèves, sept établissements privés avec 888 places en réunissaient 570.

Ces chiffres sont empruntés à une annexe au rapport de M. Léo Meillet sur le budget des services pénitentiaires pour 1902.

1. M. Muteau, député de la Côte-d'Or, a déposé une proposition de loi tendant à faire passer à la Direction de l'Assistance publique les maisons d'éducation correctionnelle (Chambre des députés, 1893, n° 516). Cette proposition a été renvoyée à la commission d'assurance et de prévoyance sociales qui a procédé, en avril-mai 1901, à une enquête approfondie, mais n'a pas encore fait connaître ses conclusions.

M. Henri Rollet a proposé à la Société internationale pour l'étude des questions d'assistance de faire passer ces établissements au ministère de l'instruction publique.

2. *A travers l'Europe*, Paris, 1898, p. 117.

3. M. le docteur Guillaume, directeur de la statistique fédérale ; M. Guillaume est l'auteur du projet qui a été adopté par le Grand Con-

lons à la campagne, dans le chalet national, au milieu des champs et des vastes horizons qui élargissent son âme en même temps que le grand air dilate sa poitrine. » Comment pourrait-on s'étonner si, dans ces conditions, la proportion des enfants qui passent en justice par la suite est, en Suisse, inférieure de plus des deux tiers aux chiffres accusés par nos statistiques françaises ?

Il y a une autre cause à cette élévation de notre récidive : c'est l'âge tardif des envois en correction. Par suite des préventions que nourrissent les magistrats contre ce mode d'éducation, ils ne se décident, en général, à le prescrire que lorsque l'enfant a déjà subi plusieurs condamnations et qu'il a souvent atteint l'âge de treize ou quatorze ans. C'est trop tard, le mal définitif est consommé. Si l'Angleterre a diminué de près des trois quarts la criminalité de l'enfance depuis quarante ans, cela tient surtout à la proportion considérable d'enfants qui entrent avant huit ans à l'école industrielle.

On a cherché à nous assurer des résultats analogues en organisant des *écoles de réforme* destinées à recevoir les enfants de moins de douze ans, en les subdivisant d'après leur âge et en confiant les plus jeunes à des mains féminines. L'administration pénitentiaire a transformé dans ces conditions la colonie de Saint-Hilaire (Vienne) et a créé une maison pour les filles à Doullens (Somme). Sur son invitation, deux congrégations religieuses ont ouvert dans le même but deux établissements pour les garçons : les Sœurs de la Divine Providence de Ribeauvillé à Frasnes-le-Château (Haute-Saône) et les Sœurs du Bon-Pasteur à Saint-Éloi près Limoges. Les écoles privées de Brignais et

scil en 1894 pour la réorganisation de l'éducation de l'enfance abandonnée ou coupable dans le canton de Berne.

de Saint-Louis à Léognan, dont nous avons parlé plus haut, remplissent le même office. Tous ces établissements donnent les meilleurs résultats, mais leur nombre reste malheureusement fort au-dessous des besoins qui se manifestent.

Après avoir élevé l'enfant, il faut le faire rentrer dans la société, en évitant un changement trop brusque, qui serait de nature à compromettre les fruits de tant d'efforts. La loi de 1850 avait prévu un patronage de ce genre dans son art. 19; au bout d'un demi-siècle, ce mode d'action n'a pas encore été organisé. L'initiative des sociétés de patronage y a suppléé sur divers points. Dès 1833, Charles Lucas et le président Bérenger fondaient la *Société des jeunes détenus et libérés de la Seine,* qui place et surveille en apprentissage les enfants qui lui sont confiés par l'administration. Une seconde Société fondée en 1895, sous la présidence de M. le conseiller Petit, s'occupe spécialement des *jeunes adultes de* 16 à 21 ans, pour lesquels elle a ouvert un atelier d'apprentissage fort prospère dont le principal contre-maître est le dévoué aumônier de la Petite Roquette, M. l'abbé Milliard.

En province, les Sœurs de Ribeauvillé ont ouvert à Besançon une maison de famille où elles logent et nourrissent les jeunes gens élevés à Frasnes-le-Château, pour lesquels elles doivent chercher des ateliers d'apprentissage dans une ville. Le Bon-Pasteur de Limoges a créé une maison analogue pour les filles. Un grand nombre de sociétés de patronage se chargent de surveiller les mineurs admis au bénéfice de la libération conditionnelle qui leur sont confiés, et on s'applique d'une manière spéciale à étendre l'action de ces sociétés aux arrondissements qui renferment des colonies. Il y a là pour le patronage un rôle éminemment fécond. Par l'action d'adhérents appartenant aux milieux sociaux les plus divers, il peut trouver des placements appropriés au caractère et à l'éducation de chacun; il est à même d'exercer ensuite une surveillance discrète, sans éveiller les mêmes préventions qu'une intervention officielle.

Les directeurs de colonie décident un grand nombre de jeunes gens à contracter un engagement militaire au moment de leur libération. C'est souvent pour eux le meilleur moyen de rentrer dans la vie normale, l'existence régulière et la discipline du régiment soutenant une volonté encore faible pour la prémunir contre les entraînements. A cette catégorie s'offre l'appui bienveillant de la *Société de protection des engagés volontaires élevés sous la tutelle administrative*, fondée en 1878 par M. le conseiller Voisin, qui groupe sous sa direction un personnel de 3.233 pupilles au 31 décembre 1901 [1].

Après avoir énuméré tant d'institutions de toute nature, nous ne pouvons retenir l'expression de notre admiration pour l'infatigable zèle qu'a montré le siècle dernier en faveur du relèvement de l'enfance abandonnée ou coupable. Cette constatation ne sera-t-elle pas aussi pour le lecteur une sorte de repos moral dans une étude qui provoque si souvent de tristes réflexions? Dès 1811, un secours obligatoire est assuré à l'enfant orphelin ou matériellement abandonné; en 1833, une loi bienfaisante fait pénétrer l'instruction jusqu'au fond des campagnes; en 1850, c'est à l'enfance coupable qu'on veut assurer l'éducation en lui évitant la prison. A partir de 1870, les réformes se précipitent : c'est la loi Roussel qui assure la protection de l'enfance du

---

1. Ces jeunes gens possèdent 1.411 livrets de caisse d'épargne d'une valeur totale de 100.123,54.

premier âge et sauve des milliers de nourrissons, ce sont des mesures en faveur des enfants maltraités, la fixation à treize ans du début dans le travail manuel, la limitation du nombre des heures passées à l'atelier par l'apprenti. Puis la protection sociale est étendue à l'enfant moralement abandonné, le Comité de défense poursuit la réforme de la procédure et de l'exécution des peines qui concernent les mineurs ; sous l'influence de ces hommes de bien, les Jules Simon, les Théophile Roussel, les Guillot, les Voisin, les Bérenger, les Brueyre, les Rollet, un souffle généreux élargit nos institutions, fait tomber les cloisons trop étroites, substitue la charité à la répression, l'école à la prison. Pourquoi faut-il que trop souvent, du côté de l'État, la passion irréligieuse ait partiellement compromis l'effet des meilleures mesures et nous ait obligé à faire des réserves là ou nous aurions aimé à constater l'accord de toutes les bonnes volontés?

VI. — Il nous faut maintenant franchir toute la période de la pleine activité humaine pour trouver notre seconde catégorie intéressante, au moment où l'âge amène les infirmités, diminue les forces, enlève à l'ouvrier la possibilité de subvenir à ses besoins par son travail. Il semble, du reste, que ce moment critique tend de nos jours à devenir de plus en plus précoce. Aujourd'hui, un homme qui a passé la cinquantaine trouve difficilement à embaucher dans un atelier nouveau, souvent même on le supporte avec peine dans celui où il travaille depuis longtemps. Or, les changements deviennent de plus en plus fréquents depuis que la transformation de l'industrie a fait disparaître les relations personnelles entre patron et ouvrier, en même temps qu'elle multipliait les alternances de surproduction et de chômage. La spécialisation poussée à

l'extrême rend l'homme impropre à toute besogne
autre que celle pour laquelle il a été particulièrement
formé. Ajoutons que la suppression des corporations,
incomplètement remplacées encore par les syndicats[1],
a enlevé à l'ouvrier les appuis qui, au moment du dé-
clin des forces, subvenaient jadis à ses besoins. Le travail
devenant plus difficile à trouver en même temps que les
vieux soutiens disparaissaient, il était fatal que la misère du vieillard indigent augmentât.

Et qu'on ne dise pas que les œuvres de mutualité,
dont le merveilleux développement frappe tous les ob-
servateurs, offrent le remède à cette situation. Elles
aussi sont, en fait, le privilège d'une élite, du personnel
de choix constamment occupé. Les enquêtes si remarquables de l'Office du travail ont prouvé que l'ouvrier
stable, le plus favorisé, travaille en moyenne 250 jours
par an ; quant à l'ouvrier instable, c'est à peine s'il peut
compter sur 170 journées. Dans ces conditions, la vie
matérielle est insuffisamment assurée pour cette « armée
de seconde ligne » de l'industrie qui ne travaille que
dans les moments de presse ; l'épargne est impossible
et quand arrivent les années où le travail fait défaut, la
misère noire arrive fatalement, si la charité publique
ou privée n'intervient pas.

Le système de secours organisé par la Convention
n'avait pas oublié la vieillesse ; le décret du 24 vendémiaire an II reconnaît (titre V, art. 16) un droit à l'hospitalisation avec les « secours de stricte nécessité » en
faveur des vieillards âgés de soixante-dix ans ou atteints d'une infirmité dûment établie. On sait que cette
disposition ne fut jamais appliquée.

1. Voir dans un récent ouvrage de M. MARTIN-SAINT-LÉON quelques
pages d'une noble inspiration sur la nécessité d'étendre le syndicat
professionnel dans ce sens. (*Le Compagnonnage*, Paris, 1901.)

Il faut arriver à la seconde moitié du dernier siècle pour trouver une seconde disposition relative à l'assistance des vieillards. La loi des 7-13 août 1850 y pourvoit par deux procédés différents. Elle stipule en premier lieu que, dans les hôpitaux et hospices, un certain nombre de lits sera réservé aux vieillards et incurables, aux conditions établies par le règlement. En outre, la commission administrative pourra convertir le cinquième de ses revenus [1] en secours à domicile annuels, en faveur des vieillards et infirmes placés dans leurs familles.

Ces dispositions n'eurent qu'un effet limité dans les villes, par suite des conditions rigoureuses qu'exigent pour l'admission les règlements préparés par les commissions [2]. Dans les campagnes, l'effet fut presque nul, les conseils municipaux n'étant que très exceptionnellement disposés à payer les pensions de leurs ressortissants dans les hospices urbains. Les vieillards indigents continuèrent à avoir pour unique ressource les secours, forcément très limités, des bureaux de bienfaisance, parfois même l'internement dans un dépôt de mendicité, qui leur impose la tare du casier judiciaire après une vie jusque-là demeurée sans tache. Les préfets n'ont pas d'autre moyen à leur disposition en ce qui concerne les vieillards non domiciliés [3].

Certains départements créèrent toutefois sponta-

---

1. L'art. 7 de la loi du 21 mai 1873 a élevé cette proportion au quart, et même au tiers avec l'autorisation du conseil général.

2. On a cité telle grande ville de province où on exige vingt ans de résidence pour l'hospitalisation d'un vieillard, et où les admissions demandent un délai moyen de deux ans et demi, dans ces conditions. (Rapport de M. H. SABRAN, *Publications du conseil supérieur de l'Assistance publique*, fasc. 32, p. 48.)

3. Voir le discours de M. Henri MONOD, directeur de l'Assistance et de l'Hygiène publiques, à la séance d'ouverture du Congrès international d'Assistance publique et de Bienfaisance privée. (*Actes du Congrès*, 1900, t. I, p. 33.)

nément des pensions pour les vieillards. Dans la Marne
et dans l'Indre, les conseils généraux établirent dès
1872 des secours mensuels à domicile de 10 francs supportés pour les deux cinquièmes par les communes et
pour les trois cinquièmes par le département. Par une
circulaire du 1er août 1888, M. le ministre de l'intérieur
porta ces faits à la connaissance des préfets en leur recommandant d'en suggérer l'imitation à leurs conseils
généraux. Une enquête eut lieu à la suite de cette circulaire, et la majorité des assemblées départementales
se déclara favorable à la création de pensions pour la
vieillesse. L'assistance à domicile fut organisée dans
49 départements; 4 seulement se prononcèrent contre
le principe posé par le ministre[1]. La plupart des autres
invoquèrent des raisons financières pour ne pas créer
le service, tout en reconnaissant son utilité.

Au début de ses travaux, le Conseil supérieur de l'Assistance publique définit quatre catégories d'indigents
auxquels il conviendrait d'étendre successivement l'o-
bligation de l'assistance : les vieillards formaient la
quatrième. Un projet d'organisation de ce service fut
soumis au Conseil en 1890; son étude fit l'objet d'un
rapport de M. Sabran et de deux discussions dans les
sessions de 1890 et 1892. Le texte définitif du projet
fut adopté en janvier 1892[2]. Une partie de ces conclusions fut reprise par MM. Émile Rey et Lachièze dans
une proposition de loi présentée à la Chambre des députés en 1895 et qui donna lieu à un rapport de
M. Fleury-Ravarin[3].

1. Haute-Loire, Meurthe-et-Moselle, Vaucluse et Vosges. (J. DE CRISENOY,
Questions d'assistance traitées dans les conseils généraux, t. IV, 1889,
p. 199, Paris, 1890.)

2. *Actes du Conseil supérieur de l'Assistance publique*, fasc. 32 et 37.

3. *Chambre des députés*, sixième législature, n° 1673; septième législature, n° 714.

En 1898, une nouvelle proposition, d'un caractère plus large, fut soumise à la Chambre par M. Louis Puech [1] et la question fut portée au Sénat par une autre proposition déposée par M. Paul Strauss [2].

Déjà, la Chambre des députés avait pris l'initiative de mesures pratiques en faveur des vieillards. Dans la séance du 27 décembre 1895, elle avait voté à l'unanimité l'ordre du jour suivant : « La Chambre, résolue à organiser dans le plus bref délai possible l'assistance des vieillards et des infirmes indigents, par la contribution des communes, des départements et de l'État, prend acte de la promesse faite par le gouvernement de proposer dans le budget de 1897 les crédits nécessaires pour jeter les premières bases de cette organisation. »

La loi de finances de 1897 donna satisfaction à ces desiderata. En vertu de l'article 43, l'État s'engage à contribuer pour une somme de 50 francs, au plus, au paiement de toute pension annuelle de 90 à 200 francs, constituée au profit d'un vieillard âgé de 70 ans, incurable et incapable de tout travail. Le nombre total de ces pensions ne devra pas dépasser 2 p. 1.000 de la population.

Une circulaire ministérielle en date du 20 avril 1897 a réglé les détails relatifs à la participation de l'État, du département et de la commune au service des pensions.

Nous résumons dans le tableau suivant l'effet obtenu depuis que l'État a ainsi décidé de participer au chiffre des pensions :

1. *Chambre des députés*, septième législature, n° 357.
2. *Sénat*, 1898, n° 10.

EXERCICES	DÉPARTEMENTS PARTICIPANTS	MONTANT DES SUBVENTIONS
1897	14	13.041 94
1898	41	65.053 38
1899	49	100.168 95
1900	52	environ 120.000 » [1]

On voit combien le progrès est lent; il le paraîtra davantage encore si l'on considère le chiffre des crédits votés. La somme prévue au budget de 1897 était de 590.955 francs et elle a été constamment maintenue depuis lors. Il en résulte que, pour 1900, année où les pensions ont atteint le chiffre le plus élevé, les 4/5 environ du crédit se trouveront encore sans emploi en fin d'exercice, et le total des pensions allouées dans les 52 départements où le système a été mis en vigueur ne dépassera pas 1.200.000 francs. Au taux moyen de 120 francs, cela donnerait environ 10.000 vieillards assistés; nous sommes loin du chiffre de 100.000 vieillards ou incurables prévu par le gouvernement dans l'exposé de motifs de la loi de finances de 1897.

La commission d'assurance et de prévoyance sociales de la Chambre des députés n'en procédait pas moins à l'examen des diverses propositions émanées de l'initiative parlementaire qui lui avaient été renvoyées. Après avoir arrêté ses conclusions, elle a désigné comme rapporteur M. Bienvenu-Martin qui a déposé son rapport au commencement du mois de mars 1900[2].

L'assistance est déclarée obligatoire en faveur de tout Français indigent, âgé de soixante-dix ans et incapable de subvenir à sa subsistance par le travail. La

1. La liquidation de l'année 1900 n'est pas encore terminée.
2. *Chambre des députés*, septième législature, n° 1434.

charge incombe à la commune, toutes les fois que les conditions de domicile prévues par les art. 6 et 7 de la loi du 15 juillet 1893 se trouveront réunies. Une part contributive sera allouée à la commune par le département et l'État sur les bases prévues par la même loi ; les bureaux de bienfaisance, hôpitaux et hospices possédant, en vertu de fondations ou libéralités, des biens dont le revenu a été affecté par le donateur à l'assistance des vieillards, des infirmes et des incurables, devront contribuer à l'exécution de la loi nouvelle en remettant annuellement aux communes le montant de ces revenus spéciaux.

A défaut des conditions de domicile prévues, la charge de l'assistance sera supportée par le département ou, en dernier lieu, par l'État.

Les secours pourront être alloués sous trois formes différentes :

1° L'allocation d'une pension à domicile, qui devra toujours être préférée, quand les conditions de famille du bénéficiaire en permettront l'application ;

2° Le placement familial, toutes les fois qu'on pourra suppléer à l'absence de parents par des concours étrangers ;

3° L'hospitalisation.

Cette troisième forme de secours passe, avec raison, au dernier rang. Ce n'est pas seulement parce qu'elle est beaucoup plus coûteuse [1] qu'on doit la rejeter ; l'expérience a prouvé que, dans ces agglomérations de vieillards, chacun apporte ses vices et ses défauts de caractère qui s'exaspèrent par le contact continuel. Le

---

1. M. Bienvenu-Martin calcule le coût moyen d'un vieillard assisté à domicile à 150 francs ; ce prix s'élève à 220 francs en cas de placement familial et à 480 francs s'il s'agit de l'hospitalisation. (Rapport précité, exposé des motifs, p. 19.)

milieu familial, au grand air, loin des cabarets et des excitations malsaines, est préférable à tous égards. L'essai tenté depuis plusieurs années dans le Cher par la ville de Paris pour ses déments séniles a donné les meilleurs résultats, en dépit des difficultés spéciales que présentait le placement de cette catégorie. Depuis longtemps, la Belgique et la Hollande nous ont donné l'exemple et nous pouvons étudier avec grand profit leurs expériences, soit à la colonie de Gheel, près Anvers, soit dans la constitution du *hofje* hollandais [1] et des *godshuizen* flamands [2].

Le développement du placement familial aura pour résultat de remédier, dans une certaine mesure, à l'insuffisance du nombre des lits d'hospice. D'après l'enquête à laquelle a procédé la direction de l'Assistance publique, leur nombre est d'environ 65.000 [3], dont la répartition est très inégale; 6.000 sont constamment inoccupés tandis qu'ailleurs on manque de place. Le projet prévoit une contribution de l'État en

1. M. le docteur van Handel, inspecteur général des aliénés des Pays-Bas, a présenté un rapport très intéressant au Congrès d'assistance familiale réuni à Paris en octobre 1901, sous la présidence de M. E. Cheysson. Le *hofje* hollandais, dont l'institution remonte fort loin, combine l'hospitalisation du vieillard avec l'assistance par le travail. Nous en avons à Lyon une variante française dans la Cité de l'Enfant Jésus, créée en 1855 par l'abbé Rambaud pour permettre aux vieux ménages pauvres de conserver leur foyer distinct, la vie de famille et de travail.

2. Cf. Communication de M. Mauger au Congrès des Sociétés savantes réuni à Paris en avril 1902, section des sciences économiques et sociales.

3. Sans compter Paris, laissé en dehors du projet de loi, et qui possède 8.932 lits d'hospice, auxquels il convient d'ajouter 4.088 secours représentatifs annuels. (Discours de M. Labusquière, séance du Conseil municipal de Paris du 13 juin 1898.)

Il convient de remarquer que Paris se trouve présentement, sous ce rapport, dans une position sensiblement moins favorable qu'à la fin de l'ancien régime.

En 1788, la capitale possédait 6.000 lits de vieillards pour une population de 524.000 habitants, soit un lit pour 87 habitants.

En 1898, les 13.020 lits ou pensions rapprochés d'une population de 2.536.834 habitants représentent 1 lit pour 188 habitants.

vue de favoriser la construction et l'amélioration des hospices nécessaires pour l'exécution de la loi. Un tiers des fonds du Pari mutuel, consacrés aux œuvres de bienfaisance, sera versé à l'État pour être appliqué spécialement à ces subventions.

Il était nécessaire d'évaluer les charges financières que l'adoption du projet serait susceptible d'entraîner. M. Fleury-Ravarin, dans son rapport de 1895, avait prévu 144.000 vieillards à assister, sans compter Paris, et, en déduisant les dépenses actuelles, il calculait un supplément de charges de 9.164.181 fr. M. Émile Rey était arrivé à un résultat analogue, à l'aide de calculs différents. M. Bienvenu-Martin refait à son tour ces évaluations ; il compte 110.000 vieillards et 55.000 infirmes ou incurables, et fixe la charge nouvelle à 12 millions qui se répartiraient ainsi, si l'on adoptait les mêmes bases que pour l'Assistance médicale gratuite :

Communes............	55 p. 100	6.600.000 »
Départements............	26 »	3.120.000 »
État.................	19 »	2.280.000 »
Total..............		12.000.000 »

Mais c'est là une répartition globale, qui portera fort inégalement sur les communes, suivant qu'elles faisaient ou non des sacrifices antérieurs pour assister leurs vieillards.

Bien que ce rapport soit déposé depuis plus de deux ans, il n'est pas venu en discussion pendant le cours de la dernière législature. Le gouvernement en accepte le principe, qu'il déclare, du reste, conforme au projet élaboré par le Conseil d'État et adopté par le conseil des ministres à la date du 1er juillet 1898.

Ce dernier projet n'a même pas été déposé par le ministère Waldeck-Rousseau qui entend donner le pas au projet de retraites ouvrières dont M. Guieysse est rapporteur [1].

On peut le regretter. La discussion de cette proposition soulève de grosses difficultés et promet d'être laborieuse; quel que soit le sort qui lui est réservé, elle laissera toujours en dehors de nombreux vieillards qui n'auront pas fait les versements prévus. Eussent-ils été coupables d'imprévoyance, on ne saurait les laisser mourir de faim. Tout ce que peut exiger la prudence, c'est de leur faire une situation moins bonne que celle du prévoyant, de manière à encourager l'épargne, et c'est à quoi ont pourvu les divers projets [2]. La réforme proposée remédie aux cas urgents, elle établit une charge relativement modérée, susceptible de s'incorporer sans trop de peine dans des budgets qui ne comportent pas actuellement de prévisions grandioses. Elle constitue enfin la préface nécessaire de toute loi répressive de la mendicité, car jamais on n'admettra, dans notre pays à traditions chrétiennes, qu'on interdise à un vieillard de mendier tant qu'on ne lui aura pas assuré par une autre voie le minimum de ressources indispensable à la prolongation de son existence.

---

1. Trois rapports ont été successivement déposés dans les séances des 9 mars 1900, 14 mai et 29 octobre 1901. (*Chambre des députés*, 7ᵉ législature, nᵒˢ 1502, 2333 et 2660.)

Au dernier rapport sont annexés trois volumes contenant les réponses faites à l'enquête poursuivie près des associations ouvrières et chambres de commerce en vertu de la résolution votée par la Chambre le 2 juillet 1901. M. Maurice BELLOM a résumé cette enquête, avec sa compétence et son impartialité habituelles, dans deux articles publiés par la *Revue politique et parlementaire*, janvier et février 1902.

2. Voir à ce sujet le rapport de M. G. RONDEL au Congrès d'Assistance publique et de Bienfaisance privée de 1900. (*Actes du Congrès*, t. IV p. 155.)

CHAPITRE VI

I. — Entre les deux périodes extrêmes que nous venons
d'examiner, l'ouvrier a à sa disposition environ quarante années pendant lesquelles il jouit de la plénitude
de ses forces et paraît être en mesure de suffire à ses
besoins par son travail. L'expérience de tous les jours
nous montre cependant un grand nombre de travailleurs qui ne peuvent réaliser cette vocation. Laissons
pour le moment de côté ceux auxquels on peut imputer un manque de caractère ou une mauvaise volonté
qui les rendent responsables de leur embarras, paresseux, mauvais ouvriers, insubordonnés, alcooliques ;
nous les retrouverons au chapitre suivant. Même
parmi les seuls « chômeurs innocents » nous en apercevons bien vite qui souffrent d'incapacités physiques
rendant le travail impossible : maladie, accidents, infirmités ; d'autres sont victimes de phénomènes économiques qui dépassent leur volonté et les privent néanmoins de leur emploi : surproduction, manque de travail momentané, fermeture d'une usine.

Pour les premiers, le seul remède fut longtemps la
bienfaisance publique ou privée, procédant par allocation de secours temporaires.

Depuis une quarantaine d'années, on s'est préoccupé de lui adjoindre diverses formes de l'assurance permettant à l'ouvrier de se prémunir contre les accidents et la maladie à l'aide d'un prélèvement sur son salaire en temps d'activité normale. Dans certains pays, ces caisses spéciales sont d'ordre privé; ailleurs, en Allemagne notamment, on en a fait des institutions d'État en leur donnant un caractère obligatoire[1].

On s'est demandé s'il ne serait pas possible d'organiser un remède analogue pour les ouvriers valides, victimes du chômage involontaire. Nous avons expliqué comment le chômage est un des principaux facteurs du vagabondage, en déracinant l'ouvrier, qui doit souvent aller au loin chercher une occupation nouvelle. Les institutions créées en vue d'atténuer les conséquences du chômage auront donc une action directe sur la diminution du vagabondage, de même que celles qui remédient à la maladie ou à l'infirmité diminuent le nombre des mendiants.

Il convient d'abord de distinguer une catégorie nombreuse de chômeurs qui peuvent se passer de l'assurance. Certaines professions sont sujettes à des interruptions périodiques de travail tenant soit aux saisons (ouvriers du bâtiment, jardiniers, cultivateurs), soit aux habitudes de la clientèle (modistes ou couturières de Paris). La régularité même de ce phénomène permet de lui assurer un remède; c'est à la prévoyance de prélever sur le salaire de la saison d'activité la part destinée à garantir l'existence des mauvais jours. Cela est parfois difficile, quand le taux du salaire est restreint; il est toutefois plus facile d'éviter un mal prévu que l'in-

---

1. Les questions des *Assurances ouvrières*, de *l'Organisation des secours publics et privés* et de l'*Assistance par le Travail* seront traitées spécialement dans d'autres volumes de la même collection.

cident fortuit qui vient brusquement priver l'ouvrier de son salaire, la famille de son pain.

Les premiers essais d'assurance[1] tentés à Berne (1892), à Cologne (1896), visèrent néanmoins plus spécialement la première catégorie de chômeurs. Dans ces conditions, les adhérents étant presque tous atteints simultanément, la caisse n'aurait pu guère leur allouer que le montant de leurs cotisations, si les subventions municipales et les dons des patrons n'étaient intervenus pour une large part. On arriva ainsi à distribuer aux chômeurs des sommes représentant six à sept fois les versements, mais, dans ces conditions, nous nous trouvons en présence d'une œuvre d'assistance plutôt que d'une œuvre d'assurance[2].

Le principe de l'obligation a été appliqué aux caisses d'assurance contre le chômage par une loi du canton de Saint-Gall, du 19 mai 1894. Les communes du canton furent autorisées à créer des caisses auxquelles devraient participer tous les salariés gagnant de 2 à 5 francs par jour, en effectuant des versements proportionnels à leurs salaires. La commune de Saint-Gall usa immédiatement de la faculté donnée par la loi en créant une caisse spéciale, subventionnée par la ville et le canton. Mais on remarqua bientôt que les gens

1. Sur l'assurance contre le chômage, consulter : Eug. ROSTAND, *l'Assurance contre le chômage involontaire* (*Réforme sociale*, 16 nov. 1896). — Raoul JAY, *Un projet d'assurance contre le chômage dans le canton de Bâle-Ville* (*Revue d'économie politique*, 1895). — *L'assurance obligatoire contre le chômage à Saint-Gall* (*Revue politique et parlementaire*, 1894, 1895 et 1896). — Maurice VANLAER, *l'Assurance contre le chômage professionnel* (*Correspondant*, 25 nov. 1901). — Dr BÖHMERT, *zur Statistik der Arbeitslosigkeit, der Arbeitsvermittlung und der Arbeitsversicherung*, 42 p. Dresden, 1895.

2. A Berne, par exemple, le chômage d'hiver atteint la moitié des adhérents de la caisse municipale, et néanmoins chacun reçoit en moyenne 50 francs pour 6 francs de versements. A Cologne, où la caisse est autonome, les versements s'élèvent à 10 francs et la somme moyenne encaissée à 30 francs. (Maurice VANLAER, *art. cit.*, p. 646 et 649.)

auxquels incombaient les cotisations les plus faibles étaient ceux qui payaient avec le moins de régularité, et, en même temps, ceux qui se trouvaient le plus fréquemment exposés au chômage (journaliers, maçons, couvreurs, charpentiers, peintres). Ainsi, comme le remarque un des économistes qui ont fait une étude spéciale de cette question, « l'organisation de la caisse a eu pour effet de séparer les ouvriers en deux classes, dont l'une paie les cotisations sans toucher les indemnités de chômage, tandis que l'autre touche les indemnités sans payer les cotisations [1] ».

Au bout de deux exercices, les réclamations de plus en plus vives des intéressés amenèrent la suppression de la caisse de Saint-Gall. L'institution analogue votée en 1899 par le Grand Conseil du canton de Bâle fut rejetée au *referendum* communal par 5.454 voix contre 1.119. Les ouvriers se prononcèrent en grande majorité contre la loi. Depuis lors, l'Union ouvrière de Bâle a constitué une Caisse libre d'assurance contre le chômage à laquelle le gouvernement cantonal a accordé une subvention [2].

L'échec de ces tentatives prouve combien il est difficile de grouper dans une caisse générale des ouvriers appartenant à des industries diverses, entre lesquelles l'intensité du chômage varie dans une forte proportion. On est arrivé à des résultats plus satisfaisants quand on a constitué, dans le sein de syndicats professionnels, des caisses de chômage opérant sur un personnel restreint, connu, dont chaque individualité se trouve placée dans des conditions sensiblement analogues.

Les premiers essais de ce genre ont été tentés dès 1833 dans les Trade-Unions qui se sont toujours parti-

1. Raoul JAY, *art. cit.*
2. *Bulletin de l'Office du travail*, 1902, p. 31.

culièrement préoccupées de mettre leurs adhérents à l'abri du chômage [1]. De 1851 à 1868, la seule Union des mécaniciens, qui comptait 382.492 membres, a distribué en secours £.720.655 dont £. 425.844 pour leurs seuls secours de chômage [2]. D'après les statistiques les plus récentes [3], il y aurait dans l'Angleterre et le Pays de Galles 400 associations, qui représentent 6.000 syndicats et groupent 800.000 membres, allouant à leurs adhérents des secours de chômage. Il convient de signaler le soin avec lequel ces diverses associations s'appliquent à se défendre contre le chômeur d'habitude; le secours accordé, qui varie en général de 10 à 15 shillings par semaine pendant la première année, est diminué au cours de la seconde et cesse parfois dès la troisième; ou, s'il est continué, il se réduit progressivement pour cesser à la quatrième ou à la cinquième. Très rares sont les Unions qui admettent le droit au secours pour un nombre illimité d'années.

Nous sommes encore moins avancés en France. Une enquête, à laquelle l'Office du travail a procédé en 1895 avec le soin qu'il apporte toujours à l'étude de ces questions, a révélé au 1er juillet 1894 l'existence de 2.178 syndicats ouvriers parmi lesquels 487 seulement ont déclaré allouer des secours à leurs adhérents en cas de chômage [4]. A la suite d'une seconde enquête spéciale à ce point on a constaté que 87 syndicats

---

1. « La *Trade-Union* est avant tout une caisse permanente de chômage ; son but est d'amasser un fonds de réserve qui grossit rapidement dans les années prospères et qui est destiné à soutenir les membres de la société lorsqu'ils chôment soit faute d'ouvrage, soit par suite d'une grève. » (HOWELL, *le passé et l'avenir des Trade-Unions*, préface de LA COUR GRANDMAISON, p. XV.)

2. Dr BÖHMERT, *op. cit.*

3. Ces statistiques sont analysées par M. VANLAER dans l'article précité.

4. *Documents sur la question du chômage*, 1896. — *L'Annuaire des syndicats professionnels* pour 1899 mentionne 376 caisses de chômage en activité.

seulement, groupant 16.250 membres, pratiquent réellement ce genre d'assurance mutuelle. La dépense représente une charge moyenne de 5 fr. 17 par tête.

Les Unions du bâtiment ont créé en Angleterre une organisation permettant à l'adhérent de bénéficier de son droit au secours de chômage même en dehors de son domicile. Tout ouvrier qui se déplace reçoit un livret — *travelling card* — portant son nom, son signalement, l'indication de l'allocation totale à laquelle il a droit d'après les règlements de son association, et dont le montant est porté en tête du compte préparé sur le livret. Une liste imprimée indique les noms et adresses des correspondants chez lesquels le porteur pourra toucher des acomptes; c'est donc une véritable lettre de crédit syndicale que l'ouvrier emporte ainsi avec lui [1].

Deux fédérations françaises de syndicats, celle du livre et celle des ouvriers lithographes, ont établi une organisation analogue pour les secours de route [2].

II. — Dans tous les cas, par suite de leur taux réduit et de leur caractère temporaire, les allocations des caisses de chômage ne constituent qu'un expédient qui atténue les souffrances causées par le manque de travail, mais ne saurait les faire cesser. Le placement seul peut produire cet effet en procurant un nouvel emploi et, par suite, des ressources suffisantes et durables.

En le considérant à ce point de vue, on peut dire que le placement remplit une fonction sociale qui n'est pas moins importante que celle de l'assistance; on pourrait même soutenir qu'elle est supérieure, car le placement présente plus de difficultés et demande un

---

1. Paul DE ROUSIERS, *le Trade-Unionisme en Angleterre*, Paris, 1897, p. 76 et suiv.

2. *Bulletin de l'Office du travail*, septembre 1901.

effort plus soutenu, mais en même temps il est moins exposé au risque de manquer son but en produisant un effet contraire à celui qu'il se propose.

Le placement n'a, du reste, à faire œuvre d'initiative que sous le régime de la liberté du travail [1]. Jusqu'à la Révolution, les corporations ont réparti les emplois entre leurs ressortissants suivant les besoins constatés; le même rôle appartiendrait à l'État dans l'organisation socialiste. Depuis les décrets des 17 mars et 17 juin 1791, au contraire, l'ouvrier a dû se préoccuper personnellement de trouver l'emploi de ses forces et de ses capacités.

Le placement peut être opéré directement ou par intermédiaire, gratuitement ou moyennant une rétribution.

Le placement est dit direct quand l'employeur et l'employé entrent en rapport sans intermédiaire, soit au domicile du patron, soit sur les emplacements traditionnels connus sous le nom de « grèves [2] ». Le placement direct n'est pas réglementé; il en est de même de celui qui est pratiqué à titre gratuit par certains intermédiaires officieux : bouchers, épiciers, logeurs.

Le placement rétribué est, au contraire, soumis au contrôle des maires par le décret du 25 mars 1852; les titulaires doivent obtenir une autorisation, toujours révocable en cas de contraventions graves; leurs opé-

1. L'Office du travail a procédé en 1891 et 1899 à deux enquêtes sur le placement dont les résultats ont été publiés : *Le placement des ouvriers, employés et domestiques en France*, 1 vol., Paris, 1893. — *Seconde enquête sur le placement des ouvriers, employés et domestiques*, Paris, imprimerie nationale, 1901. — Voir aussi l'étude très complète publiée par M. le professeur Raoul JAY sous le titre : *Le placement en France.* (*Archiv für sociale Gesetzgebung*, t. IX, 1896, p. 1-34.)

2. Le nombre de ces *grèves* diminue; l'enquête de 1899 en relève 48 à Paris, dix-huit départements seulement en possèdent encore, pour le bâtiment, les travaux agricoles ou certains besoins locaux, par exemple, des débardeurs dans certains ports de mer.

rations sont vérifiées par la police municipale. A la fin de 1899, il existait en France 1.455 bureaux autorisés ; sur ce nombre 965 s'occupaient exclusivement des domestiques et 185 des employés de l'alimentation ; ces deux catégories avaient donné lieu ensemble à 503.000 placements (350.000 + 153.000) sur un total de 600.000. Les bureaux autorisés s'occupent donc fort peu des ouvriers de l'industrie.

A la suite des plaintes suscitées par certains abus, une campagne très vive fut menée à Paris en 1886 contre les bureaux autorisés ; une Ligue spéciale se créa dans le but de réclamer leur abolition et de constituer un monopole en faveur du placement gratuit effectué par les municipalités ou les syndicats professionnels.

· Les bureaux municipaux n'ont pas pris jusqu'ici une très grande extension. A Paris, il en existe 18 qui ont fait, en 1899, 21.000 placements à demeure ; mais sur ce total, celui du X° arrondissement figure pour 15.260 et celui du VI° pour 3.740, ce qui réduit à 2.000 le contingent des 16 autres. Dans les départements, 33 bureaux réalisent annuellement de 6.000 à 8.000 placements ; les plus forts contingents sont fournis par Montpellier (3.670), Narbonne (2.000), Grenoble et Lyon (700), Nancy (600).

Le nombre des placements est bien autrement considérable dans les syndicats professionnels. Depuis la loi du 21 mars 1884, le nombre de ces associations augmente d'année en année et concurremment s'élève celui des placements gratuits effectués par leurs secrétariats. Il n'a pas été possible d'obtenir des renseignements assez complets pour que la récente enquête ait pu en préciser le nombre ; il est certainement considérable. Voici le résumé des chiffres relatifs à ce mode de placement qu'a publiés l'Office du travail :

	Nombre des syndicats.	Nombre des syndicats qui font des placements.	Taux p.100.	Nombre des placements communiqués.	
Syndicats patronaux.	2.157	137	5,4	16 synd. p.	12.645 pl.
— ouvriers..	2.685	653	24,3	353 —	4.505 —
— mixtes....	170	27	15,8	10 —	4.232 —.

Les 33 bourses de travail relevées par l'enquête ont accusé aussi des chiffres importants de placements : 21.000 à Paris, 35.000 dans les départements; mais il existe de nombreux doubles emplois entre ces totaux et ceux donnés par les syndicats qui font partie des bourses de travail.

Une troisième catégorie de placements comprend ceux qui sont réalisés par des sociétés privées ou des œuvres de bienfaisance. Les plus anciennes de ces sociétés sont les *compagnonnages* qui remontent à l'ancien régime, et dont le nombre diminue progressivement; on n'en a relevé que 21 en 1899. 150 sociétés de secours mutuels ont entrepris le placement de leurs adhérents, 126 d'entre elles ont accusé 26.464 placements à demeure. Quant aux œuvres de bienfaisance, au nombre de 450, nous en retrouverons un certain nombre dans la suite de ce chapitre; le surplus comprend principalement des communautés religieuses qui cherchent du travail pour leurs anciennes élèves ou protégées. Mentionnons enfin quelques journaux s'occupant spécialement de placement ou insérant gratuitement les annonces relatives aux offres et demandes de travail; ils sont peu nombreux.

A la suite de l'agitation de 1886, le Conseil supérieur du travail a préparé un projet de réglementation des institutions de placement. Plusieurs propositions poursuivant le même but ont été soumises à la Chambre par l'initiative de divers députés; toutes s'inspirent plus ou moins des idées de la Ligue pour l'abolition des bureaux de placement et tendent à faire disparaître le placement rétribué pour constituer un monopole au placement gratuit. C'est le parti qu'a adopté la Chambre en votant, le 29 novembre 1900, un projet supprimant tous les bureaux rétribués dans un délai de cinq ans[1]. Le Sénat s'est refusé à admettre ce principe. Par trois fois, il a décidé que les deux formes du placement doivent coexister, tout en prenant des mesures propres à favoriser le développement du placement gratuit[2].

Cette solution ménage tous les intérêts. Les députés qui veulent supprimer les bureaux payants ne cachent pas leur intention de constituer un monopole de fait aux syndicats ouvriers; c'est là un moyen de rendre indirectement le syndicat obligatoire, contrairement aux dispositions formelles de la loi de 1884. Actuellement, les sept huitièmes des travailleurs ne sont pas syndiqués; pourquoi les empêcher de s'adresser à l'institution qui convient le mieux à leurs besoins? Les gens de maison, par exemple, n'ont créé que de très rares syndicats; ils préfèrent le bureau payé parce que, stimulé par le désir de satisfaire sa clientèle, le directeur individualise mieux chaque placement, et donne aux serviteurs les plus capables les places où le maître est plus exigeant, mais rétribue plus largement les services. Pourquoi forcer cet homme à s'adresser au bu-

1. Proposition de loi de M. Coutant, 8 nov. 1898. (*Ch. des dep.*, n° 328, 1898.) — Rapport de M. Georges Berry. (*Ch. des dép.*, n° 1289, 1899.)
2. La dernière discussion a eu lieu les 28 et 30 janvier 1902, et a abouti à l'adoption des conclusions du rapporteur, substituant au texte adopté par la Chambre celui que le Sénat avait déjà voté en 1898. (Rapport de M. Ch. Prevet, *Sénat*, n° 443, 1901.)

reau municipal qui a toujours une tendance bureaucratique à placer les gens suivant leur ordre d'inscription? Enfin, il y a surtout là une question de justice. Dans sa réponse à l'enquête de 1899, le préfet de police établit que les 236 bureaux de Paris qui ont changé de titulaire depuis leur fondation représentent actuellement un prix global de 2.118.185 francs; de quel droit supprimerait-on cette propriété?

Ce n'est pas dans un retour au monopole qu'il faut chercher le moyen de généraliser le placement gratuit; on y arrivera plus sûrement par l'augmentation du nombre de ces bureaux et l'amélioration de leur fonctionnement. On leur reproche de ne pas assez se spécialiser et d'ignorer, par suite, les usages et les besoins particuliers de chaque clientèle. On constate aussi que, en général, ces institutions se tiennent trop cantonnées dans leur cercle local, elles ne sont pas assez au courant des besoins de main-d'œuvre qui se manifestent sur d'autres points. Il convient donc de leur signaler l'exemple donné par diverses organisations créées depuis quelques années dans deux pays étrangers dans le but de répondre à ce besoin d'informations.

Le premier bureau allemand de placement gratuit fut créé à Stuttgard en 1865. Le Wurtemberg possède aujourd'hui sept bureaux principaux (*Arbeitsämter*); tous sont reliés par le téléphone avec le bureau principal de Stuttgard, qui fonctionne comme bureau central et communique deux fois par semaine la liste des emplois vacants à toutes les villes comptant plus de 3.000 habitants.

Une organisation analogue fut créée en 1889 dans le grand-duché de Bade par douze sociétés d'intérêt général, ayant toutes leur siège à Carlsruhe, qui s'entendirent pour fonder à frais communs un bureau de placement. L'institution se développa rapidement, des succursales furent ouvertes dans plusieurs villes, des bureaux principaux érigés dans les plus importantes. En même temps, on nouait des relations avec diverses associations ouvrières. En 1894, les subventions accordées par les villes furent élevées de manière à permettre de supprimer le léger droit d'inscription exigé au début. Grâce à cette gratuité, le nombre des placements effectués a constamment augmenté [1] et une Union des bureaux de placement badois a été créée le 24 mai 1896 avec dix bureaux adhérents.

L'Union respecte l'organisation particulière des bureaux, dont les règlements varient sensiblement entre eux; mais tous les bureaux ont adopté certaines dispositions communes pour leur fonctionnement. Tous sont reliés par le téléphone. Les patrons qui ont besoin d'ouvriers envoient une carte postale munie d'une formule affranchie disposée pour la réponse. Les demandes et offres d'emploi sont publiées dans les journaux locaux, qui consentent à peu près tous à les insérer gratuitement, et le relevé des demandes et offres de travail est communiqué, chaque semaine, aux divers bureaux adhérents. Enfin, les relevés sont établis sur un formulaire commun, de manière à faciliter la rédaction de la statistique générale de l'Union.

Une circulaire du ministre du commerce et de l'industrie en Prusse signalait, dès le 31 octobre 1884,

---

1. Voici les chiffres que nous relevons dans les comptes rendus annuels de l'Union :

1894	7.484 inscriptions,	7.038 placements, soit	94	%
1895	13.439 »	12.508 »	» 90	»
1896	16.700 »	16.037 »	» 96	»
1897	43.969 »	36.894 »	» 84	»
1898	71.782 »	51.279 »	» 71,50	»
1899	79.644 »	58.994 »	» 74,10	»
1900	79.397 »	59.354 »	» 74,75	»

l'organisation wurtembergeoise à l'attention de l'U-nion des industriels allemands. Une seconde circulaire du 21 juin 1894 a recommandé la création de bureaux municipaux gratuits dans toutes les villes de plus de 30.000 âmes.

A mesure que les institutions de placement se développaient ainsi sur les divers points de l'Allemagne, on sentait la nécessité de les grouper en une organisation générale, superposée à celles qui fonctionnaient déjà dans certains États. Cette Union allemande a été constituée à Berlin en 1898 sous la présidence de M. le Dr Freund. Elle réunit plus de cent sociétés adhérentes, Unions locales ou bureaux isolés, et a tenu ses assemblées générales à Munich en 1899 et à Cologne en 1900. Le but poursuivi est de dresser la statistique annuelle du placement et de favoriser la création de bureaux nouveaux.

C'est toutefois en Autriche qu'a été élaboré le premier projet de loi en vue d'une organisation nationale complète et rationnelle. L'Office du travail de Vienne a préparé un texte qui a reçu l'approbation du Conseil supérieur du travail [1]. Ce projet attend le moment où les Chambres auront le loisir de l'examiner.

La création de bureaux payants sera soumise à l'autorisation, tandis que les sociétés charitables, associations professionnelles et communes ne seront tenues qu'à une simple déclaration. Toutes les villes de plus

---

1. Une statistique publiée par le ministère du commerce en mai 1896, accuse pour l'Autriche 2.858 bureaux de tout ordre, ayant opéré dans l'année 319.000 placements, répartis comme suit :

180.692	placements opérés par les bureaux payants	. . .	soit	56 %
76.875	—	—	— corporatifs . .	»	24 %
43.125	—	—	stations de secours en nature.	»	13,52 %
18.318	—	—	organisations diverses . .	»	6,48 %
319.000					100

de 30.000 âmes devront avoir un bureau municipal de placement gratuit, le ministre pourra imposer la même obligation aux villes industrielles d'une population inférieure. Dans chaque district existera un bureau central et, à Vienne, un bureau central impérial formera la clef de voûte de tout le système.

En résumé, de quelque côté que l'on considère la question du chômage, on arrive toujours à des constatations identiques. Les enquêtes faites à diverses reprises depuis quinze ans aux États-Unis, en Allemagne, en Angleterre, en France [1], ont confirmé les affirmations des économistes [2] en établissant l'existence à peu près permanente d'une proportion de chômeurs variant de 8 à 10 p. 100 du personnel ouvrier [3].

Mais les périodes de chômage sont fort inégalement réparties entre les professions et, dans chaque profession, entre les ouvriers. Tandis qu'on rencontre dans les ateliers une proportion à peu près fixe de 60 p. 100 de travailleurs constamment occupés, les autres sont atteints d'autant plus fortement par le manque de travail; ce sont les ouvriers inférieurs, les *unskilled,* comme on dit en Angleterre, qui ne sont employés que

1. *Report of the Bureau of Labour statistics of Massachusets,* 1875. — *Tabulation of the statement made by men diving in four selected districts of London* in march 1887. — *Enquête des syndicats gantois.* (*Revue du travail,* Bruxelles, janvier 1899.) — *Bureau impérial de statistique allemand :* recensement professionnel du 14 juin 1895, recensement de la population du 2 décembre 1895. — Recensement professionnel du 24 mars 1896. (*Bulletin de l'Office du Travail.*)

2. Carol WRIGHT, *Annual reports of the department of Labour,* Washington, 1891 and foll. — Charles BOOTH, *Labour and Life of the people,* London, vol. II.

3. C'est ce que Karl Marx appelle « la réserve de l'armée active du travail », en attribuant à son existence l'avilissement du taux des salaires.

A l'autre pôle des doctrines économiques, M. Paul Leroy-Beaulieu constate également qu'il y a en tout temps « un surplus inoccupé de population ». (*Le Collectivisme,* liv. II, ch. vi.)

dans les moments où l'ouvrage presse et ne gagnent, même alors, que des salaires réduits.

Il existe, en second lieu, une catégorie nombreuse de gens qui ne travaillent jamais que momentanément, pour des coups de feu ou des extras de quelques jours. Ce sont des journaliers, hommes de peine, débardeurs, ouvriers des ports, qui chôment, en moyenne, un jour sur deux ou sur trois, suivant les saisons.

Dès qu'une crise survient, ces deux catégories de chômeurs fournissent de nombreuses recrues à l'armée de parasites dont nous nous occupons dans ce travail. Leurs minces réserves sont vite épuisées ; ils mendient tant qu'ils restent sur place et s'efforcent de suppléer ainsi à l'insuffisance de ressources ; s'ils se déplacent pour aller chercher ailleurs l'emploi qui leur fait défaut, ils sont particulièrement exposés à prendre goût à cette vie oisive et à devenir des vagabonds professionnels.

III. — Au cours de leurs déplacements, ces voyageurs sans ressources ont forcément recours à la charité. Ils demandent la nourriture et le coucher aux fermes isolées qu'ils rencontrent, et les cultivateurs n'osent renvoyer ces hôtes importuns, de peur de s'exposer à voir incendier leurs meules ou empoisonner leur bétail. On accorde le pain, parfois la soupe, et une place pour la nuit dans la grange à foin, en ayant soin d'exiger la remise du tabac et des allumettes. Dans certaines fermes importantes, ces demandes sont assez régulières pour qu'on ait aménagé un local spécial pour les « passants ».

Plus généralement, ce sont les communes qui se sont chargées d'organiser des abris dans le but de débarrasser leurs ressortissants de ces visiteurs incommodes ; abris fort rudimentaires, pour la plupart, tenant plus du violon que de l'asile de nuit. Ils consistent en une chambre blanchie à la chaux, n'ayant souvent d'autre ouverture que la porte, où on couche sur la paille, pêle-mêle. On ne rencontre qu'accidentellement deux salles spéciales pour assurer la séparation des sexes [1], et l'installation des lits de camp constitue une exception. La surveillance de l'abri est confiée au garde champêtre qui se contente généralement de fermer le soir la porte à clef et de venir la rouvrir au petit jour.

Cette organisation sommaire n'est pas sans présenter des dangers. Il y a quelques années, à Champhol (Eure-et-Loir), un hospitalisé mit le feu à la paille en fumant et fut asphyxié et brûlé, parce qu'il ne put se faire entendre. Ailleurs, des maladies contagieuses ont été propagées par des individus qui ont couché successivement dans des abris dont la paille avait été contaminée par un malade. Une enquête attentive a permis à MM. les docteurs Netter et Thoinot de déterminer la marche de l'épidémie de typhus exanthématique qui, en 1893, a coûté la vie à l'abbé Clabaut, fondateur de l'Asile de nuit d'Amiens, et à deux employés de celui de la rue de Tocqueville, à Paris [2].

La direction de l'Assistance et de l'Hygiène publiques au ministère de l'intérieur s'est préoccupée de ces faits et a fait procéder à une enquête sur le nombre et l'organisation des abris ruraux et asiles de nuit. M. le docteur Drouineau, inspecteur général des services administratifs, s'est chargé de dépouiller les indications données par l'enquête et d'en tirer les conclusions [3].

1. Dans la Somme, par exemple, sur 334 abris, 241 n'ont qu'un seul local et 231 seulement sont munis de lits de camp.

2. Voir la communication de M. le docteur TISON au Congrès de l'Association française, tenue à Caen en 1895 : *Du rôle des roulottiers et vagabonds dans la dissémination des maladies contagieuses.*

3. Ce rapport a été publié par la *Revue d'Assistance*, 1897, p. 241-276.

Il a constaté l'existence d'environ 4.000 abris ruraux fort inégalement répartis sur l'étendue du territoire. Ils sont particulièrement nombreux dans les départements qui entourent Paris : on en trouve 300 en Eure-et-Loir, département qui renferme 426 communes ; 347 en Seine-et-Marne. Ces abris se prolongent en une ligne compacte vers le nord-est, dans les départements de la Somme, de l'Oise, de l'Aisne,.des Ardennes. Dans ce dernier département, le Conseil général a consacré, en 1891, une somme de 25.000 fr. obtenue sur les fonds du Pari mutuel, à la création de 62 abris installés dans les communes plus particulièrement fréquentées par les-voyageurs indigents. Nous trouvons un second prolongement un peu moins dense, au sud-ouest, dans la direction de Bordeaux. Partout on relève la même négligence au point de vue de la moralité et de l'hygiène. Nous n'avons pas connaissance qu'on ait encore créé aucun abri d'après le plan-type proposé par M. le docteur Drouineau, avec désinfection des vêtements et douches ; le prix en est cependant assez réduit pour pouvoir être accepté par toutes les communes de quelque importance.

Dans certaines villes de province, nous trouvons une curieuse persistance des traditions du moyen âge dans l'installation à l'hôpital d'une ou deux chambres destinées au logement des passants indigents. Nous en avons relevé notamment à Montmorillon (Vienne), à Moulins, Cusset, Gannat, Saint-Pourçain (Allier). A l'hospice de Gien (Loiret), une *chambre d'asile* fut inaugurée en 1846, sur l'initiative de M. le docteur Ballot [1], et plusieurs

L'auteur en a donné un résumé sous le titre : *Les enquêtes sur le vagabondage*, dans la *Revue philanthropique*, t. I, 1897, p. 321-336. — Voir aussi sa communication au Congrès national d'Assistance de Lyon, en 1894 : *La création des Asiles de nuit et le Vagabondage*. (*Actes du Congrès*, t. II, p. 406.)

1. *Revue d'Assistance*, 1894, p. 75.

autres hospices créèrent à leurs frais des salles du même genre, désignées généralement sous le nom de *chambres des voyageurs*. Cette organisation constituant une charge assez lourde, la plupart des hospices l'ont supprimée depuis la promulgation de la loi du 15 juillet 1893 sur l'assistance médicale gratuite et réservent leurs lits aux seuls indigents *malades,* munis d'un certificat médical ou trouvés sur la voie publique.

Dans d'autres villes, les mairies accordent aux passants des bons de logement dans des auberges avec lesquelles la ville a conclu un contrat; on y joint généralement un bon d'aliments soit pour un, soit pour deux repas.

On sait combien étaient nombreuses, au moyen âge, les *aumosneries* et *maisons-Dieu* fondées par des donations particulières en vue de « hosteler et hébergier les povres passans ». Ces fondations disparurent peu à peu, à partir du dix-septième siècle; leurs biens furent réunis pour la plupart aux hôpitaux généraux et les derniers survivants disparurent dans la tourmente révolutionnaire. Cette tradition charitable n'était plus représentée que par les quelques chambres d'hospice signalées plus haut, quand M. François Massabo la renoua en ouvrant, le 24 décembre 1875, le dortoir aménagé par l'Œuvre hospitalière de Marseille.

Des institutions analogues ont été créées depuis lors en grand nombre à Paris et en province. Une enquête à laquelle nous nous sommes personnellement livré a révélé l'existence au 1er juillet 1898 d'une centaine d'asiles de nuit [1]. Ce nombre a peu varié depuis lors.

1. *Les Œuvres d'hospitalité de nuit en France.* (*Revue philanthropique,* 10 août, 10 sept. et 10 nov. 1898.)
L'Office du travail a procédé en 1897 à une enquête sur les asiles de nuit de Paris qui contient d'intéressantes constatations statistiques dues à

Ces asiles se divisent en deux grandes catégories : les œuvres charitables privées, les asiles municipaux.

D'une manière générale (et sauf exceptions, notamment à Paris), on peut dire que les œuvres municipales semblent surtout procéder du désir de seconder une police souvent insuffisante, en mettant hors d'état de nuire des étrangers susceptibles de devenir dangereux. L'asile de nuit est une sorte d'auxiliaire de la police. Ce caractère est nettement marqué dans quelques villes (Versailles, Pau, Belfort) où des chambres d'asile ont été installées au poste même de police. Ailleurs, au contraire, c'est le bureau de bienfaisance qui assume la direction de l'asile de nuit organisé dans des locaux lui appartenant (Toulon, Besançon, Grenoble, Cannes).

Les œuvres privées ont été fondées, le plus souvent, par des associations qu'inspirait une intention charitable ; on y trouve donc un souci plus marqué du relèvement moral et du placement des hospitalisés.

La durée du séjour est limitée par le règlement ; elle varie de une à trois nuits. Certains asiles ferment leurs portes pendant la belle saison (Nîmes, Saint-Nazaire). On accorde généralement, matin et soir, un secours alimentaire, soit un morceau de pain, soit de la soupe. La séparation des sexes est rigoureusement observée dans tous les asiles ; on trouve des établissements spéciaux pour l'un ou l'autre dans les grandes villes, des quartiers séparés dans les centres moins importants. Presque partout, on s'est préoccupé depuis quelques années d'organiser des mesures de désinfection, soit à l'aide du soufre, soit avec des étuves à vapeur plus perfec-

MM. Barrat et Vaillant. (*Bulletin de l'Office du travail*, 1897, p. 454-462.)
Citons enfin le rapport présenté au Congrès national d'Assistance de Rouen par M. DE PELLIGNY sous le titre : *Les Asiles de nuit à Paris*. (*Actes du Congrès*, 1897, tome I, p. 392.)

tionnées, avec ou sans pression. Les grands asiles ont installé des douches tièdes à l'intention de tous les nouveaux arrivants. Le bain du corps et la désinfection des vêtements constituent un véritable service rendu à l'hygiène publique par les œuvres privées.

C'est naturellement dans les grandes villes qu'on rencontre les établissements les mieux installés. A Paris, les quatre maisons de l'Œuvre de l'Hospitalité de nuit, les quatre asiles pour femmes de la Société philanthropique, les trois asiles municipaux pour hommes et femmes, peuvent être comparés aux plus belles installations de l'étranger. On trouve aussi de remarquables aménagements dans les grandes villes de province, à Marseille, Lyon, Bordeaux, Reims, etc. Les conseils de direction de ces établissements publient des rapports annuels qui fournissent de précieuses indications sur le vagabondage urbain.

Tout le monde est d'accord pour reconnaître que les asiles reçoivent à la fois des ouvriers sans travail et des vagabonds. Il serait fort important de déterminer la proportion afférant à chacune de ces catégories. Les statistiques ne peuvent nous fournir aucun renseignement à ce sujet; elles classent les assistés par professions; mais le vagabond indique toujours un métier, sauf à ne jamais l'exercer. Aucun d'eux n'aura la candeur d'avouer un genre d'occupation qualifié de délit par le code pénal.

Les opinions que nous avons recueillies à ce sujet sont donc de pures impressions, personnelles aux présidents ou gérants d'asiles, empreintes d'optimisme ou de pessimisme suivant les tendances d'esprit propres au correspondant.

Dans les asiles de campagne, où on a l'horreur du vagabond professionnel, on nous dit généralement :

« Nous voyons surtout des vagabonds, auxquels se mêlent quelques rares ouvriers de passage. »

Dans les asiles municipaux urbains, la proportion des ouvriers sans travail se relève, les évaluations varient du quart aux deux tiers, suivant les villes.

Les œuvres privées ont, en général, une tendance à juger favorablement leurs pensionnaires. Le regretté M. Moncharville, qui dirigea pendant de longues années la Maison de la rue de Laghouat à Paris, établit une classification qui repose sur une série d'observations : il estime à 30 pour 100 le nombre des vagabonds professionnels, à 20 pour 100 le nombre des arrivants de province qui ne trouveront pas d'occupation immédiate à Paris, à 50 pour 100 le contingent des gens intéressants sans ressources, soit qu'ils sortent des hôpitaux, du dépôt de Nanterre ou de la prison, soit qu'ils aient été expulsés de leur logement, soit enfin que, ayant trouvé du travail, ils n'aient pas encore touché la première paie[1].

Un fait particulièrement inquiétant, c'est la fréquence de l'absence de profession chez les jeunes gens de quinze à vingt et un ans. Les rapports de l'Œuvre hospitalière de Marseille signalent 13.335 assistés de cette catégorie reçus en cinq ans dans son asile pour hommes. N'est-ce pas là une conséquence palpable de cette décadence de l'apprentissage dont nous nous plaignions au chapitre précédent? Ces jeunes gens sans emploi perdent tout goût du travail, contractent des habitudes vicieuses et accroissent incessamment cette armée de vagabonds, dont le contingent augmente d'année en année, sur le pavé des villes aussi bien que sur les grandes routes.

Nous avons dit que la plupart des œuvres privées

1. Rapport au Congrès international d'Assistance publique et de Bienfaisance privée, Paris, 1900. (*Actes du Congrès*, t. V, p. 132.)

s'occupent de faciliter à leurs assistés la recherche d'un placement. Les statistiques accusent malheureusement une décroissance marquée dans le chiffre des placements d'hommes ; les placements de femmes sont plus nombreux, grâce aux comités de dames qui s'en occupent avec un grand zèle à Marseille, Lyon, Bordeaux. Le nombre toujours croissant d'individus sans métier déterminé présente une grosse difficulté pour le placement des hommes. Comment, d'ailleurs, se hasarder à recommander des ouvriers qui ne font que passer par les asiles ? Il y en a certainement d'intéressants ; la difficulté est de les reconnaître dans un personnel nombreux et incessamment renouvelé. Le président de la Maison de Laghouat, à Paris, dont nous invoquions tout à l'heure le témoignage autorisé, attire l'attention de ses collègues sur la réserve avec laquelle il convient d'accueillir les pièces produites par les hospitalisés : « Il arrive parfois que ces pièces sont fausses, émanant de fabricants ou vendeurs interlopes dont le métier est, paraît-il, très productif ; souvent aussi les déclarations sont mensongères, provenant d'individus qui ont leurs raisons pour dissimuler leur véritable individualité à la vérification journalière de la police des garnis. »

Parfois même, c'est le désir de prolonger l'hospitalisation qui fait recourir à de faux noms. Il y a trois ans, dans l'un des asiles de l'Œuvre de l'Hospitalité de nuit, un surveillant ramassa le matin un portefeuille oublié par un assisté et s'empressa de le porter au gérant. Celui-ci y trouva trois séries de pièces d'identité portant trois noms différents ; sur une page du carnet, le possesseur avait indiqué l'emploi qu'il ferait de ces diverses personnalités pour trouver le moyen de coucher pendant les trente jours du mois dans un asile, en dépit des limitations imposées par les règlements.

M. de Pulligny baptisait jadis ces ingénieux exploiteurs de « coucheurs professionnels à nom variable ».

On comprend que de telles expériences imposent une grande réserve aux gérants et présidents. Aussi se borne-t-on généralement aux placements provisoires : hommes de peine fournis aux compagnies de chemins de fer pour leurs manœuvres de gare pendant l'hiver ; hommes-sandwichs ou rouleurs de voitures-réclames demandés par les agences de publicité ; hommes de corvée pour déménagements, etc.

Il est juste de reconnaître que jamais on n'est en peine pour faire face aux demandes. Malgré le froid et la neige, il se présente toujours plus de postulants que n'en réclame la Compagnie de l'Ouest à la maison de Tocqueville, à Paris. A Marseille, en 1885, pendant l'épidémie cholérique, plusieurs hospitalisés sont entrés dans le service des pompes funèbres qui ne trouvait plus à recruter son personnel.

Dans le but de rendre le secours plus efficace en le prolongeant et d'acquérir une connaissance plus complète de la valeur individuelle des assistés, on a établi dans quelques villes des relations suivies entre les asiles de nuit et les œuvres d'assistance par le travail. Nous trouvons l'exemple le plus complet de cette union à Lyon où les deux œuvres ont fusionné en 1895 pour ne plus former qu'une société unique. L'expérience acquise depuis six ans a prouvé l'excellence de cette organisation ; un grand nombre d'industriels ont pris l'habitude de demander à l'œuvre lyonnaise des ouvriers ou manœuvres depuis qu'ils ont pu constater le relèvement du niveau moral des assistés, par suite de l'élimination de tous ceux qui refusent le travail [1].

1. Une expérience intéressante a été tentée à Paris en 1900 par une entente entre l'Œuvre de l'Hospitalité de nuit et trois sociétés d'assistance

IV. — On sait que, d'une manière générale, l'assistance par le travail a pour but de substituer à un secours banal et inefficace, donné en argent, un secours plus important et plus prolongé, accordé sous la forme de travail rétribué. Le plus souvent, ce travail est offert à l'ouvrier valide en état de chômage involontaire dans des ateliers spéciaux où il peut accomplir une besogne facile, à la portée de tous, en échange de laquelle il reçoit un salaire réduit, suffisant cependant pour lui assurer le logement et la nourriture, et lui permettre d'attendre le placement, sans recourir à la charité.

Nous avons déjà rencontré, en parcourant l'histoire du passé, des organisations d'assistance par le travail créées soit en vue d'assurer des secours aux victimes de calamités exceptionnelles, soit en vue d'accorder une assistance permanente à ceux qui ne pouvaient se suffire par eux-mêmes. Ce qui caractérise les organisations modernes, c'est la pensée de trouver dans un travail facile offert à tous un moyen de sélection permettant de reconnaître les gens intéressants, tout en éliminant automatiquement les mendiants professionnels. Subsidiairement, à cette première notion est venu s'ajouter le désir de sélectionner plus complètement ces gens intéressants en les conservant assez longtemps pour les reclasser par un placement définitif, après avoir refait leur tempérament moral.

Ce n'est guère que de 1871 que date cette organisation nouvelle de l'assistance par le travail[1]. Pendant le siège de Paris, un honorable commerçant, habitant le VIIIe arrondissement, M. Mamoz, avait accepté la mis-

---

par le travail. On trouvera des détails sur les résultats obtenus dans la *Réforme sociale*, 1889, t. I, p. 425 et 646.

1. Sur les essais antérieurs, et notamment la maison de refuge de la rue de Lourcine qui fonctionna de 1820 à 1831, voir DE GERANDO, *op. cit.*, t. III, p. 345, et Marcel LECOU, *op. cit.*, p. 107.

sion d'organiser à la mairie des secours pour les mères de famille sous la forme de confection de gilets et de ceintures de flanelle pour les gardes nationaux. Après le siège, les femmes secourues demandèrent avec tant d'insistance la continuation de l'œuvre que M. Mamoz se décida à tenter de la faire vivre par le seul effort de la charité privée et fonda l'œuvre de l'Assistance par le travail qui a aujourd'hui son siège rue du Faubourg-Saint-Honoré, 153[1]. Le travail accordé est exécuté à domicile, payé au tarif de la main-d'œuvre courante ; les produits sont vendus dans un magasin central, au siège de l'œuvre. C'est le premier type de la série d'institutions qu'on a qualifiées d'*externats*[2].

La fondation de M. Mamoz s'adressait surtout à des personnes souffrant d'une gêne momentanée ou permanente, mais ayant une famille et un domicile. Quelques années plus tard, on eut l'ambition d'étendre le secours aux gens sans domicile, désemparés, exposés aux pires aventures par leur dénûment. Presque simultanément deux maisons s'ouvraient à Paris, l'une pour les femmes, avenue de Versailles, 52, sous la direction de la sœur Saint-Antoine, l'autre pour les hommes, créée par M. le pasteur Robin, à Belleville, rue Fessart, 36. Des deux côtés, les assistés sont hospitalisés, astreints à un travail régulier, tout en subissant l'influence d'une atmosphère de moralité chrétienne, de nature à provoquer le relèvement moral du travailleur. C'est le régime de l'*internat*.

Entre ces deux types s'en est constitué un troisième que nous avons qualifié jadis d'*externat contrôlé*, et

1. Cf. Maurice VANLAER, *Le chômage de l'ouvrier* (*Correspondant*, 25 nov. 1892). — Louis RIVIÈRE, *l'assistance par le travail dans la ville de Paris.* (*Réforme sociale*, 1894, t. II, p. 508.)

2. Louis RIVIÈRE, *Les œuvres parisiennes d'assistance par le travail pendant les trois dernières années.* (*Revue philanthropique*, t. IV, p. 470.)

dont le type le plus connu nous est fourni par l'atelier de l'Union d'assistance par le travail du VI° arrondissement, fondé en mai 1892. La société poursuit un but de relèvement et de placement et conserve ses assistés aussi longtemps qu'il est nécessaire pour arriver à les caser. Elle rémunère leur travail en bons de nourriture et de couchage qui doivent être utilisés dans des auberges avec lesquelles le gérant entretient des relations fréquentes. On assure ainsi un régime qui laisse aux assistés leur indépendance tout en permettant un contrôle discret de leur conduite; on évite en même temps les dépenses considérables qu'entraîne à Paris la création d'un établissement complet.

Sur ces trois types principaux se sont créées des œuvres nombreuses, aussi bien à Paris qu'en province. Toutes sont reliées par un Comité central de propagande et d'action qui a son siège à Paris, 14, place Dauphine, et a puissamment contribué à la diffusion du mouvement que nous venons d'indiquer [1]. Chaque œuvre ayant son autonomie complète a pu modifier plus ou moins profondément les traits essentiels que nous avons indiqués. A côté de l'externat donnant du travail à domicile, comme M. Mamoz, M. Eugène Rostand a créé en 1891 à Marseille l'externat avec atelier, accueillant pour un nombre d'heures déterminé le porteur de bons remis par les adhérents [2]. Ce type est le plus répandu, parce qu'il est le plus facile à organiser et entraîne le moins de risques pécuniaires. Il remplit

1. Le tableau d'ensemble exposé en 1900 par le Comité central à la classe 112 de l'Exposition Universelle contient l'énumération de 62 œuvres d'assistance par le travail, dont 29 à Paris et 33 dans les départements. Il relève, en outre, 61 groupes de jardins ouvriers qui constituent une forme spéciale d'assistance par le travail de la terre. (Cf. Louis RIVIÈRE, les Jardins ouvriers en France et à l'étranger, Paris, 1899.)

2. Cf. DE PULLIGNY, Assistance par le travail de Marseille. (Réforme sociale, 1892, tome I, p. 173 et 265.)

d'une manière efficace le rôle de « pierre de touche » dont nous avons parlé, sans entraîner une assistance prolongée. Nous le trouvons à Paris dans les ateliers des IIe, VIIIe, XVIe et XVIIe arrondissements, en province à Bordeaux, Rouen, le Havre, Amiens, Cannes, etc.

On trouve réunis les trois types de l'assistance par le travail dans l'Œuvre de l'Hospitalité du travail, avenue de Versailles. Nous avons déjà signalé le régime de l'internat, appliqué aux femmes sans asile qui trouvent un emploi dans une blanchisserie modèle, en attendant le moment où elles pourront s'assurer une place au dehors. Depuis sept ans, la sœur Saint-Antoine a adjoint à cet atelier une œuvre de travail à domicile pour les mères de famille qu'on ne pourrait sans inconvénient éloigner de leur intérieur et séparer du mari et des enfants. C'est donc l'externat, type fondation Mamoz. Enfin l'externat contrôlé est appliqué à l'atelier de menuiserie constitué pour les hommes à l'aide d'un don généreux de M. le comte de Laubespin. Les salaires sont payés en argent; mais les ouvriers peuvent acheter des bons leur donnant droit soit à des repas pris au réfectoire, soit à une chambre dans l'hôtellerie ouverte pour eux, 7, rue Virginie, à quelques minutes de l'atelier. Le prix de la chambre est de 0 fr. 35 par jour. On projette de compléter ce *Home* par la construction d'une salle où les pensionnaires pourront passer leurs soirées en commun, fumer, lire et écrire sans être obligés d'aller au cabaret.

Presque au même moment que l'œuvre privée de Lyon, la Ville de Paris organisait une entente entre l'hospitalité de nuit et l'assistance par le travail à son asile Nicolas-Flamel, rue du Château-des-Rentiers. Les deux tiers environ des hospitalisés sont occupés dans l'établissement et peuvent y séjourner pendant

vingt jours. On les affecte d'abord aux travaux inté-
rieurs, de manière à pouvoir apprécier leur capacité;
ils sont ensuite répartis entre les diverses industries :
fabrication d'allume-feux pour les services municipaux, ateliers de menuiserie et de serrurerie, confection
et raccommodage de vêtements et de chaussures pour
les hospitalisés. Tous les travailleurs sont occupés uniquement pour le compte de la Ville; leur salaire leur
est payé en argent.

L'administration municipale avait déjà installé précédemment l'assistance par le travail au refuge-ouvroir
Pauline-Roland, rue Fessart, créé pour recevoir les
femmes et filles momentanément sans travail et sans
abri. Le travail de la terre est pratiqué avec succès à
la colonie municipale agricole de la Chalmelle près
Esternay (Marne), qui est proprement, suivant la définition qu'en a donnée M. Raoul Bompard, « un bureau
de placement agricole après épreuve du travail » [1]. Les
rapports annuels du directeur constatent le reclassement de plus de la moitié de ses patronnés, soumis
pendant un temps suffisant à la salutaire discipline du
travail en plein air [2].

C'est également sur la base du travail agricole qu'a
été réorganisé le dépôt de mendicité d'Eure-et-Loir,
ouvert à Courville en 1894. A la suite d'un lumineux
rapport présenté par M. Paul Deschanel à la session

1. Rapport au Conseil municipal, 1896, n° 190.
2. En 1901, le nombre des entrées a été de 133 et celui des sorties de
141. La durée du séjour varie habituellement de deux à quatre mois. Le
nombre des individus placés à leur sortie a été de 98. Les 141 colons qui
ont laissé la Chalmelle ont emporté 4.231 fr. 25 économisés par eux sur
leurs salaires et gratifications dont le total s'est élevé à 9.188,25. Les dépenses de l'année se sont élevées à 61.000 francs, sur lesquels 55.000 ont
été couverts par les produits de l'établissement. Le département de la
Seine n'a donc eu à supporter que 6.000 francs de déficit. (*Rapport* de
M. Gaston Malet, directeur, à *M. le préfet de la Seine pour l'année* 1901.)

d'août 1894, le conseil général décida de transformer le dépôt en une Maison départementale d'Assistance, et d'y rendre pratiques les distinctions prévues par les art. 270 et suivants du code pénal par la création de quartiers spéciaux pour les diverses catégories. La maison de retraite destinée aux vieillards contient 82 lits, dont 54 pour hommes et 28 pour femmes, disposés dans deux quartiers entièrement séparés. Le nouveau quartier d'assistance par le travail a été ouvert en 1897 avec 64 lits, 56 d'hommes et 8 de femmes. On y renvoyait, au début, tous les condamnés pour mendicité à l'expiration de leur peine. Après avoir constaté que les résultats obtenus étaient nuls pour le plus grand nombre, le préfet a adopté le parti de ne plus prendre d'arrêté que pour les individus qui en feraient la demande, dans le but de se constituer un pécule et de trouver ensuite du travail. Comme preuve de bonne volonté, on exige d'eux l'engagement de séjourner pendant un temps déterminé, sous peine de perdre leur pécule. En même temps qu'on restreignait ainsi le contingent des libérés aux seuls dignes d'intérêt, on augmentait d'autant la place accordée aux travailleurs qui se présentent volontairement. Leur nombre a été de 179 en 1897, dont 128, soit 71 p. 100, avaient subi une ou plusieurs condamnations. La moyenne des journées de présence a été de 84, et celle du pécule de sortie de 16 fr. 55. En 1901, le nombre des reclus volontaires s'est élevé à 305, la moyenne des journées de présence a été de 65 et celle du pécule de sortie de 28 fr. 93. Le travail est surtout agricole; pour les ouvriers des villes qui n'y sont pas aptes, on a organisé deux ateliers restreints de paillons et de chaussons. Des placements temporaires chez les cultivateurs des environs constituent une préparation à la sortie pour les individus qui donnent satisfaction au directeur; c'est aussi un moyen d'augmenter le pécule, les journées au dehors étant mieux rétribuées que le travail intérieur. Un bureau de placement gratuit est annexé au dépôt. Les résultats obtenus sont très satisfaisants et on ne peut que recommander cette organisation comme modèle aux départements désireux d'organiser sérieusement chez eux la répression de la mendicité [1].

V. — Le nombre relativement important des travailleurs admis à Courville sur leur demande, montre bien quelle précieuse ressource des établissements de ce genre, s'ils étaient généralisés, offriraient aux ouvriers sans travail et sans ressources, désireux de ne pas encourir une condamnation. Ils seraient particulièrement utiles à une catégorie de gens plus exposés que d'autres à glisser du vagabondage dans des délits plus graves, nous voulons parler des détenus libérés à l'expiration de leur peine. On ne saurait croire quelles sont les difficultés que présente la recherche d'un emploi pour ceux de ces malheureux qui sont désireux de se relever. Dans toutes les classes de la société s'élèvent les plus graves préventions contre les individus qui ont eu affaire à la justice. Ce ne sont pas seulement les patrons qui repoussent les libérés; l'ostracisme vient autant et plus de l'ouvrier lui-même. Celui qui a toujours marché droit dans la vie repousse tout contact avec l'homme flétri par le séjour de la

1. Le prix d'acquisition de la propriété a été de 96.850 francs, frais compris, et le montant des dépenses pour constructions, mobilier, literie, vêtements, etc., de 198.501 francs. Le pari mutuel a accordé une subvention de 70.000 francs au département pour cette création.

L'excédent des dépenses sur les recettes est couvert par une subvention de 61.000 francs inscrits au budget départemental pour 1901 et 1902.

Pour plus de détails, voir *la Réforme sociale*, 1899, tome 1*er*, p. 787.

prison. Les associations ouvrières de tous pays épou-
sent, sous ce rapport, les idées de leurs adhérents et
ferment rigoureusement à tout prisonnier libéré non
seulement leurs rangs, mais aussi, bien souvent, la
porte des ateliers.

En sortant de prison, le libéré emporte généralement un pécule, léger si la détention a été courte,
important quand une peine plus grave a motivé l'envoi dans une maison centrale. Ce pécule devrait servir,
dans la pensée du législateur, à assurer des ressources
pendant la période de recherche du travail; mais trop
souvent cet homme, privé de tout plaisir depuis des
mois, des années peut-être, est entraîné par des amis
d'occasion vers des lieux de débauche où tout est bien
vite dépensé; le lendemain, l'homme dégrisé se retrouve sur le pavé, sans ressources, exposé aux tentations que provoque la faim.

Les sociétés de patronage des libérés ont été créées
dans le but de remédier à cette situation. Elles se pré-
occupent avant tout du placement à la sortie et le
préparent dès la prison, par les visites faites au détenu. Le visiteur s'efforce de réunir tous les renseignements relatifs au métier, aux connaissances et aux
aptitudes de chaque patronné, de manière à être à
même de renseigner exactement ceux qui sont susceptibles de l'employer; il fait comprendre à l'inté-
ressé la nécessité du travail pour le mettre à l'abri de
la récidive, et lui indique les divers moyens de se procurer un emploi qu'il aura à sa disposition le jour de
la sortie.

Les premières sociétés de patronage des libérés
furent créées en France sous l'influence du mouvement en faveur de la réforme pénitentiaire qui marqua
le début de la monarchie de Juillet. Ces créations fu-

rent favorisées par deux voyages que fit dans notre pays Mme Élisabeth Fry, la femme admirable que les détenues de Newgate appelaient « l'ange des prisons ». Un nouvel élan fut donné à cette œuvre par la loi de 1875 qui, en instituant le régime de la séparation individuelle, facilitait singulièrement l'action morale des visiteurs. La *Société générale des prisons* se préoccupa, dès sa fondation, d'augmenter le nombre des sociétés existantes. Un premier congrès national fut réuni par son initiative en 1893, à Paris, et décida la constitution d'une Union des sociétés françaises représentée par un bureau central, dont le siège est à Paris. Ce bureau constitue un lien permanent entre les sociétés adhérentes, leur fournit tous les renseignements utiles, publie un bulletin trimestriel et organise les congrès nationaux qui ont lieu tous les deux ans.

Au moment de l'Exposition universelle, l'Union groupait 101 sociétés ayant assisté 17.422 libérés en 1899.

Certaines sociétés de patronage ont ouvert des asiles destinés à offrir un abri momentané aux libérés sans emploi. Le type le plus complet nous est fourni par la *Société générale de patronage des libérés,* présidée par M. le sénateur Bérenger, qui a ouvert à Paris deux asiles temporaires, avec organisation d'un travail d'attente, l'un pour hommes, rue des Cévennes, l'autre pour femmes, rue de Lourmel.

Il nous faut aller aux environs de Lyon, à Couzon au Mont-d'Or, pour trouver un type d'asile permanent. L'*Asile Saint-Léonard* a été fondé en 1864 par M. le chanoine Villion, ancien aumônier des prisons de Lyon. Il reçoit tous les libérés disposés à se relever par le travail. La durée du séjour n'est pas limitée ; ceux qui le désirent peuvent rester indéfiniment.

Les autres sont placés après une épreuve suffisamment prolongée. Le nombre des pensionnaires est d'environ 50 et celui des placements annuels de 20 à 25. C'est là le type de ces « cloîtres du travail » que réclamait naguère un criminaliste distingué [1] pour les anémiés de la volonté, ces individus éminemment suggestibles qui sont incapables de se conduire dans la vie et trouvaient au moyen âge un refuge dans les dépendances de certains monastères.

Le nombre des sociétés de patronage qui ont pu créer des asiles est forcément très limité. On n'en trouve que dans les grandes villes qui fournissent un contingent important de libérés et offrent des ressources suffisantes pour entreprendre une fondation coûteuse. Elle dépasserait les possibilités de la plupart des sociétés.

L'idée est donc venue naturellement de se servir des ateliers d'assistance par le travail dont nous avons parlé plus haut pour occuper les libérés momentanément sans emploi. Des discussions se sont élevées sur le point de savoir s'il convenait d'encourager leur mélange avec les ouvriers ordinaires. La question a fait l'objet d'une enquête et d'une discussion approfondie devant le Comité central des œuvres d'assistance par le travail, à Paris [2], et elle a été tranchée en dernier ressort par le 4ᵉ Congrès national de patronage, réuni à Lille en 1898 [3]. Les conclusions adoptées dans ces deux réunions sont d'accord pour conseiller de préférence

---

1. M. Schaffroth, inspecteur des prisons du canton de Berne, au Congrès de patronage d'Anvers, 1898. (*Revue pénitentiaire*, 1898, p. 1004.)

2. On trouvera dans le *Bulletin des sociétés de patronage*, 1898, p. 47 et 140, le rapport de M. le docteur Bouloumié, résumant l'enquête, et le compte rendu de la discussion qui l'a suivi.

3. Compte rendu du 4ᵉ Congrès national de patronage des libérés, Lille, 1898, p. 195, 202 et 300.

la création d'ateliers spéciaux dans les villes où les
ressources sont suffisantes. A défaut d'atelier spécial,
on pourra avoir recours aux ateliers d'assistance par
le travail, à la condition que le mélange des deux
éléments soit fait discrètement, à dose modérée et
sous le contrôle d'une discipline sévère. On devra
toujours donner à l'atelier unique le caractère d'assistance par le travail.

Nous retrouvons les mêmes préoccupations dans les
pays étrangers qui pratiquent le patronage. En Allemagne, les libérés sont admis dans les colonies ouvrières, nous l'avons vu. Il en est de même en Suisse,
où des colonies ont été fondées sur le même modèle,
et en Belgique, à la colonie ouvrière de Haeren, près
Bruxelles.

L'Union des bureaux de placement badois a toujours
montré une très grande bienveillance à l'*Union des
sociétés de patronage des libérés*, grâce à l'action
personnelle de M. le conseiller supérieur Fuchs, qui
préside les deux associations. Les sociétés locales sont
invitées à signaler aux bureaux les plus voisins tous
les libérés à placer, quatre semaines au moins avant leur
sortie de prison, en fournissant une note très exacte
sur leurs profession, capacité, application au travail, etc.
Les bureaux de placement se réservent la faculté de
les occuper pendant quelque temps à un travail d'attente, comme épreuve, avant de leur procurer un
emploi de leur spécialité. Ce placement provisoire
consiste, le plus souvent, en travail agricole. C'est, du
reste, actuellement une tendance générale en Allemagne, de s'efforcer de rendre à la terre les gens réduits
à une extrême misère.

La *Société de patronage des libérés de Berlin* créa,
dès 1884, un bureau de placement Neue Friedrichs-

trasse, 13, pour son usage exclusif. Un employé rétribué reçoit toutes les demandes de placement des libérés, et leur fournit les adresses des patrons de leur profession. Grâce à une entente avec la colonie ouvrière, les asiles de nuit, les refuges pour femmes et les cuisines populaires, on peut assurer aux postulants sans ressources un abri, du travail, de la nourriture, des vêtements et des chaussures. Par contre, l'agent signale à la police les patronnés qui ont abandonné le travail qui leur a été procuré, ou ont été renvoyés pour cause d'ivrognerie ou de paresse.

Ce bureau a procuré, en 1898, 3.665 places, dont 313 seulement à Berlin. Sur les 3.352 personnes envoyées dans les provinces, 2.723 étaient placées dans l'agriculture [1].

A Dusseldorf, la société de patronage a créé à la fois un bureau de placement et un atelier d'assistance par le travail. Les libérés sont occupés à débiter du bois de chauffage, et l'écoulement est assez facile pour qu'on puisse accorder presque constamment des heures supplémentaires payées, en sus des six heures qui représentent la nourriture et le logement pour la journée. En 1898, l'atelier a débité 17.392 quintaux de bois; on a accordé 10.803 bons pour un lit et 38.652 repas; 1.658 placements ont été effectués.

On trouve des institutions analogues à Hambourg (1882), Breslau, Essen, Goerlitz, Neisse.

En Angleterre, nous trouvons également un certain nombre d'asiles pour libérés. Citons notamment la grande blanchisserie créée par Mrs. Susanna Meredith, Wandsworth Road, à Londres, et l'asile pour hommes ouvert par l'Armée du Salut.

[1]. *Die Wohlfahrtseinrichtungen Berlins*, Berlin, 1899, p. 310-312, n° 873 à 875.

Il existe à Londres un usage intéressant à signaler. Dans cette grande capitale, cinquante maisons environ embauchent sans difficulté des condamnés libérés. Les noms de ces patrons sont affichés dans une salle des bureaux de la police métropolitaine à Scotland Yard, et tout le monde est admis à consulter cette liste. Un libéré trouve, par ce moyen, du travail aussi facilement qu'un ouvrier ordinaire. Le salaire est toutefois légèrement réduit; c'est là l'avantage du patron [1].

En s'efforçant, par tant de moyens divers, de reclasser les libérés, les sociétés de patronage cherchent bien moins l'intérêt de ces derniers que celui de la société elle-même. On dit souvent aux pratiquants du patronage : « Comment vous occupez-vous de ces misérables quand il y a tant de braves gens qui meurent de faim ? » Mais c'est précisément parce qu'on ne peut les croire disposés à accepter pareille extrémité qu'il y a lieu de se préoccuper de procurer à ces gens une occupation qui leur fournisse le moyen de vivre. Pour accepter la mort plutôt que d'attenter aux biens ou à la personne d'autrui, il faut être un héros ou un saint; ni les uns ni les autres ne se rencontrent couramment parmi les gens qui sortent de prison.

VI. — Chacune des œuvres que nous venons d'examiner contribue, pour sa part, à prévenir les conséquences du dénûment momentané et à empêcher par suite la formation d'une classe de mendiants ou vagabonds professionnels. En étudiant, même aussi sommairement que nous avons dû le faire, ces diverses organisations, il est impossible de ne pas être frappé du besoin d'entente qui se manifeste dans chacune des

1. Communication de sir Howard Vincent au 3ᵉ congrès international de patronage, Anvers, 1898 (*Revue pénitentiaire*, 1898, p. 999).

spécialités. Les œuvres particulières se groupent en Unions dans le but d'étudier en commun leurs méthodes, et de déterminer celles qui remplissent le mieux le but à atteindre; l'Union publie un Bulletin destiné à répandre ces idées dans le public par une propagande à la fois discrète et continue. Puis ces Unions entrent en contact les unes avec les autres, elles se communiquent les résultats de leur expérience propre, elles concluent des accords momentanés en vue d'un effort commun.

Ces organisations partielles devaient nécessairement avoir un jour pour couronnement la création d'une sorte d'organe commun constituant pour toutes un centre d'informations et qui, tout en laissant à chacune d'elles son entière autonomie, assurât entre elles la permanence des relations spontanément créées sous l'impulsion du besoin constaté.

C'est le but que poursuivait M. Léon Lefébure quand, en 1890, il inaugurait, rue de Champigny, l'*Office central de la Charité*. Tout le monde sait combien l'œuvre s'est développée à Paris où elle a pris, en dix ans, la tête du mouvement charitable privé. Grâce à l'enquête qu'il tient constamment à jour sur les œuvres, l'Office est toujours en mesure d'indiquer immédiatement celle dont le concours est approprié au besoin précis qui se manifeste; une seconde enquête permanente sur les pauvres permet de constituer un vaste répertoire sur lequel sont bien vite inscrits tous les mendiants professionnels. Il suffit souvent à un bienfaiteur de se rendre au siège de l'Office central pour que, immédiatement, sans même demander le délai nécessaire à une enquête, le dévoué Administrateur de cet établissement puisse l'édifier sur la valeur de l'individu qui a écrit pour solliciter un secours. Par suite

de ses relations suivies avec l'Hospitalité du Travail,
l'Office a sous la main un moyen d'éprouver la bonne
volonté des ouvriers sans travail et de leur assurer un
secours immédiat proportionné à leurs besoins. Il y a
donc là un moyen excellent de réprimer la mendicité
et le vagabondage urbain [1].

Dans un travail remarquable, communiqué en 1896
aux Conseils généraux [2], M. Lefébure avait préconisé
la création d'Offices centraux régionaux répartis sur
la surface du territoire de manière à desservir des
groupes de population comprenant de deux à trois millions d'habitants. Ce désir est devenu une réalité. Des
Offices de la bienfaisance fonctionnent actuellement à
Marseille, Bordeaux, Lyon, Lille, Roubaix, Clermont-
Ferrand, Nancy, Cannes. Dans d'autres villes, des
unions d'assistance, comme à Pau, des secrétariats du
peuple, comme à Versailles, rendent les mêmes services.

Chacun fait pour sa région ce que l'Office du boulevard Saint-Germain fait si bien à Paris. Il constitue
un centre permanent d'information dont les services
pourront, quand on le voudra, être étendus aux diverses villes de la région par l'institution de correspondants locaux, reliés à l'Office par le télégraphe et le
téléphone. Au besoin, le jour où des moyens d'action
appropriés à tous les besoins auront assuré les distinctions nécessaires entre les diverses catégories que nous
avons établies, ce ne sera plus seulement l'organisation
de la charité, ce sera aussi celle du travail qui devra
entrer en relations suivies avec une institution créée

1. Le fondateur de l'Office central a exposé lui-même le développement et le fonctionnement de cette institution dans un volume récemment publié : *l'Organisation de la Charité privée en France. Histoire
d'une œuvre*, 1 vol. in-8°, Paris, 1900.

2. *Les Sans-Travail*, 24 p., in-8°, Paris, 1896.

dans notre pays par une initiative intelligente et persévérante, qui a su gagner à l'œuvre qu'elle a conçue
des concours précieux et la sympathie de tous les gens
de bien.

CHAPITRE VII

I. — Après avoir successivement éliminé toutes les
catégories intéressantes, il nous reste à examiner les
mesures qui doivent atteindre les irréductibles, c'est-
à-dire les individus qui, bien que valides, entendent
se soustraire à la loi du travail.

Après les explications historiques que nous avons
données au chapitre II, il nous est facile de résumer
rapidement l'état actuel de notre législation pénale.
Elle repose essentiellement, on le sait, sur la distinction établie entre le vagabond et le mendiant.

Après avoir déclaré formellement que le vagabondage
est un délit (art. 269), le code détermine les éléments
constitutifs du fait ainsi visé (art. 270). L'absence de
domicile certain, de moyens d'existence, d'exercice
habituel d'un métier ou profession doit être simultanément constatée pour qu'il y ait lieu à répression ;
on doit même y joindre une quatrième condition, l'intention, bien qu'elle ne soit pas énoncée expressément.
On n'est pas vagabond quand une circonstance de
force majeure (incendie, naufrage, inondation) a privé du
domicile antérieur, ou quand on a fait tous ses efforts
pour trouver du travail. L'absence de recherche du

travail, ou le refus du travail offert, sont les signes les plus certains de l'intention délictueuse chez le vagabond[1].

Le vagabondage est essentiellement un délit d'habitude. Il appartient au juge d'apprécier, d'après les circonstances, la durée du temps écoulé depuis la cessation du travail et de décider s'il est suffisant pour constituer l'absence d'exercice habituel d'un métier. La durée n'est du reste pas le seul fait dont il y a lieu de tenir compte; le fait de posséder des outils, d'avoir fait des démarches auprès de patrons ou de bureaux de placement, l'état de l'offre et de la demande de main-d'œuvre, la saison, seront autant d'éléments de décision pour le juge; la jurisprudence a évité avec raison de préciser des règles qui auraient pu gêner son pouvoir d'appréciation.

Il en est de même en ce qui touche les moyens d'existence. Le juge n'a pas seulement à décider si la somme dont l'individu inculpé est porteur constitue une ressource suffisante; il peut apprécier si la provenance en est légitime, refuser par exemple de tenir compte du produit de la prostitution d'autrui ou de la contrebande[2]. L'art. 278 recommande même formellement de vérifier la provenance de toute somme supérieure à cent francs dont l'inculpé pourrait se trouver porteur.

La loi du 27 mai 1885 a assimilé au vagabondage, au point de vue de la répression, une nouvelle catégorie de faits désignés habituellement sous le nom de « vagabondage spécial ». Il s'agit des souteneurs et bonneteurs, vivant de la prostitution d'autrui ou te-

---

1. E. Garçon, *Code pénal annoté*, Paris, 1901. Le 1er vol. est seul paru, mais l'auteur a bien voulu nous communiquer le texte inédit relatif aux art. 265 à 282.

2. Cass. 23 août 1883 et 8 mars 1877. Arrêts cités par E. Garçon, *op. cit.*

nanciers de jeux clandestins. Ils doivent être punis
même s'ils ont un domicile, mais à la double condition qu'il y ait habitude constatée et que le délit ait
été commis sur la voie publique.

La peine prévue est l'emprisonnement pour trois à
six mois, dont la durée peut être du reste diminuée par
l'application de l'art. 463. A l'emprisonnement s'ajoute
en tout cas une peine accessoire, qui a été primitivement le renvoi dans une « maison de travail[1] » pour
un temps indéterminé, puis la mise sous la surveillance de la police pour une durée de cinq à dix ans,
enfin depuis 1885, « la défense faite au condamné de
paraître dans les lieux dont l'interdiction lui sera signifiée par le gouvernement, au moment de sa libération ».

Le gouvernement a le droit d'expulser tout individu
étranger condamné en France pour vagabondage
(art. 272); la loi du 11 décembre 1849 sur le séjour des
étrangers en France a ajouté une sanction à cette disposition en punissant de un à six mois de prison l'individu qui contreviendrait à un arrêté d'expulsion
(art. 7).

Enfin l'art. 273 reconnaît aux communes le droit de
réclamer leurs ressortissants ou même à un simple
citoyen celui de cautionner le vagabond auquel il
porte intérêt. Cet article est tombé en désuétude; il
pourrait toutefois y avoir intérêt à le faire revivre
dans la double hypothèse où l'internement administratif serait organisé d'une manière sérieuse et où certaines sociétés de patronage voudraient s'occuper spécialement du placement des vagabonds comme elles

---

1. Le mot est employé dans l'exposé des motifs du code pénal, présenté par M. Berlier au Corps Législatif, le 6 février 1810. Ces maisons de
travail, distinctes des dépôts de mendicité, ne furent jamais organisées.

le font en Belgique avec un sérieux succès. (*Supra,*
p. 100.)

Si nous passons maintenant aux textes qui concernent la répression de la mendicité, nous nous trouvons en présence de dispositions beaucoup moins impératives. Ici, la pénalité est subordonnée à l'existence d'un établissement public organisé dans le but d'obvier à la mendicité ; si cet établissement n'existe pas, seul le mendiant d'*habitude* et *valide* sera puni. Les vieillards, infirmes, incurables qui ne possèdent pas de moyens d'existence et font appel, même régulièrement, à la charité de leurs concitoyens sont donc à l'abri de toute poursuite. Par contre, la peine prévue contre les mendiants valides est aggravée s'ils sont arrêtés en dehors du canton de leur résidence, c'est-à-dire s'ils deviennent « mendiants-vagabonds ».

Si, au contraire, l'établissement public prévu a été créé, la mendicité n'a plus d'excuse et tout fait, même isolé, doit être réprimé. La peine est sévère, trois à six mois d'emprisonnement, sauf l'application de l'art. 463. Elle est accompagnée dans tous les cas d'une peine accessoire, la mise à la disposition du gouvernement, en vue de l'envoi dans un dépôt de mendicité pour un temps indéterminé, que l'administration réglera d'après la conduite du reclus (art. 274). Il est à remarquer que l'administration est seule juge aussi bien de l'opportunité de cette mesure que de sa durée. La loi n'a pas défini le fait de mendicité, comme elle avait eu soin de le faire pour le vagabondage [1]. Le pou-

---

[1]. Les commentateurs se sont efforcés de suppléer au silence du code en donnant des définitions ; voici la formule qui nous semble la meilleure, nous l'empruntons à M. le professeur GARRAUD : « Le fait de mendier consiste à faire appel à la charité publique, sous quelque forme que ce soit, dans son intérêt personnel. » (*Traité théorique et pratique du droit pénal français,* 1891, IV, 113.)

voir d'appréciation du juge est donc souverain. Il aura
à déterminer les cas dans lesquels le fait de demander
de l'argent à autrui ne tombe pas sous l'imputation
de mendicité; il aura à apprécier la valeur des livrets
de joueurs d'orgues ou marchands ambulants dont
nous avons parlé dans l'introduction, à voir si les
quêtes à domicile sont faites dans un intérêt personnel
permettant de les atteindre, si elles sont accompagnées
d'allégations mensongères ou frauduleuses. Les diverses cours ont rendu sur ces divers points un grand
nombre d'arrêts qui ont fixé la jurisprudence[1].

Les art. 276 à 278 ont prévu diverses circonstances
comportant une aggravation de la durée de l'emprisonnement pour les mendiants qui s'introduisent dans
des lieux clos, qui mendient en réunion, simulent des
plaies ou infirmités; dans le cas où mendiants et vagabonds font usage de fausses clefs ou de déguisements,
sont trouvés porteurs d'armes ou commettent des violences contre les personnes, l'emprisonnement peut
aller jusqu'à cinq ans et même être remplacé par la
réclusion si plusieurs de ces circonstances se trouvent
réunies.

On sait comment le système que nous venons d'exposer n'a jamais pu fonctionner normalement, parce que
les institutions d'assistance et d'éducation prévues par
le législateur comme condition préalable de la répression n'ont jamais été créées. De là est résultée une répression inégale, empirique, fondée sur des fictions
légales sans réalité, péchant tantôt par excès de sévérité en frappant des invalides intéressants, tantôt par
mollesse en laissant impunis les exploiteurs de la
charité.

---

1. M. GARÇON, *op. cit.*, en cite un certain nombre.

II. — Cet état d'impuissance de nos lois françaises préoccupe depuis longtemps les criminalistes. Tous ceux qui ont étudié cette question savent à quelle judicieuse critique MM. Chauveau et Faustin Hélie, Blanche, Garreau, Garçon, pour ne parler que des ouvrages classiques, ont soumis la législation de 1808 et 1810. L'opinion publique ne s'inquiète pas moins d'un état de choses qui s'aggrave constamment, en se prolongeant. Depuis une quinzaine d'années, diverses sociétés d'études, officielles ou privées, ont préparé toute une série de projets destinés à remédier au mal; il est nécessaire de faire connaître les conclusions auxquelles ce mouvement a abouti.

Au mois de juin 1877, le Conseil supérieur des Prisons fut saisi par M. le vicomte d'Haussonville d'une proposition relative aux mesures à prendre en vue de la répression de la récidive. L'étude faite par une commission spéciale conclut à la convenance d'établir une distinction entre ce qu'on peut appeler les *grands* et *petits* récidivistes, les récidivistes criminels et les récidivistes d'habitude. Pour les premiers, la commission préconisait la transportation, tandis que les derniers devraient être enfermés dans des maisons de travail. Ceux-ci comprennent surtout les mendiants, les vagabonds, les surveillés en rupture de ban, remplacés depuis par les interdits de séjour qui contreviennent à la mesure qui les frappe.

M. le conseiller Petit fut chargé du rapport, qui donna lieu à une discussion des plus brillantes devant le Conseil supérieur, dans la session de janvier 1878. Finalement, l'adoption de l'article 4 du projet régla comme suit le sort de la seconde catégorie, comprenant les individus qui nous occupent actuellement.

Ceux qui, ayant été condamnés cinq fois à une peine

corporelle pour vagabondage, mendicité ou rupture de ban, seront condamnés de nouveau à l'emprisonnement pour l'un de ces délits, pourront être renvoyés à l'expiration de leur peine, par le jugement ou l'arrêt de condamnation, dans une maison de travail pour une durée de deux à cinq ans.

Les détenus dans ces établissements pourront être employés à des travaux extérieurs.

L'article 41 du code pénal sera applicable aux détenus des maisons de travail. Ils pourront être mis provisoirement en liberté par décision administrative, si leur conduite est satisfaisante, et s'ils réalisent des ressources par leur travail.

La Société générale des Prisons étudia à son tour, en 1886, la répression du vagabondage. La question avait été posée, l'année précédente, au troisième congrès pénitentiaire international réuni à Rome. La solution préconisée [1] avait un caractère de généralité qu'il convenait de préciser, en ce qui touche spécialement notre pays. Un exposé très complet et très étudié, préparé par M. le pasteur Robin, forma la base d'une longue et intéressante discussion, qui trouva sa conclusion dans la rédaction d'un projet dû à la plume de M. Duverger, professeur à la Faculté de Droit.

Le savant rapporteur maintient les principes posés par le code pénal, et se borne à chercher le moyen de les faire appliquer utilement.

Il distingue les vagabonds et les mendiants.

---

1. Le Congrès émet le vœu :

1° Que l'Assistance publique soit réglée de telle manière que chaque personne soit sûre de trouver des moyens de subsistance, mais seulement en récompense d'un travail adapté à ses facultés personnelles ;

2° Que l'indigent qui, malgré cette assistance ainsi réglée, se livre au vagabondage et tombe, par conséquent, sous le coup de la loi, soit puni sévèrement par des travaux obligatoires dans des maisons de travail.

Les vagabonds sont divisés en trois catégories, conformément aux distinctions que nous avons déjà fait connaître :

1° Les vieillards infirmes, incurables, incapables de travail, qui seront hospitalisés dans des hospices départementaux dont la création et l'entretien deviendront obligatoires;

2° Les individus valides en état de chômage involontaire, qui seront accueillis dans des dépôts de mendicité dont la création est facultative pour les départements;

3° Les valides qui ne veulent pas travailler, qui seront punis d'un emprisonnement de trois à six mois, avec faculté de renvoi ultérieur dans une maison de travail pour un à deux ans. Ces pénalités sont doublées en cas de récidive.

Quant aux mendiants invalides, ils ne seront punis que s'il existe pour la localité un établissement public ou privé destiné à obvier à la mendicité.

Le projet contenait, en outre, une heureuse innovation : il posait le principe d'une législation particulière pour les mineurs de seize ans.

M. Duverger stipule que les jeunes vagabonds seront, selon les circonstances, remis à leurs parents, ou confiés à un orphelinat, ou conduits dans une maison de correction, jusqu'à l'âge de vingt et un ans, à moins qu'avant cet âge ils n'aient contracté un engagement dans les armées de terre ou de mer.

On n'a pas oublié que le principe de l'éducation du jeune vagabond a inspiré ultérieurement les lois du 24 juillet 1889 et du 19 avril 1898, déjà analysées ci-dessus.

M. Maurice Faure, député, fit de la partie de ce projet relative à l'Assistance l'objet d'une proposition

de loi qu'il déposa à la Chambre en 1887, et renouvela
en 1891. Sur le rapport de M. Loreau, cette proposition fut prise en considération le 11 juin 1892.

Le Conseil supérieur de l'Assistance publique, institué par décret du 14 février 1888, mit la question des
dépôts de mendicité à l'ordre du jour de ses premières
délibérations. En janvier 1889, à la suite d'un rapport
présenté par M. Charles Dupuy, député, le Conseil se
prononçait pour la suppression des dépôts de mendicité existant et leur remplacement par deux sortes d'é-
tablissements distincts :

1° Asiles départementaux d'incurables ;

2° Maisons de travail répressives.

Les reclus volontaires pourraient être admis dans
ces derniers établissements sur un certificat du maire
de leur commune.

On voit que ce projet fait cesser la confusion des invalides et des valides dans un même établissement ;
mais il la maintient pour deux catégories de valides
qu'il importe cependant de distinguer : le chômeur involontaire et le vagabond professionnel.

En faisant connaître ces décisions à M. le ministre
de l'intérieur, le Conseil supérieur de l'Assistance publique avait indiqué l'opportunité d'un avis émis par le
Conseil supérieur des Prisons sur un objet qui touche
à la répression autant qu'à l'assistance. Ce Conseil, saisi
par le ministre, confia l'étude du projet à sa 2ᵉ commission, qui choisit pour rapporteur M. Félix Voisin, conseiller à la Cour de cassation. Dans un travail dont le
Conseil supérieur adopta les conclusions dans la
séance du 28 juin 1892, M. le conseiller Voisin examine,
à son tour, les trois catégories de mendiants ou vagabonds indiquées par M. Charles Dupuy. D'accord avec
celui-ci pour remettre à l'Assistance publique les in-

firmes et vieillards, il confierait même volontiers à cette administration l'organisation ou, au moins, le contrôle des maisons de travail destinées à recevoir les individus sans occupation et intéressants. Mais le rapporteur du Conseil supérieur des Prisons repousse formellement les conclusions du Conseil supérieur de l'Assistance en ce qui touche la troisième catégorie, les paresseux incorrigibles. Pour eux, il estime que la prison cellulaire constitue seule un moyen d'intimidation suffisant, et qu'il convient de leur appliquer rigoureusement le régime de la séparation individuelle, prescrit par la loi du 5 juin 1875.

La commission instituée au ministère de la justice le 26 mars 1887 en vue de préparer la revision de la législation pénale s'occupa bientôt, à son tour, de la question du vagabondage. La partie générale, terminée en 1892, prévoit, dans son article 38, le placement dans une maison de travail au nombre des peines privatives de la liberté. Une sous-commission fut chargée de préparer la portion du projet relative aux mendiants et vagabonds. La sous-commission constata le lien intime qui unit en cette matière l'assistance et la répression. Comme il semblait difficile de faire rentrer des mesures d'assistance dans un projet de code pénal, on se décida à traiter simultanément les deux côtés de la question dans un projet de loi spécial, dont la rédaction fut confiée à M. le professeur Léveillé.

Ce projet très complet comprend deux titres et sept articles ; il est conforme, dans ses parties essentielles, à celui de M. le professeur Duverger, que nous avons analysé plus haut. Il s'en écarte toutefois sur un point important : le nouvel article 281 donne à l'administration la faculté de substituer, pour les vagabonds, l'internement dans une maison de travail à l'emprisonnement, mais il n'impose pas l'obligation de créer des établissements de ce genre.

Le 5ᵉ congrès pénitentiaire international, réuni à Paris en 1895, confirmait, après une discussion sérieuse, les principes désormais acquis, en adoptant, à une grande majorité, la résolution suivante :

1ᵉ La société a le droit de prendre des mesures de préservation sociale, même coercitives, contre les mendiants et vagabonds. A ce droit correspond le devoir d'organiser, suivant une méthode rationnelle, l'assistance publique, les secours privés et le patronage.

2ᵉ Il y a lieu de traiter différemment les mendiants et vagabonds, suivant qu'il s'agit :

(*a*) d'indigents invalides ou infirmes ;

(*b*) de mendiants ou vagabonds accidentels ;

(*c*) de mendiants ou vagabonds professionnels.

Les premiers doivent être assistés tant qu'ils n'ont pas recouvré la force nécessaire pour retrouver des moyens d'existence.

Les seconds relèvent de l'assistance publique ou privée, et doivent être recueillis dans des refuges ou stations de secours, méthodiquement organisés, où le travail sera obligatoire.

Les derniers doivent être l'objet d'une répression sévère, de nature à empêcher la récidive.

3ᵉ La mesure la plus efficace contre les professionnels est l'internement prolongé, en vertu d'une décision judiciaire, dans des colonies spéciales de travail. Les internés devront être libérés dès que, soit par suite de leur amendement, soit par suite de chances de reclassement, leur détention ne paraîtra plus nécessaire.

Le travail dans ces colonies doit être envisagé, non seulement comme moyen de répression, mais encore et surtout comme facteur de reclassement.

Comme ceux qui sont relatifs à l'assistance des vieillards, les divers projets que nous venons d'examiner attendent, depuis de longues années, leur tour de discussion devant les Chambres. A défaut de dispositions législatives, il était naturel de se demander si la législation actuelle, malgré ses imperfections, ne permettrait pas d'apporter quelque atténuation à un mal qui devient intolérable. La Société générale des Prisons et la Société internationale pour l'étude des questions d'Assistance s'entendirent, en novembre 1894, pour nommer une commission mixte, en lui confiant la mission d'étudier cette question. Les délibérations de cette commission, présidée par M. le conseiller Voisin, eurent pour conclusion un important rapport de M. de Crisenoy, ancien directeur des Affaires départementales au ministère de l'intérieur [1].

La note qui résuma les conclusions de la commission préconise deux ordres de dispositions :

1° Mesures d'assistance : pensions et asiles pour les vieillards, ateliers d'assistance par le travail pour les valides, abris ruraux surveillés par la police locale pour les voyageurs sans ressources.

2° Mesures répressives, consistant principalement dans l'application du régime de la séparation individuelle à tous délits de mendicité et vagabondage, avec privation absolue de vin et de tabac.

Les conclusions de la commission mixte parurent assez importantes pour que, par une circulaire en date du 19 avril 1896, M. le ministre de l'intérieur ait cru devoir les transmettre aux conseils généraux en leur en recommandant l'examen. Cinquante-quatre conseils généraux se sont conformés à cette indication et ont délibéré sur les conclusions qui leur étaient soumises, dans les deux sessions de 1895 [2].

Le Gouvernement ne s'est pas contenté d'encourager

1. On trouvera ce document dans la *Revue pénitentiaire*, 1895, p. 150.
2. On trouvera une analyse complète de ces délibérations dans le tome X des *Annales des Assemblées départementales*, publiées par M. de Crisenoy, Paris, 1896.

l'initiative des sociétés particulières; il est entré lui-même dans la même voie. Dès le 8 novembre 1897, M. Dupuy, ministre de l'intérieur, adressait une circulaire aux préfets pour les inviter à favoriser le développement des œuvres privées d'assistance par le travail. Un décret du 13 novembre 1897 institua, sous la présidence de M. de Marcère, sénateur, une commission extraparlementaire « pour rechercher les moyens propres à améliorer la police du vagabondage et des campagnes » en utilisant mieux que par le passé les éléments divers créés par les lois existantes.

Cette commission a travaillé vite et bien. Dès le mois de mars 1898, elle remettait au ministre un remarquable rapport dû à la plume autorisée de son président, M. de Marcère. Après avoir précisé avec une grande perspicacité les causes diverses qui ont contribué à développer le vagabondage depuis vingt ans, le rapporteur indique dans des conclusions précises les mesures immédiatement applicables qui lui semblent de nature à enrayer le mal. Nous en indiquerons quatre principales.

1° En vertu d'arrêtés préfectoraux pris simultanément sur un modèle uniforme, tout individu exerçant une profession nomade devra se munir d'une autorisation qui lui sera délivrée dans les chefs-lieux d'arrondissement, sur le vu de pièces d'identité. Cette autorisation sera consignée sur un carnet spécial, contenant tous renseignements relatifs à l'impétrant et aux personnes qui voyagent avec lui : femme, enfants, parents ou ouvriers. Les nomades sans profession seront également tenus de justifier de leur identité à toute réquisition, soit par une des pièces qui sont d'un usage habituel, soit à l'aide d'un carnet du modèle ci-dessus, qu'il leur sera loisible de demander à tout sous-préfet, sur leur parcours.

Tout individu qui ne pourra établir son identité sera retenu administrativement par l'autorité de police pendant le temps nécessaire pour permettre les recherches. Si ces recherches n'établissent pas clairement cette identité, il sera poursuivi pour vagabondage.

2° Chaque commune devra posséder un local clos qui servira à la fois de chambre de sûreté et d'asile de nuit, pour le logement des nomades sans ressources.

3° Les recherches seront facilitées par le classement méthodique de tous les renseignements (feuilles signalétiques, mandats de toute nature, arrêtés d'expulsion, interdictions de séjour) qui sont maintenant accumulés sans ordre, en sorte qu'il est presque impossible de les consulter.

4° En attendant le jour où une loi nouvelle nous donnera de nouveaux établissements d'un caractère nettement répressif, la commission extraparlementaire proclame la nécessité d'appliquer aux vagabonds le régime cellulaire, « le seul qu'ils considèrent comme une véritable peine [1] ».

M. le ministre de l'intérieur recommanda aux préfets l'application de ces mesures, par une circulaire en date du 10 juin 1898; il insistait tout spécialement sur la nécessité de mieux assurer l'action des gardes champêtres, par un meilleur recrutement, garantissant chez ces agents certaines conditions d'âge, d'instruction et

---

1. Les mêmes opinions avaient été émises, peu auparavant, par M. Gomot, ancien ministre de l'agriculture, qui écrivait : « Nos lois répressives sont mal faites. Telles qu'elles existent cependant, elles permettraient de diminuer le nombre des vagabonds si on les appliquait avec plus de discernement. Les agents de répression chargés de la police des campagnes devraient être plus nombreux et mieux dirigés. Il appartiendrait aux tribunaux de prononcer des peines plus longues. Mais le meilleur moyen serait de rendre la détention plus sévère, car l'expérience démontre que si cette catégorie de prisonniers s'accommode assez aisément de la vie en commun, elle redoute par-dessus tout l'emprisonnement cellulaire. » (*L'Agriculture moderne*, n° 72, 16 mai 1897.)

d'indépendance, nécessaires à l'exercice de leurs fonctions.

Les diverses circulaires que nous venons de résumer avaient le grand avantage d'indiquer des solutions sans les imposer, de laisser, par suite, toute initiative à chaque département pour opérer des réformes, en les proportionnant à ses ressources financières et en tenant compte des usages locaux [1]. On évitait ainsi le grand inconvénient des mesures générales qui ne peuvent tenir un compte suffisant de ces divers éléments, sous peine de tomber dans une multiplicité de dispositions nécessairement fatigantes et onéreuses pour les intéressés.

III. — Plusieurs départements s'étaient déjà préoccupés de la question. Dès 1889, le conseil général du Puy-de-Dôme avait mis à l'étude la création d'une maison de travail commune à quatre départements. A la suite de la publication de la Note de la commission mixte, cette assemblée proposa à l'administration de construire un quartier cellulaire dans la plus centrale de ses cinq prisons d'arrondissement, à la condition qu'on lui donnât l'assurance que ce quartier serait réservé aux vagabonds et mendiants condamnés par l'un quelconque des tribunaux du département [2]. Le conseil général de la Seine-Inférieure demanda également l'affectation spéciale aux mendiants et vagabonds des trois quarts des 108 cellules récemment aménagées dans une aile de la prison Bonne-Nouvelle, à Rouen [3].

1. Lors des délibérations relatives à la *Note* de 1895, les conseils généraux de la Côte-d'Or, de la Lozère et du Nord se sont prononcés énergiquement en faveur d'une étude poursuivie au point de vue régional.

2. Session d'août 1897, conclusions d'un rapport présenté par M. le comte de Chabrol, adoptées par le conseil général.

3. Cette aile était demeurée sans emploi depuis la suppression du quartier correctionnel, conséquence de la création de la colonie correctionnelle d'Eysses (Lot-et-Garonne), en 1896.

Le Conseil supérieur des Prisons a dû rejeter ces deux demandes dont la mise en vigueur aurait contrevenu aux dispositions des art. 2 et 3 de la loi du 5 juin 1875 prescrivant de réserver les cellules, par préférence, aux inculpés, prévenus et accusés, puis aux condamnés primaires.

Ailleurs, on s'était préoccupé des mesures d'assistance. Nous avons déjà exposé la transformation opérée dans le dépôt de mendicité de Courville en vue de procurer un asile aux vieillards et une occupation aux chômeurs involontaires. Le département des Bouches-du-Rhône avait également décidé, en avril 1896, de modifier le fonctionnement du dépôt de mendicité de Marseille de manière à en ouvrir l'accès aux indigents ayant leur domicile de secours dans le département qui se présenteraient en demandant du travail.

Dans le Vaucluse, les études poursuivies depuis plusieurs années ont eu pour résultat l'organisation d'un ingénieux système d'assistance par le travail, grâce à une entente entre les particuliers, les communes et le département[1].

Les conclusions de M. de Marcère permirent enfin de donner une forme concrète à ces aspirations. Nous allons trouver, dans le Pas-de-Calais, les mesures d'assistance et celles de répression combinées en un système homogène par le seul effet de l'entente entre le conseil général et un préfet exceptionnel, jouissant de toute la confiance de cette assemblée.

M. Alapetite faisait partie de la commission présidée par M. de Marcère. Cet honorable fonctionnaire n'a pas cru avoir rempli sa mission quand il eut siégé cinq ou six fois devant une table recouverte d'un tapis vert et fourni les renseignements demandés à son expé-

____
1. *Revue pénitentiaire*, 1898, p. 101.

rience; il a considéré qu'il avait le devoir de mettre le premier en pratique ce qu'il conseillait à ses collègues, et voici à quoi il est arrivé, avec le concours de son conseil général.

On a commencé, comme l'avait fait jadis M. le baron de Magnitot dans le Tarn, l'Orne et l'Allier [1], par organiser des commissions cantonales d'assistance groupant tous les hommes de bonne volonté. Ces commissions doivent recueillir des ressources par voie de souscription, elles reçoivent des subventions fournies par un centime départemental spécial. Par contre, elles désignent les vieillards qui bénéficient des pensions payées sur les fonds fournis par l'État, les départements et les communes, suivant un barème spécial; elles distribuent aussi des secours extraordinaires en vêtements, objets de literie; elles allouent même des sommes destinées à payer la réparation des maisons d'indigents.

En second lieu, on a reconstitué le dépôt de mendicité d'Arras qui était devenu, comme tant d'autres, un asile d'incurables. Une partie de la prison d'Arras, voisine du dépôt et récemment désaffectée, a fourni le moyen de constituer un quartier d'assistance par le travail pour les mendiants valides. L'ingénieur en chef, chargé de la voirie départementale et communale, assure du travail pour l'entretien des routes.

Le tiers environ des communes du département possèdent des abris ruraux où on accueille la nuit les chemineaux, au grand soulagement des propriétaires et fermiers. Désormais, tout hôte d'un de ces abris devra présenter ses papiers à la mairie; une fiche à son nom, portant son signalement, sera constituée sur un regis-

---

1. Voir pour les détails les ouvrages cités p. 44, note 2.

tre à souche et un double sera détaché et envoyé à la préfecture. Tout individu suspect sera immédiatement signalé à la gendarmerie.

Tous les roulottiers, bohémiens et saltimbanques devront être munis de deux autorisations : l'une délivrée par le préfet du département dont ils sont originaires, pour permettre l'exercice de leur profession ; l'autre du maire de la commune où ils passent, pour leur accorder droit de séjour. Le maire, avant de délivrer ce permis, devra examiner les papiers du postulant et vérifier avec un soin particulier l'état civil des enfants qui l'accompagnent.

Enfin on a assuré la répression. La prison cellulaire de Béthune, reconstruite il y a quelques années, contient deux cents cellules dont la moitié environ était constamment inoccupée. Désormais on y conduira tous les vagabonds condamnés à plus d'un mois d'emprisonnement, quel que soit le tribunal qui aura prononcé la condamnation.

L'exécution de ces dispositions a été assurée par des instructions énergiques données à la gendarmerie.

Voilà donc un ensemble de mesures qui assure à la fois le secours aux vieillards, le travail aux valides, la surveillance des passants, le contrôle des roulottiers, une exécution sérieuse des peines d'emprisonnement ; et tout cela a pu être fait sans loi, sans décret, par de simples arrêtés préfectoraux. Et ce préfet, par la concentration des moyens qu'il a sous la main, a pu débarrasser les campagnes de l'Artois du fléau dont elles se plaignaient justement depuis de longues années.

Ajoutons que les frais occasionnés par ces différentes mesures sont relativement modérés. Les dépenses inscrites de ce chef au budget départemental de 1901 s'élèvent à 14.400 fr. répartis comme suit :

Frais d'entretien d'indigents au dépôt. . . . . . Fr. 10.000 »
Indemnité à la ville d'Arras pour occupation des lo-
  caux affectés au dépôt. . . . . 400 »
Traitement du surveillant du dépôt. . . . . 1.500 »
Frais de transport à la prison de Béthune des men-
  diants condamnés . . . . 500 »
Concentration au dépôt des mendiants libérés et au-
  tres . . . . 1.000 »
Frais de rapatriement des individus quittant le dé-
  pôt. . . . . 1.000 »

On a, en outre, inscrit en recettes une prévision de 2.000 francs à titre de part à revenir au département sur le produit du travail des pensionnaires valides du dépôt.

Le rapport du préfet constate les bons résultats obtenus à la suite de son arrêté. « Je ne dirai pas que les vagabonds ont absolument disparu du Pas-de-Calais, mais ils y sont beaucoup plus rares et la campagne est affranchie de la terreur qu'ils exerçaient. Les professionnels du vagabondage ont transporté ailleurs leur champ d'exploitation. »

L'exemple ainsi donné dans le Pas-de-Calais a fait école et nous avons à signaler toute une série de mesures inspirées de celles qu'a si judicieusement organisées M. le préfet Alapetite.

Le 3 novembre 1898, M. Gaston Joliet, préfet de la Vienne, prenait un arrêté relatif à la surveillance des roulottiers et à la délivrance par les maires d'une autorisation de séjour sans laquelle les nomades ne pourraient exercer leur industrie dans la commune. Le département ne possédant ni dépôt de mendicité, ni prison cellulaire, le préfet avait dû se borner aux deux premiers points du programme. Mais depuis lors, par suite d'une entente survenue entre le conseil général et l'administration, la reconstruction de la prison de Poitiers a été décidée et la nouvelle prison cellulaire sera probablement inaugurée au moment où paraîtront ces lignes.

Des arrêtés analogues ont été pris depuis lors par les préfets de la Haute-Vienne (10 octobre 1899), d'Ille-et-Vilaine (7 mai 1900), de Meurthe-et-Moselle (11 juin 1900), de l'Ariège (21 juillet 1900), de l'Yonne (10 octobre 1901), du Jura (25 octobre 1901).

Plusieurs assemblées départementales ont émis des vœux priant les préfets de prendre des mesures du même genre. Deux conseils généraux ont nommé en août 1901 des commissions en leur donnant mission d'aller étudier sur place le système inauguré dans le Pas-de-Calais. (Seine-et-Marne, Oise.)

Trois départements ont pris récemment la décision d'assurer la création d'établissements départementaux d'assistance. Dans la Seine-Inférieure, une maison contenant quarante places va être installée dans l'asile agricole de Mellevile dont les enfants seront transférés à l'école d'Aumale (*supra*, p. 121). Le conseil général de l'Yonne a décidé la création à Auxerre d'un établissement d'assistance par le travail contenant trente-cinq lits d'hommes et cinq de femmes. Dans la Mayenne, le conseil général a voté le principe de la construction d'une prison cellulaire à Laval et de l'acquisition d'une ferme destinée à l'installation d'un dépôt de mendicité avec assistance par le travail pour les valides. La question est à l'étude dans la Seine-et-Marne, la Seine-et-Oise, l'Oise, l'Aisne, l'Aude, l'Isère, etc.

On voit combien ce mouvement tend à se généraliser sur tous les points du pays. Il est juste de reconnaître que sa propagation a été puissamment aidée par la propagande poursuivie depuis sept ans par la Société générale des Prisons et par la Société des Agriculteurs de France. Un des membres les plus actifs de ces deux sociétés, M. Ch. Morel d'Arleux, a pris l'initiative de rédiger une série de notes résumant l'état de la question en y joignant comme annexes les textes des divers arrêtés préfectoraux dont nous venons de parler. Ces documents sont adressés par lui à tous les membres des Conseils généraux, et non plus seulement aux présidents et aux préfets, comme on l'avait fait pour les publications précédentes. Il est incontestable que cette publicité a produit un sérieux résultat et a contribué à modifier l'attitude d'un grand nombre d'assemblées départementales.

IV. — Lors des élections générales du mois de mai 1898, les préoccupations des populations rurales à l'endroit du vagabondage étaient devenues assez vives pour que plusieurs candidats aient cru devoir les mentionner dans leurs déclarations et professions de foi. Ce n'est pas seulement un lourd impôt qui est prélevé par les chemineaux sur les propriétaires et fermiers [1]; des crimes fréquents prouvent que la sécurité est insuffisante dans nos campagnes.

Un député nouvellement entré à la Chambre, mais qu'une brillante carrière judiciaire avait préparé à la solution des problèmes juridiques, M. Jean Cruppi, a voulu immédiatement « libérer sa conscience » de la promesse faite à ses électeurs. Le 25 janvier 1899, le député de la Haute-Garonne déposait sur le bureau de la Chambre une proposition de loi relative aux « moyens d'assistance et de coercition propres à prévenir et à réprimer le vagabondage et la mendicité [2] ».

1. M. DE MONICAULT a établi que la charge supportée par les habitants d'une commune rurale moyenne du département de l'Ain, du fait des mendiants de passage, équivaut, étant donnée la valeur du centime dans cette commune, à 85 centimes additionnels (*Bulletin de la Société nationale de l'Agriculture de France*, 1896, p. 26).

2. *Chambre des députés*, 7ᵉ législature, n° 651. Annexe à la séance du 25 janvier 1899.

Le renvoi à la commission de législation criminelle, demandé par l'auteur du projet, a été immédiatement prononcé par la Chambre.

Cette proposition de loi s'est largement inspirée des projets antérieurs que nous avons examinés; elle les a complétés par d'heureux emprunts aux conclusions de M. de Marcère et à la législation étrangère.

Pour assurer aux nécessiteux dignes d'intérêt le secours qui leur est indispensable, le projet impose au département l'obligation de créer et d'entretenir des établissements de deux sortes : une maison de refuge, où les vieillards et incurables seront accueillis en vertu d'une décision judiciaire; une maison d'assistance par le travail, où les ouvriers en état de chômage pourront se présenter librement.

Après avoir ainsi pourvu à toutes les nécessités de l'assistance, l'auteur se préoccupe d'assurer une répression efficace. Les divers agents de l'autorité et de la force publique sont chargés de rechercher les délits; mais, en cas de besoin, le projet leur donne le droit de requérir le concours de nombreux agents assermentés : douaniers, gardes forestiers, cantonniers, etc. Les nomades seront tenus désormais de justifier de leur identité à toute réquisition de la force publique. Mais chacun d'eux pourra se procurer dans les bureaux des sous-préfectures une carte d'identité, portant son signalement et qui lui permettra de satisfaire à cette prescription [1]. Faute de posséder cette carte, ou d'autres moyens légaux de justification, le nomade sera arrêté et conduit au dépôt de sûreté qui devra exister dans tout chef-lieu de canton [2].

1. Cette disposition, empruntée aux conclusions de M. de Marcère (rapport précité, p. 27-28), est déjà en vigueur dans le Pas-de-Calais, comme nous l'avons vu plus haut, p. 211.

2. La *statistique pénitentiaire de la France pour l'année 1885* nous

Par une innovation inspirée de la loi belge du 27 novembre 1891, les individus ainsi arrêtés seront traduits devant le juge de paix qui devra statuer dans les vingt-quatre heures. Ce magistrat déterminera, à l'aide des moyens d'investigation en son pouvoir, si les inculpés se trouvent dans les conditions constitutives du délit; il aura le droit de relâcher ou d'hospitaliser ceux qui échappent à la répression; il n'aura pas le droit de punir. Les inculpés devront être conduits au chef-lieu d'arrondissement pour y être traduits devant le tribunal correctionnel.

Quant à la peine, c'est l'emprisonnement, dont la durée augmente à chaque récidive; elle pourra atteindre cinq ans à partir de la troisième condamnation.

On voit, par ce rapide exposé, que le projet de M. Cruppi s'est efforcé de donner une réponse à toutes les questions posées par ses différents précurseurs. Son œuvre n'en a pas moins soulevé de multiples objections.

Les plus vives vinrent des représentants des départements, effrayés des charges financières qui résulteraient pour eux de la création et de l'entretien de deux séries d'établissements. Les conseils généraux éprouvent la plus grande difficulté à assurer le fonctionnement de l'assistance médicale gratuite, conformément aux prescriptions de la loi du 15 juillet 1893; ils seraient hors d'état d'organiser les établissements réclamés.

Ces créations soulevèrent, d'ailleurs, des objections d'un autre ordre. Les deux Chambres sont saisies, depuis plusieurs années, de diverses propositions relatives à l'assistance aux vieillards et incurables; ne

___

apprend qu'il existait, au 31 décembre de cette année, 3.318 chambres ou dépôts de sûreté.

On sait que le nombre des cantons est de 2.899.

serait-il pas préférable de laisser à ces assemblées le soin de préparer et d'arrêter une solution, plutôt que de compliquer une loi répressive par l'introduction de mesures d'un caractère tout différent?

Les maisons départementales d'assistance par le travail rencontrèrent une opposition plus vive encore; on manifesta immédiatement la crainte de voir ainsi poser le principe du droit au travail pour tout chômeur involontaire. Du moment où on sera admis de droit dans ces établissements, a-t-on dit, ce seront, en dépit des précautions oratoires, de véritables ateliers nationaux susceptibles de prendre des proportions considérables dans les départements industriels ou dans les grandes villes et qui aboutiront aux mêmes abus qu'en 1848 et en 1790.

Enfin, le législateur aura beau élever la durée de l'emprisonnement, il n'obtiendra pas une répression sévère, tant que l'application de l'art. 463 permettra d'abaisser la peine fort au-dessous du minimum. Aujourd'hui, le vagabond valide qui mendie est frappé par le code d'une peine sérieuse, d'un emprisonnement de six mois à deux ans; on sait ce qu'il en est dans la pratique. On a vu des tribunaux prononcer trois mois de prison contre un récidiviste, quand trois mois et un jour étaient nécessaires pour la relégation. C'est un parti pris, pour beaucoup de magistrats, de ne pas condamner un mendiant à une peine plus longue que celle qui atteint certaines catégories de voleurs.

L'auteur du projet n'avait pas eu la prétention d'arriver du premier coup à une solution définitive. Encore moins visait-il à rédiger la loi idéale, donnant satisfaction à tous les désirs des légistes. Son but était surtout de formuler une proposition pratique, susceptible de réunir une majorité dans les deux Chambres et d'apporter un remède immédiat aux souffrances des campagnes. Il sut faire son profit de toutes les observations qui lui parurent sérieuses et remania son projet de manière à leur donner satisfaction, en le ramenant à des proportions plus modestes.

Dans cette seconde édition, nous ne trouvons plus de déclaration générale de principes, ni de création obligatoire d'établissements coûteux. Des définitions précises de la mendicité et du vagabondage [1] englobent tous les individus coupables et laissent échapper ceux qui peuvent invoquer une excuse. On assurera ainsi la répression immédiate du vagabondage professionnel et de la mendicité des valides, c'est-à-dire l'arrestation de tous les individus dangereux. Quant à l'assistance de ceux qui ne le sont pas, elle se fera au moment et dans la mesure où les départements voudront être débarrassés de leurs mendiants : leur intérêt leur dictera le montant des sacrifices qu'il leur conviendra de consentir.

Quel est, en effet, celui des caractères constitutifs qui rend le fait de mendier essentiellement punissable? C'est la paresse, caractérisée par le refus de chercher du travail ou d'accomplir le travail offert.

Par conséquent, partout où existera un établissement d'assistance par le travail ouvert à tous, et dont l'existence sera révélée aux intéressés par une large publi-

1. ART. 2. — Le mendiant punissable est celui qui, en quelque lieu que ce soit, sollicite la charité dans son propre intérêt, et qui, étant apte au travail, ne justifie pas avoir fait le nécessaire pour en trouver ou a refusé le travail rémunéré qui lui était offert, soit par un particulier, soit par une œuvre d'assistance publique ou privée.

ART. 3. — Le vagabond punissable est celui qui n'ayant ni domicile certain, ni moyens de subsistance, et n'exerçant depuis un mois au moins ni métier, ni profession, est apte au travail et ne justifie pas avoir fait le nécessaire pour en trouver, ou encore a refusé le travail rémunéré qui lui était offert, soit par un particulier, soit par une œuvre d'assistance publique ou privée.

cité, il y aura l'offre du travail suffisante pour constituer le valide en état de délit. Point n'est besoin que cet établissement soit créé par le département ou la commune; un atelier privé, pourvu qu'il soit librement ouvert à tous, servira de pierre de touche et remplira le but de la loi.

Quand cet établissement sera encombré, il délivrera aux individus qui se présenteront sans pouvoir être accueillis une attestation qui leur vaudra excuse légale. L'institution cessera donc de fonctionner automatiquement, pour ainsi dire, le jour où une crise industrielle, un désastre public viendrait à frapper une région déterminée. La répression s'arrêtera de même.

Quant aux vieillards, infirmes, invalides, le juge de paix chargé de l'enquête préalable ordonne qu'ils seront hospitalisés, si un établissement existe dans ce but pour le département, à moins qu'on ne préfère attribuer à l'indigent un secours à domicile. A la campagne, ce magistrat, habitant à proximité, est à même de se renseigner immédiatement sur la plupart des ças intéressants, qui concerneront, le plus souvent, des vieillards ou infirmes domiciliés. Il est infiniment mieux placé pour faire cette enquête que le parquet ou le juge d'instruction, qui sont trop loin. Son intervention simplifiera considérablement le rôle du tribunal et évitera l'encombrement des maisons d'arrêt, tout en prévenant des incarcérations regrettables.

Le vagabond, au contraire, l'inconnu voyageant sans papiers, sans moyens d'existence, sera dirigé sur le chef-lieu d'arrondissement. Là, le parquet pourra plus facilement obtenir des renseignements qui exigent une correspondance. Il est clair que les motifs qui ont amené l'intervention du juge de paix n'existent pas dans les villes où siège un tribunal de première instance. Les parquets y sont à même de faire l'enquête plus rapidement que les juges de paix, ils ont à leur disposition des établissements pénitentiaires qui manquent à ces derniers. Les mendiants et vagabonds arrêtés dans l'étendue du canton chef-lieu d'arrondissement seront donc traduits directement devant le juge d'instruction.

Reste la question de pénalité. Faible pour un premier, pour un second délit, elle doit être sévère pour le mendiant professionnel sans excuse et pour le vagabond. La loi stipulera donc que les circonstances atténuantes ne pourront être accordées que pour les premières condamnations. A partir d'un nombre suffisant pour bien établir l'intention de vivre sans travailler, cinq, par exemple, l'article 463 ne sera plus applicable et la durée de l'emprisonnement sera obligatoirement fixée entre cinq et dix ans. On mettra aussi un terme à l'industrie de ces « hivernants », de ces prisonniers volontaires qui viennent se faire arrêter quand tombent les feuilles, pour passer à l'abri les mois les plus durs de l'année. Quand ils sauront que leur internement ne prendra plus fin au printemps suivant, qu'il se prolongera pendant plusieurs années, avec l'obligation d'accomplir un travail sérieux, ils hésiteront davantage à revenir en prison. On peut consulter sur ce point l'expérience de la Belgique, où la loi de 1891 commence à produire son effet d'intimidation.

Cet emprisonnement prolongé ne sera toutefois pas irrévocable, ce ne sera pas un « enfer sans espérance »; la perspective de la libération conditionnelle luira aux yeux du détenu désireux de se relever. Cette libération pourra toujours être demandée par l'administration, qui aura ainsi un moyen de réparer des erreurs malheureusement toujours possibles; elle pourra être sollicitée par le condamné lui-même, quand il aura accompli une portion de sa peine suffisante pour prouver sa bonne volonté; elle pourra enfin être réclamée par la commune du domicile, par une association charitable ou même par un simple particulier qui se chargera de subvenir aux besoins du libéré. Mais cette libération devra être prononcée par le tribunal civil statuant sommairement sur le vu de pièces justificatives établissant que le bénéficiaire aura des moyens d'existence assurés et ne retombera pas forcément dans la mendicité. On parera ainsi aux abus de pratiques administratives qui font trop facilement dépendre la durée de la peine de considérations de place, de dépenses, étrangères à toute vue d'amendement.

En résumé, le projet de M. Cruppi, tel qu'il a été modifié par son auteur, assure immédiatement une répression complète du vagabondage redoutable. En quelques mois, si les tribunaux appliquent sévèrement ses dispositions, nos campagnes peuvent être débarrassées de tous les récidivistes dangereux, de tous les professionnels incorrigibles.

C'est là l'essentiel, c'est ce que demandent avec instance les populations rurales.

Quant à la mendicité, elle disparaîtra progressivement, à mesure que les conseils généraux seront en mesure de faire les sacrifices nécessaires à son extinction. On ne leur impose obligatoirement aucune charge nouvelle.

Le projet n'a plus la prétention de prescrire la construction d'un édifice symétrique, parfaitement ordonné, prévoyant tous les besoins. Il se borne à parer au plus pressé en édifiant un bâtiment central; des pierres d'attente sont disposées à droite et à gauche, pour y joindre deux ailes qui compléteront la construction, le jour où les ressources le permettront.

CONCLUSION

« Faire arrêter par la gendarmerie un vagabond ou
un mendiant, le jeter dans un dépôt, le conduire devant
la police correctionnelle, lui infliger quelques jours
d'emprisonnement, le laisser végéter sans occupation
ni travail entre de hautes murailles, faisant obstacle à
l'air et au soleil, le gangrener par le contact de la plus
vile classe de détenus, le jeter ensuite sur le pavé des
villes sans ressources, pour le reprendre s'il vagabonde
ou mendie de nouveau, et recommencer constamment
le même système d'arrestation, de poursuite et de condamnation; c'est, nous en convenons, un procédé expé-
ditif et commode pour un pays outillé à l'excès en fait
d'agents et de fonctionnaires préposés à l'administration de la police et de la justice; mais est-ce un
régime équitable et efficace d'amendement [1] ? »

On ne saurait résumer d'une manière plus brève et
plus saisissante le fonctionnement actuel et les conséquences de la répression du vagabondage et de la mendicité en France. Nous ajouterons que ces critiques

1. L. Bonneville de Marsangy, Rapport sur la 6e question de la 1re section au 5e Congrès pénitentiaire international. (*Actes du Congrès*, Paris,
1895, t. II, p. 428-442.)

justifiées s'adressent bien moins à la législation qu'à la manière dont elle est appliquée. Nous avons déjà montré que Napoléon avait clairement compris les distinctions que comporte le personnel qui fournit la matière première de la répression, et son système, sérieusement appliqué, eût certainement produit des résultats satisfaisants. Mais les pouvoirs publics n'ont pas mis à la disposition des magistrats les organismes prévus par lui, des lois nouvelles ont déformé la conception primitive [1] ; les magistrats, ne pouvant appliquer la loi dans son esprit, sont tombés dans une sorte d'interprétation routinière, de distribution automatique de semaines et de mois de prison. Tous les jours, les tribunaux correctionnels pratiquent ce que Napoléon lui-même qualifiait de « barbare et absurde [2] » en infligeant des peines privatives de la liberté à des vieillards, à des infirmes, à des déments, qui ont besoin de pain et de soins.

Tout a été dit sur les multiples inconvénients des courtes peines d'emprisonnement subies sous le régime commun qui est encore celui du plus grand nombre de nos maisons d'arrêt et de correction [3]. Les prisons

1. Rappelons notamment la réforme du code pénal en 1832 qui a dénaturé la loi en lui enlevant son efficacité. Les dispositions nouvelles ont contribué pour une grande part au développement du vagabondage en encombrant les prisons d'individus en rupture de ban. — Cf. un passage de Boitard (Code d'instruction criminelle) cité par Du Puy, op. cit., p. 13.

2. « Tout mendiant sera arrêté. Mais l'arrêter pour le mettre en prison serait barbare et absurde ; il ne faut l'arrêter que pour lui apprendre à gagner sa vie par le travail. Il faut donc une ou plusieurs maisons de charité par département. » (Note du 2 septembre 1807.)

3. Trente-neuf prisons cellulaires contenant ensemble 6.300 cellules de détention sont en ce moment à la disposition de l'Administration pénitentiaire ; douze autres sont en construction et fourniront environ 1.200 cellules. Ce sera donc à bref délai un total de 7.500 cellules permettant d'assurer le bénéfice de la loi de 1875 aux deux cinquièmes environ de la population moyenne des maisons d'arrêt, de justice et de correction. (Cf. rapports de MM. Bertrand et Léo Meillet sur le budget des services pénitentiaires pour 1901 et 1902.)

sont encombrées par une sorte de population flottante sur laquelle la répression reste sans effet. Le but éducatif de la peine est complètement manqué, puisque le condamné ne reste pas assez longtemps pour s'amender, mais ces quelques jours lui suffisent pour faire des connaissances qui achèvent de le perdre en l'enrôlant dans l'armée du crime. Quant à l'exemplarité, on sait ce qu'elle devient; tous les jours aussi on voit des vagabonds narguer la justice en venant se faire condamner comme on demande un billet de logement, au moment qui vous plaît, pour le temps qu'on veut [1]. Nos prisons ne peuvent être plus longtemps considérées comme des auberges ou des restaurants [2].

Il faut donc renoncer à ce système uniforme de courtes peines et arriver à une répression graduée suivant les présomptions de culpabilité; mais il convient d'éliminer au préalable les catégories qui doivent rester en dehors de toute répression.

Il appartient à l'assistance publique d'assurer les secours aux vieillards, comme elle le fait déjà en ce qui concerne les mineurs délaissés ou moralement abandonnés. Les projets d'organisation nécessaires sont préparés; il ne reste plus qu'à les faire aboutir.

L'assistance aux valides sans travail est, au contraire,

---

1. M. DEMETZ écrivait déjà en 1836 : « Il faut le dire avec douleur, dans notre système actuel la prison n'est pour ainsi dire plus une peine. Elle offre au criminel un asile, une existence, une sécurité, des sympathies et des suffrages que la société lui refuse; loin d'être un objet d'effroi pour celui qui l'a une fois habitée, elle devient une station, où il se repose des fatigues et des tribulations de sa vie aventureuse, où il retrempe son énergie et sa perversité dans les encouragements de ses compagnons d'infamie. » (*Projet d'établissement d'une maison de refuge pour les prévenus acquittés.*)

2. M. DU PUY (*op. cit.*, p. 25) cite le passage d'une enquête officielle établissant que le grand nombre des appels relevés vers 1885 dans le ressort de la Cour de Rouen avait pour cause unique la bonne réputation de la cantine de la prison Bonne-Nouvelle à Rouen et la qualité exceptionnelle du pain qu'on y consommait.

13.

du ressort de la bienfaisance privée. Les expériences désastreuses que nous avons fait connaître prouvent que l'État est inhabile à l'organiser sans donner sur l'écueil du droit au travail; les départements ou les communes, agissant sur des territoires restreints et sans uniformité bureaucratique, pourront suppléer l'initiative individuelle là où elle fera défaut [1].

Pour le résidu tombant sous le coup des dispositions pénales, nous demandons, contrairement à l'avis de M. Cruppi, le maintien de la distinction essentielle entre le mendiant et le vagabond, en faisant toutefois prédominer l'idée de vagabondage de manière à comprendre sous ce chef la catégorie intermédiaire que nous avons qualifiée « mendiants-vagabonds [2] ». Le mendiant qui a un domicile fixe n'est pas dangereux; on le connaît ou on peut facilement se renseigner sur son compte. S'il est intéressant, il y aurait cruauté à lui refuser de demander à la charité ses moyens d'existence tant que les secours publics ne seront pas organisés à son profit; s'il est un exploiteur de la charité, il tombera forcément sous le coup des dispositions qui frappent, en tout état de cause, le mendiant d'habitude valide, comme le fait l'art. 275 actuel. Les distinctions du code pénal nous semblent justifiées, elles ont l'avantage de ne pas imposer la création immédiate d'établissements coûteux; il faut les maintenir.

1. Voir sur ce point le rapport présenté par M. Ferdinand-Dreyfus au Congrès international d'Assistance publique et de Bienfaisance privée. (*Actes du Congrès*, Paris, 1900, t. II, p. 97.)

2. La loi belge de 1891 a maintenu cette distinction en déclarant obligatoires l'arrestation et la poursuite du vagabond, tandis que l'arrestation du mendiant est facultative. Voici le texte des deux articles auxquels nous faisons allusion :

« ART. 8. — Tout individu trouvé en état de vagabondage *sera* arrêté et traduit devant le juge de police.

« ART. 9. — Tout individu trouvé mendiant *pourra être* arrêté et traduit devant le juge de police. »

L'individu dangereux qu'il faut nécessairement arrêter c'est le vagabond, l'inconnu qui rôde sans ressources, en quête de nourriture, dont la faim ou le désespoir peuvent à chaque instant faire un criminel. Cet individu est en état de rébellion contre l'ordre social qui repose essentiellement sur les deux notions de domicile et de travail [1]. Il ne peut vivre qu'aux dépens d'autrui. soit qu'on lui donne, soit qu'il prenne. C'est ce criminel en puissance qui est la terreur de nos campagnes [2] et qu'il faut atteindre par les seules mesures qui l'effraient réellement : l'emprisonnement cellulaire, d'abord, et subsidiairement le long internement avec travail obligatoire.

Le mendiant est parfois une gêne ; le vagabond constitue toujours un danger.

On aggrave, du reste, le mal en négligeant de le réprimer. Avec le temps, le vagabondage cesse d'être un fait accidentel pour devenir un état, le genre de vie normal de toute une catégorie d'individus qui restent en dehors des conditions sociales. C'est là que la criminalité trouve un milieu de culture à souhait pour se développer ; on a constaté depuis longtemps que le vagabondage est le facteur par excellence de la récidive, dont le développement constant inquiète à si juste titre les criminalistes [3].

---

1. « Le vagabond ne travaille pas, voilà surtout ce qui le caractérise. Le vice radical de sa constitution morale est la paresse. L'énergie lui a manqué pour apprendre un état ; elle lui manque encore pour se livrer à des travaux qui ne demandent pas de connaissances préalablement acquises et ne sont que l'emploi des forces corporelles, comme ceux qui consistent à remuer de la terre, faire tourner des roues, porter des fardeaux. » HOMBERG, *op. cit.*, p. 21.

2. « Ce sont les irréconciliables ennemis de nos paysans. Ceux-ci ne leur accordent l'aumône qu'à regret et par crainte. Ils leur imputent, souvent avec raison, tous les méfaits qui se commettent dans le pays. » DU PUY, *op. cit.*, p. 2.

3. Dans l'ouvrage que nous avons souvent cité, M. le conseiller HOM-

Quel sera donc le système pénal qu'on propose de substituer à celui qui a montré surabondamment son inefficacité?

Pour une première faute, l'indulgence s'impose. L'inculpé peut avoir agi sous l'empire d'un besoin pressant, parfois il aura péché par ignorance. S'il est déjà un délinquant d'habitude, nous sommes d'ailleurs assurés de le retrouver bien vite. Nous nous contenterions donc volontiers d'une simple admonition, prononcée avec quelque solennité en audience publique, de manière à faire impression sur l'esprit du délinquant et à le mettre en garde contre les conséquences d'une récidive [1].

A la seconde fois, la répression doit se produire; mais il faudra tenter de lui donner une valeur éducatrice. Ce sera donc l'emprisonnement cellulaire, avec une durée croissante à chacune des condamnations suivantes et la suppression des circonstances atténuantes à partir de la troisième [2]. L'application de l'art. 463

BERG établissait, il y a près de quarante ans, les rapports entre le vagabondage et la criminalité à la suite du dépouillement des 13.595 bulletins de condamnation formant le casier judiciaire du tribunal de Rouen.

Parmi les condamnés primaires, la proportion des vagabonds est de 32 p. 100. A mesure que le nombre des condamnations s'élève, la proportion des vagabonds croît beaucoup plus rapidement, ils représentent la moitié des condamnés à partir de quatre condamnations et finissent par former le contingent complet au-dessus de vingt condamnations (*op. cit.*, p. 92-97).

1. C'est le système qu'a adopté le code pénal du canton de Neuchâtel (1891) pour un genre de contraventions considéré par plusieurs législations comme analogue au vagabondage :

ART. 291. — La femme qui fait métier de la prostitution et qui se livre à des provocations sur la voie publique ou dans un lieu public sera, pour la première infraction signalée, conduite à la préfecture et admonestée. En cas de nouvelle infraction, elle sera condamnée à l'emprisonnement pendant six mois.

2. Cette disposition ne nécessiterait pas l'achèvement complet de la transformation de nos prisons d'arrondissement. L'exemple du Pas-de-Calais prouve qu'on peut assurer l'encellulement des vagabonds avec une seule prison cellulaire par département, et on a vu que la Vienne, l'Yonne et la Mayenne ont déjà pris des mesures analogues. Il suffirait d'étendre ces dispositions à tous les départements.

aux récidivistes détruirait toute l'économie du projet
en rendant illusoire dans l'application l'échelle de peines
qu'il s'agit d'établir.

Enfin, après un nombre de condamnations à déterminer, et que nous fixerions volontiers à cinq, le vagabond serait considéré comme irréductible et renvoyé
dans une maison de travail forcé pour un long délai,
cinq ans au moins, dix ans au plus, avec l'atténuation de
la libération conditionnelle qui pourrait être proposée
par l'administration ou réclamée par le reclus à partir
de l'expiration de la première année. En fait, le temps
fixé par le tribunal constituera un maximum ; ce sera le
condamné lui-même qui déterminera la durée de sa
peine par sa conduite.

La maison de travail forcé constitue l'organe nouveau
à créer, réclamé dès 1878 par le Conseil supérieur des
Prisons pour les « petits récidivistes ». Nous lui trouvons deux avantages.

D'abord, elle permettra de surmonter la répugnance
de la magistrature à prononcer contre les vagabonds
les peines privatives de la liberté d'une durée quelque
peu prolongée, qui constituent la condition essentielle
du relèvement. L'internement doit être considéré comme
une mesure éducatrice, et non comme une pénalité ; par
conséquent, il n'y aura plus lieu de faire de rapproche-
ment entre sa durée et celle de l'emprisonnement infligé
à un voleur, par exemple. Pour faire accepter cette
idée, il pourra être nécessaire d'entreprendre une campagne analogue à celle qui amène des tribunaux de
province de plus en plus nombreux à envoyer des mineurs acquittés en éducation correctionnelle jusqu'à
vingt ans ; il n'y a pas de raison pour qu'on n'obtienne
pas le même succès.

En second lieu, la maison de travail forcé diminuera

notablement les frais de transformation de nos prisons, en évitant de construire des cellules pour tous les incorrigibles sur lesquels l'isolement individuel reste sans effet. Elle constituera, par le fait, un quartier de désencombrement, en même temps qu'une peine éliminatoire sous la forme la plus adoucie.

Le régime devra y être sévère, et n'avoir rien de celui de l'ancien dépôt de mendicité qui n'effrayait personne. Il suffira de s'inspirer de l'organisation de la Maison de travail forcé allemande, plus redoutée des malfaiteurs que la prison cellulaire elle-même. Notre personnel pénitentiaire ne manque pas d'hommes énergiques qui sauront appliquer sans faiblesse le règlement préparé par l'administration centrale.

Le travail obligatoire devra en former le premier article. Il est à désirer que ce travail ait lieu, autant que possible, en plein air; ce sera le meilleur moyen de prévenir les réclamations des syndicats ouvriers qui protestent déjà contre le travail des prisons et s'alarmeraient de voir ouvrir de nouveaux ateliers. Les modèles ne manqueront pas. En Prusse, on a employé les détenus à des travaux de desséchement et d'endiguement; en Autriche on leur a fait rectifier des rivières, ils ont créé des routes aux États-Unis [1]. Les immenses constructions de Merxplas ont été élevées par les reclus, qui ont même fabriqué la tuile et la brique, en sorte que M. Le Jeune a pu dire un jour : « La moralisation est, dans ces établissements, une question de maçonnerie, en ce sens qu'on moralise en élargissant les locaux. » Nous avons déjà signalé [2] la culture des champs d'é-

----

1. On trouvera des détails sur ces diverses organisations dans la *Revue pénitentiaire.*

2. *Supra*, p. 81. — La faculté d'occuper des détenus aux travaux extérieurs est prévue par le nouveau règlement des prisons de Prusse, en date du 24 décembre 1898.

pandage municipaux pratiquée à la maison de travail forcé de Rummelsburg près Berlin.

Plusieurs des auteurs qui ont étudié la question ont proposé une autre peine éliminatoire, soit la transportation, soit la relégation [1]. Sans discuter ici cette vaste question de l'amélioration de notre domaine colonial par la main-d'œuvre pénale [2], nous ferons remarquer que les vagabonds sont, de tous les détenus, les moins propres à une pareille mission. Pour résister aux influences morbides des climats tropicaux, il faut des hommes énergiques, sains, vigoureux. On pourra en rencontrer parmi les voleurs ou les assassins ; on n'en trouvera pas parmi les vagabonds qui sont essentiellement des anémiques physiques et moraux, des alcooliques usés par les privations et les excès.

Il nous reste maintenant à déterminer l'autorité judiciaire qui aura mission de prononcer les peines graduées que nous venons de déterminer.

Tout le monde est d'accord sur la nécessité de désencombrer les audiences des tribunaux correctionnels de ces légers délits qui sont trop nombreux pour pouvoir être examinés avec tout le soin que comporte l'application d'une peine. Il semble que le juge de paix soit indiqué comme le juge naturel de ces faits qui, considérés en eux-mêmes, constituent plutôt des contraventions que des délits. C'est la solution qu'a adoptée la Belgique [3]. On a objecté que le corps de nos juges de

<hr>

1. Notamment MM. Homberg (p. 83), Bonneville de Marsangy (p. 435) et Du Puy (p. 165).

2. La question a été discutée à plusieurs reprises avec une grande ampleur par la Société générale des Prisons (*Revue pénitentiaire, passim*) et par le 5ᵉ Congrès pénitentiaire international (*Actes du Congrès*, 1ʳᵉ section, Paris, 1895, t. II, p. 101-133).

3. Voir *supra*, p. 96. — Le code pénal italien de 1889 ne considère même pas le vagabondage comme une contravention ; c'est une simple affaire de police, réglée par la loi du 23 décembre 1888 sur la sécurité publique.

paix français ne présente pas les mêmes garanties de capacité et d'indépendance [1] et qu'il pourrait y avoir témérité à confier à ces magistrats le droit d'interner un individu pour sept ans, comme le font leurs collègues belges. On pourrait alors attribuer simplement au juge de paix la mission de procéder à une sorte de triage préparatoire en renvoyant tous les individus excusables, comme le propose M. Cruppi [2], ou même lui laisser la faculté de statuer en ce qui touche les faits de mendicité ou de vagabondages simples, en renvoyant devant la police correctionnelle tous les faits qualifiés par les art. 276 à 281 du code pénal, faits qui ont un caractère délictuel bien accusé [3]. Quel que soit le rôle qu'on lui attribuera, il est certain qu'il y a lieu d'utiliser le concours du magistrat qui se trouve sur les lieux, est à même de recueillir promptement des renseignements, de procurer au besoin un emploi ou un placement beaucoup plus facilement que ne sauraient le faire un procureur de la République ou un juge d'instruction.

Telles sont les solutions qui nous paraissent se dégager des discussions approfondies auxquelles la répression de la mendicité et du vagabondage a donné lieu dans notre pays depuis vingt ans. En les résumant, nous n'avons pas la prétention d'avoir innové, notre rôle plus modeste s'est borné à mettre sous les

---

1. Depuis cinq législatures, la commission de réforme judiciaire de la Chambre des députés examine diverses propositions relatives à la réforme des justices de paix; l'extension de la compétence civile, l'extension de la compétence en matière pénale et de police, les conditions du recrutement ont fait l'objet des propositions renvoyées à cette commission. Le Sénat a adopté dans ses séances des 17 novembre et 4 décembre 1896 une proposition de loi sur la compétence des juges de paix qui n'a pu encore être discutée par la Chambre (Cf. *Chambre des députés*, 7ᵉ législature, nᵒˢ 79, 89 et 292).

2. *Supra*, p. 217.

3. C'est ce que réclame M. Bonneville de Marsangy dans son rapport précité, p. 438.

yeux du public les éléments d'une solution à ses préoccupations. Tout le monde est d'accord pour reconnaître qu'il y a urgence à mettre un terme à une situation qui devient intolérable. La question la plus délicate, celle des dépenses, peut être très simplifiée pour les communes en laissant à la répression de la mendicité le caractère facultatif que lui a donné le code pénal. Seul l'État aura à prévoir pour quelques années une augmentation de ses effectifs pénitentiaires [1]. Cette augmentation sera peut-être moins importante qu'on ne le suppose. Il ne faut pas perdre de vue que les vagabonds entrent pour près des deux tiers dans l'effectif des prisons d'arrondissement, et que cette répression absolument illusoire coûte à l'État environ trois millions [2]. L'Administration pénitentiaire aura à examiner si elle ne pourrait transformer en établissements de travail forcé plusieurs maisons centrales récemment déclassées et demeurées sans emploi.

Dans tous les cas, c'est là une considération qui ne peut arrêter la Chambre. Quand on voit voter si souvent des augmentations de crédit qui ne sont, au fond, que de coûteuses réclames électorales, le pays ne pourrait comprendre qu'il se trouvât une majorité pour refuser de garantir la sécurité à la classe la plus nombreuse et la moins favorisée des contribuables. En négligeant de prendre, depuis cent ans bientôt, les mesures prescrites par le législateur, les départements ont fait « une économie ruineuse »; le mot est de

---

1. En 1892, première année de l'application de la loi, on a interné en Belgique 8.644 vagabonds des deux sexes. Ce chiffre diminue d'année en annee à mesure que la loi produit son effet d'intimidation. (*Supra*, p. 103.)
   La population de la France est environ six fois celle de la Belgique; mais la proportion agricole est beaucoup plus forte et ce serait exagéré que de croire à une population proportionnelle.

2. Voir à ce sujet les calculs de M. le conseiller Du Puy, *op. cit.*, p. 41.

M. Cruppi, et il est exact [1]. Les populations rurales supportent une charge écrasante, sans compter ce que coûte aux départements et à l'État une répression inefficace. Si l'on veut couper court à de pareils gaspillages, il faut assurer l'observation complète de mesures sévères. Que pourra être la charge au début? Que deviendra-t-elle plus tard? On ne saurait le préciser sans une étude approfondie, dont les éléments nous manquent. Pour nous, nous aimons à nous placer, en terminant, sous l'autorité du jurisconsulte éminent qui a préparé le projet voté par la Société générale des Prisons, et nous disons avec M. Duverger : « Nous ne pouvons accepter que la France ne soit pas capable de faire, en matière d'assistance, ce que font d'autres nations. »

[1]. Un des hommes qui ont le plus sérieusement étudié la question du vagabondage en Allemagne, M. le baron de Wintzingeroda-Knorr, écrivait jadis : « Quel que soit le prix d'entretien de chaque interné, il est certainement inférieur à ce que cet individu, en état de vagabondage, prélèverait chaque jour sur la société. » (*Die deutschen Arbeitshaeuser*, 1 vol. in-8°, Halle a. d. Saale, 1885.)

TABLE DES MATIÈRES

CHAPITRE III

INSTITUTIONS ÉTRANGÈRES. — ANGLETERRE ET PAYS-BAS.

CHAPITRE IV

INSTITUTIONS ÉTRANGÈRES (*suite*). — ALLEMAGNE ET BELGIQUE.

CHAPITRE V

MESURES PRÉVENTIVES. — I. ENFANTS ET VIEILLARDS.

CHAPITRE VI

MESURES PRÉVENTIVES (*suite*). — II. VALIDES SANS TRAVAIL.

CHAPITRE VII

MESURES RÉPRESSIVES. — III. PARESSEUX IRRÉDUCTIBLES.